Selena Millares

MÉTODO DE ESPAÑOL PARA EXTRANJEROS

NUEVO NIVEL SUPERIOR

ISBN: 978-84-9848-211-9
Dep. Legal: M-16101-2011

Primera reimpresión: abril 2011

Edición:
David Isa

Diseño de cubierta:
Juanjo López y Sara Serrano

Diseño y maquetación:
Juanjo López y Sara Serrano

Fotografías:
Archivo Edinumen

Impresión:
Gráficas Glodami. Coslada (Madrid)

Editorial Edinumen
José Celestino Mutis, 4.
28028 Madrid
Teléfono: 91 308 51 42
Fax: 91 319 93 09
e-mail: edinumen@edinumen.es
www.edinumen.es

PRESENTACIÓN

El libro que el lector tiene en sus manos es el fruto de una minuciosa tarea de actualización del MÉTODO DE ESPAÑOL PARA EXTRANJEROS (NIVEL SUPERIOR), que durante tantos años ha acompañado la enseñanza del español en numerosos ámbitos y países. Esa amplia proyección impulsó en su momento la gestación de otro libro de materiales complementarios, AL SON DE LOS POETAS. LENGUA Y LITERATURA HISPÁNICAS A TRAVÉS DE LA MÚSICA, que ha tenido igualmente una extensa recepción en el ámbito del estudio del español. Esos motivos han llevado a que ambos volúmenes se fusionen ahora en este **MÉTODO DE ESPAÑOL PARA EXTRANJEROS. NUEVO NIVEL SUPERIOR**, que perpetúa la esencia y funcionalidad de ambos libros, al tiempo que añade otras actividades y un nuevo diseño para incorporarse con pie firme al ritmo de los tiempos.

El **MÉTODO DE ESPAÑOL PARA EXTRANJEROS. NUEVO NIVEL SUPERIOR** está concebido para estudiantes de español que ya tengan cierto dominio de su uso y se encuentren en una etapa de perfeccionamiento. Tiene muy presentes los criterios académicos del Instituto Cervantes; se sitúa en los niveles de referencia C1 y C2 de su plan curricular, y establece en sus objetivos la consideración del alumno en tres planos:

- como **agente social** capaz de realizar intercambios lingüísticos complejos en los planos oral y escrito; de ahí la gran diversidad de estrategias y actividades incluidas, así como el **CD complementario**.
- como **hablante intercultural**: los contenidos culturales y lingüísticos de este libro se potencian a través del recurso a textos originales de autores relevantes de ambas orillas atlánticas, que testimonian la pluralidad de la lengua española como instrumento comunicativo común a veinte países.
- como **aprendiente autónomo**: este libro puede funcionar tanto en el aula de enseñanza como en el aprendizaje autodidacta; el cuadernillo complementario de **CLAVES** hace posible la segunda vertiente.

En definitiva, el **MÉTODO DE ESPAÑOL PARA EXTRANJEROS. NUEVO NIVEL SUPERIOR** busca incentivar al alumno para que asuma la lengua española integralmente, de modo que pueda pensar y comunicarse en español, y vivir el idioma como una realidad propia, con una propuesta donde el rigor se compatibiliza con lo lúdico y creativo. Cada unidad conjuga la inmersión inicial en **situaciones** reales de un tema gramatical con útiles **esquemas, ejercicios estructurales, actividades comunicativas** y, finalmente, propuestas de **expresión y comprensión oral y escrita** a partir de textos periodísticos y literarios. Estos últimos están constituidos por poemas hispánicos contemporáneos, musicalizados expresamente para su explotación didáctica.

En conjunto, el **MÉTODO DE ESPAÑOL PARA EXTRANJEROS. NUEVO NIVEL SUPERIOR** intenta abarcar cada una de las vertientes necesarias para el aprendizaje y perfeccionamiento del idioma, de manera que el estudiante alcance, a partir del aparato teórico y de múltiples actividades, un grado óptimo de comunicación en español.

Lista de abreviaturas usadas:

arg.	argot
cf.	compárese, confróntese
coloq.	coloquial
fig.	sentido figurado
impers.	impersonal
lit.	literario
vulg.	vulgar
*	enunciado incorrecto

ÍNDICE

PRIMERA UNIDAD 1

Ser y *estar*. Estructuras y usos especiales

SITUACIONES

● **Construye frases con *ser* y *estar* acerca de las siguientes imágenes. Usa cuando puedas las expresiones de los recuadros.**

Ser...

...un arma de doble filo
...el cuento de nunca acabar
...el pan nuestro de cada día
...más el ruido que las nueces
...el mismo demonio
...uña y carne
...pájaro de mal agüero
...un cero a la izquierda
...de carne y hueso
...coser y cantar

Estar...

...a dos velas
...al cabo de la calle
...hecho una sopa
...roque, frito
...con la soga al cuello
...curado de espanto
...de los nervios
...en ascuas
...en el ajo, en la gloria
...hasta la coronilla, el moño
...en las nubes, por las nubes

GRAMÁTICA

1.1. *SER/ESTAR*

⇒ Usamos ***ser***:

- Ante **sustantivos** o equivalentes (infinitivos, pronombres, *lo* + ADJETIVO):

  Querer es poder.

  Quien lo sabe es él.

  Eso es lo mejor que te podía ocurrir.

- Ante **adjetivos** que indican nacionalidad, religión, ideología:

  Son franceses/protestantes/demócratas.

- *Ser para* expresa **finalidad**, **destinatario**; *ser de* indica **origen** o **pertenencia**:

  Todas esas cartas son para ti.

  Esa chica es de Eslovaquia.

  Las llaves son del conserje.

- Con el sentido de 'ocurrir, suceder, tener lugar' en el tiempo y el espacio:

  El concierto será a las diez en el auditorio.

⇒ Usamos ***estar***:

- Con adjetivos como *lleno, vacío, contento, descontento, oculto, harto, desnudo, descalzo, ausente...* y con los adverbios *bien* y *mal*:

  Sírvele más: su vaso está vacío.

  Esos ejercicios están bien.

⇒ ***Ser*** y ***estar***: **contraste**

- *Ser* **define** al sujeto, *estar* indica un **estado** o **circunstancia** de este, y también se usa para expresar la experiencia sensorial:

  Es muy alegre, pero hoy está triste.

  Esta naranja está amarga.

- Usamos *estar* con **participios** que expresan estados anímicos: *enfadado, excitado, desesperado, preocupado, desolado, asustado, aterrorizado, satisfecho, insatisfecho...*

  Usamos *ser* con participios que definen el carácter de una persona: *divertido, pesado...* Con *estar* son posibles, si nos referimos a un estado transitorio:

  Normalmente es muy divertido, pero hoy está pesadísimo.

- Con **números cardinales** se usa *ser* para cantidades totales y *estar* para cantidades parciales:

  En la comisión somos ocho, pero solo estuvimos cuatro en la reunión de ayer.

- **Precio:** *ser* se usa cuando nos referimos a algo que vamos a abonar; *estar* alude a un precio variable:

  ¿Cuánto es?

  ¿A cuánto está el euro esta semana?

- En las expresiones coloquiales, ***estar hecho*** equivale a *ser*, pero le añade un sentido de resultado:

  Eres un caradura.

  Estás hecho un caradura.

- Para expresar la **profesión** se usa *ser*, pero *estar de* indica que la profesión se ejerce solo temporal o eventualmente:

  Es periodista, pero está de profesor en un pueblo del norte.

- *Ser de* y *estar hecho de* indican **materia**:

  Este pañuelo es de seda.

  Este pañuelo está hecho de seda.

- **Tiempo:**
  - Fecha, época (festividad), estación y día de la semana se expresan con *ser*, pero coloquialmente usamos la expresión *estamos a/en*:

    Es once de abril/Navidad/primavera/martes.

    Estamos a once de abril/en Navidad/en primavera/a martes.

    Solo son las cinco y ya es de noche.
  - Temperatura: *ser de* y *estar a* (*coloq.*):

    La temperatura es de siete grados.

    Estamos a siete grados.

- *Estar* indica **localización física**, pero hay un uso restringido con *ser* para señalar un lugar:

  Mi casa está en esa plaza.

  Mi casa es allí.

- **Neutralización de adjetivos:** *casado, soltero* y *viudo* admiten *ser* y *estar*. El segundo es más coloquial, pero el significado es el mismo:

  Está soltero, pero por poco tiempo. Se casa mañana.

  Es soltero, pero por poco tiempo. Se casa mañana.

- **Voz pasiva:**
  - **De agente** (*ser* + PARTICIPIO)

    Expresa una acción, pero con mayor énfasis en el objeto que en el agente. No puede usarse con verbos como *tener* o *haber*, así como con los transitivos, los reflexivos y los recíprocos. Tampoco es usual en presente o pretérito imperfecto, excepto cuando se quiere comunicar un hecho habitual o reiterado, o en el caso del presente histórico.

    La decisión ha sido tomada por el presidente.

    La previsión del tiempo es publicada cada día por la prensa.
  - **De estado** (*estar* + PARTICIPIO)

    Expresa el resultado de una acción, con sentido durativo. No suele llevar complemento agente, excepto si la presencia del agente es la causa de que continúe el resultado de la acción.

    La decisión ya está tomada.

    La ciudad estaba tomada por el ejército invasor.

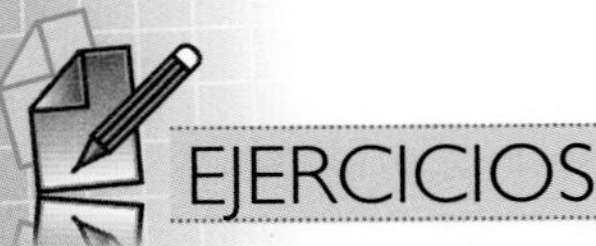

EJERCICIOS

Explica los usos de *ser* y *estar* en los siguientes ejemplos, aplicando la teoría precedente. Encontrarás al menos una frase para cada regla.

1. ¿Cuántos documentos son en total? Porque aquí solo están tres.
2. –Está muy pesado hoy.
   –No es que esté pesado. Es que es pesado.
3. –Lo curioso es que se ha dado cuenta.
   –Sí, eso es lo extraño.
4. Creía que estabas satisfecho con el resultado.
5. Como estamos en rebajas, todo está por los suelos.
6. Son de Guatemala y están aquí de vacaciones.
7. Eso no está nada mal, aunque creo que podrías hacerlo aún mejor.
8. Los secuestradores estaban ocultos en un chalé de las afueras.
9. Esas pastillas no son para dormir, son solo para calmar los nervios.
10. ¿A cuánto están los aguacates?
11. Todo está donde tú lo has dejado.
12. Están muy excitados con la proximidad de las vacaciones.
13. El terremoto fue a principios de siglo. Desde entonces nadie ha reconstruido el puente.
14. –¿Estás bien?
    –Sí, estoy perfectamente. Pero es completamente previsible que me duerma si el acto sigue siendo así de aburrido.
15. Tu sitio es allí. Aquí me sentaré yo.
16. No son de plata, son de acero inoxidable.
17. Es bióloga, pero está de cajera en un supermercado porque no encuentra otro empleo.
18. Los pomelos suelen ser demasiado amargos, pero estos están deliciosos.
19. No hace nada. Está hecho un vago.
20. Estas paredes son de papel. Se oye todo lo que pasa al lado.
21. Estamos a cinco grados, pero no se nota nada de frío.
22. Está soltero y sin compromiso.
23. Llegaremos en seguida. Mi casa está muy cerca.
24. Ya hemos llegado. Mi casa es allí.
25. El concierto ha sido cancelado por los organizadores.
26. El concierto está cancelado.
27. Estas flores son para tu madre, espero que le gusten. Los bombones son para ti.
28. Este tema ya está explicado. Pasaremos al siguiente.
29. La noticia era repetida constantemente por la radio.
30. La autovía está cortada por la policía.

Corrige los usos de *ser* y *estar* cuando sea necesario.

31. Los impresos son sellados desde ayer.

....

32. Los bombones están para ti, a ver si te animas un poco.

....

33. Estamos a martes. Ya solo faltan tres días para tu cumpleaños.

....

34. Eres muy guapa hoy. ¿Vas a alguna fiesta?

....

35. El ejercicio es muy bien; merece un sobresaliente.

....

36. ¿A cuánto son las manzanas?

....

37. Son estudiantes y están de camareros en verano para conseguir dinero y poder viajar.

....

38. Las obras de restauración de la catedral son ya terminadas.

....

39. La enmienda ha sido declarada anticonstitucional.

....

40. Es muy contento últimamente. Supongo que le van bien las cosas.

....

41. El concierto estará en el salón de actos.

....

42. Ese taladro es del portero. Se lo tenemos que devolver antes de las dos.

....

43. Estamos muy satisfechos con los resultados.

....

44. Los polizones eran ocultos en un bote salvavidas.

....

45. Pronto seremos de vacaciones.

....

46. La tarea es terminada. Ya podemos irnos a descansar.

....

47. Hoy solo estábamos treinta personas en clase.

....

48. La conferencia es a las ocho en el aula 43.

....

49. La huelga ha estado desconvocada por los sindicatos.

....

50. Antes era muy honesto, pero últimamente está hecho un usurero.

....

51. Somos desolados desde que nos dieron la noticia.

....

52. Esa colección de sellos era de mis abuelos.

....

53. No deberías ser descalzo; te puedes enfriar.

....

54. Son muy inquietos ante la posibilidad de que el casero los desahucie.

....

55. Todas las fotos son ya pegadas en el álbum.

....

56. La panadería es allí, al lado de la farmacia.

....

57. Está viudo desde el año pasado.

....

58. Solo tiene treinta años, pero aparenta cuarenta. Es muy envejecido.

....

59. Estamos encantados con el nuevo servicio de autobuses. Nos deja en la puerta de casa.

....

60. Esas goteras están el cuento de nunca acabar.

....

61. Mucha gente es con el agua al cuello a causa de la crisis.

....

62. Ese niño es el mismo demonio, siempre está haciendo travesuras.

....

63. Los secuestradores no han dado señales de vida y la familia del secuestrado es en ascuas.

....

64. Se conocen desde que estaban en el colegio y desde entonces están uña y carne.

....

GRAMÁTICA

1.2. CAMBIOS DE SIGNIFICADO

Hay adjetivos que cambian de significado según se usen con *ser* o con *estar*. Estos son algunos de los más usuales:

	ser	estar
abierto	comunicativo	resultado de abrir
aburrido	producir aburrimiento	sentir aburrimiento
atento	servicial, amable	prestar atención
bajo	de poca estatura	*(bajo de moral)* deprimido
bueno	honesto, noble, útil, agradable	con salud, tras una enfermedad; tener buen sabor; físicamente atractivo (*vulg.*)
callado	hablar poco habitualmente	no estar hablando
cansado	producir cansancio	sentir cansancio
considerado	ser respetuoso hacia los demás	*(bien, mal considerado)* referencia a la opinión general sobre algo o alguien
delicado	sensible	con problemas de salud
despierto	listo, inteligente	no estar durmiendo
dispuesto	activo	preparado; *(dispuesto a)* con intención de
fresco	descarado	poco abrigado
grave	serio	muy mal de salud
interesado	sentirse atraído por valores materiales	sentir interés por algo
listo	inteligente	preparado; acabado (*fig.*)
malo	vil, cruel	enfermo; tener mal sabor o estar en mal estado (un alimento)
molesto	molestar	sentir incomodidad por algo
muerto	*(ser un muerto)* aburrido	carecer de vida
orgulloso	soberbio, que no admite sus errores	sentir satisfacción y orgullo por algo
violento	actuar con violencia	estar incómodo con una situación
vivo	alegre; *(ser un vivo)* listo	no estar muerto

EJERCICIOS

● **Completa las siguientes oraciones con *ser* o *estar*.**

1. .... un chico muy abierto. Le encanta conversar con todo el mundo.
2. Creo que voy a apagar la tele. Esta película .... un muerto.
3. Hace tiempo que no nos dirige la palabra. Seguramente .... molesto por algo.
4. Suele .... bajísimo de moral. Es pesimista por naturaleza.
5. No creemos que pueda hacer ese viaje. Hace tiempo que .... delicada de salud.
6. .... muy orgulloso. No tolera que le critiquen su trabajo.
7. .... un hombre muy atento, todo un caballero.
8. .... una falta muy grave. Probablemente le abrirán expediente.
9. Ya no .... grave, pero aún sigue en la clínica.
10. Siempre .... violenta cuando trata con personas muy mayores.
11. ¿Ya (tú) .... listo? Pues vámonos, que es tarde.
12. Estas reuniones .... muy cansadas. Siempre salimos sin ganas de nada.
13. Ha tenido sarampión pero ya .... bueno.
14. (Nosotros) .... muy aburridos, así que nos vamos de paseo.
15. (Él) .... muy interesado. Nunca hace un favor sin esperar algo a cambio.
16. Las ventanas .... abiertas de par en par.
17. Cuando descubrieron que (él) .... muerto corrieron a llamar a la policía.
18. .... muy molesto que te despierten con una sirena de alarma.
19. .... un chico bastante bajo. Mide 1,60 de estatura.
20. (Nosotros) .... interesados en comprarte la bicicleta.
21. (Ellos) .... muy aburridos. Nunca saben qué hacer para entretenerse.
22. Tomar mucha fruta y verdura .... bueno para la salud.
23. Ha aprobado las oposiciones a la primera. .... muy listo.
24. Llevo todo el día haciendo gestiones y .... cansado.
25. Las escuchas telefónicas ilegales .... un delito grave.
26. No hables a nadie de esto. .... un asunto delicado.
27. No me ha devuelto los libros que le presté hace un año. .... un fresco.
28. Te vas a constipar. Hace mucho frío y tú .... muy fresco.
29. No me ha gustado la película que me recomendaste. .... muy violenta.
30. Ha sido un accidente terrible, pero lo importante es que (vosotros) .... vivos.
31. (Él) .... un hombre bueno, siempre ayuda a los demás.
32. (Yo) .... muy orgulloso de los resultados obtenidos.
33. Esos yogures .... malos, seguramente .... caducados.
34. Tenéis que .... más atentos. Estáis cometiendo demasiados errores.
35. (Él) .... muy tímido y callado. Nunca le han gustado las relaciones sociales.
36. Anda, haznos ese favorcito, no (tú) .... malo.
37. (Ella) siempre .... dispuesta para ayudar. Es muy servicial.
38. (Ella) .... muy dispuesta. Tiene una energía tremenda.
39. .... un niño muy vivo, siempre .... atento a todo.
40. (Ellos) .... muy bien considerados en su empresa.

GRAMÁTICA

1.3. ESTRUCTURAS Y USOS ESPECIALES

SER

- ***Es que***
  - Como inicio de frase, expresa una explicación o justificación:

    -¿No viene Carmen?

    -Es que se ha resfriado.
  - Se usa también para preguntar:

    ¿Es que (=acaso) no va a venir?

- ***Ser*** (3.ª pers. sing.) + ADJETIVO/SUSTANTIVO + ***que***

  Es cierto/verdad que no puede venir.

- ***Ser de***
  - *Ser* + SUSTANTIVO + *de* + SUSTANTIVO: caracterización.

    Es una mujer de (=con) gran corazón.

    Es un desastre de impresora.
  - 'Ocurrir a':

    ¿Qué habrá sido de aquella muchacha?
  - *Ser* (3.ª pers. sing.) + *de* + INFINITIVO (*esperar, extrañar, imaginar, suponer...*): matiz de obligación.

    Es de suponer (=hay que suponer) que no dirá nada.

- ***Ser para*:** además de expresar finalidad, puede significar 'merecer'.

  Lo que te ha pasado es para morirse de la risa/para denunciarlo.

  Negación:

  No es para que te enfades/para tanto/para menos.

- ***De no ser por/A no ser que*:** condición.

  De no ser por la intervención de los vecinos, se habría quemado la casa.

  Creo que aceptará, a no ser que se arrepienta en el último momento.

- ***Lo que*** + ***ser*** + SUSTANTIVO o equivalente**:** 'en lo que se refiere a'.

  Pues lo que es María, no piensa hacerte caso.

- Énfasis con relativos (*quien, cuando, como, donde,* ARTÍCULO + *que*) y *ser*. Hay tres posibilidades:

  La explosión se produjo en unos grandes almacenes.

  - *Fue en unos grandes almacenes donde se produjo la explosión.*
  - *Donde se produjo la explosión fue en unos grandes almacenes.*
  - *En unos grandes almacenes fue donde se produjo la explosión.*

- ***Érase (había) una vez...*:** inicio de los cuentos tradicionales.

  Érase una vez una princesa que vivía en un palacio de cristal...

- **Expresiones coloquiales:**
  - ***Es decir/O sea*:** se usan para dar o ampliar una explicación. El segundo es más coloquial.

    No han conseguido alquilar el local. O sea, que no hay fiesta.
  - ***Sea como sea*:** 'de cualquier manera, a toda costa'.

    Lo conseguiremos, sea como sea.
  - ***Maldita sea*:** interjección; se usa para maldecir o quejarse.

    ¡Maldita sea! Me acaba de picar un abejorro.
  - ***Por si fuera poco/Por si no fuera bastante*:** 'además'; intensificador.

    La despidieron y, por si fuera poco, le negaron las cartas de referencia que pidió.
  - ***Es más*:** 'además'; amplificación.

    No me gusta nada la propuesta. Es más, voy a pedir que se anule.

ESTAR

- ***Estar*** + GERUNDIO**:** acción durativa.

  Estamos pintando el garaje.

  Mandato descortés (*coloq.*):

  ¡Ya te estás largando! (*=lárgate ahora mismo*).

- ***Estar con***
  - compañía:

    Ahora el médico está con otro paciente, pero le atenderá en seguida.
  - apoyo moral:

    Es un chaquetero. Siempre está con los que tienen el poder.

- ***Estar por***
  - *Estar por* + INFINITIVO:
    - con sujeto personal, expresa deseo o intención, 'tener ganas de':

      ¡Qué pereza! Estoy por no salir hoy.
    - con sujeto no personal, 'estar sin':

      El problema esta aún por solucionar (*=sin solucionar*).
  - *Estar por* + SUSTANTIVO: 'a favor de'.

    Estamos por la reforma de la enseñanza.

- ***Estar para***
  - 'Estar a punto de' (uso restringido, con verbos como *salir, llover*...):

    El tren está para salir.
  - En frases negativas indica carencia de disposición anímica:

    No está para bromas hoy.

- ***Estar a*:** inminencia de una acción.
  - *Estar a punto de:*

    Estuvo a punto de ahogarse en la piscina.
  - *Estar al caer/llegar/venir:*

    No han llegado todavía, pero están al caer.

- ***Estar en***
  - *Estar en* + expresiones relativas a atuendo informal *(mangas de camisa, ropa interior, bata, zapatillas, bañador...)*:

    Suele estar en pijama cuando está en casa.
  - *Estar en todo* ('estar pendiente de todo'):

    Es una amiga ideal. Está en todo.
  - *Estar en ello* ('estar solucionando un asunto que se tiene entre manos'):

    La secretaria aún no ha acabado de redactarlo, pero está en ello.

- ***Estar que*** + VERBO: énfasis.

  Estoy que me muero de hambre.

  Está que no se tiene en pie; no ha dormido en toda la noche.

  Está que arde/trina/echa chispas.

- ***Estar*** + ESTRUCTURAS REDUPLICATIVAS *(dale que dale, habla que habla...)*: reiteración.

  Está cose que cose, tiene que acabar la labor para mañana.

- ***Estar venga a*** + INFINITIVO: reiteración.

  Estuvo venga a fumar toda la tarde.

- **Expresiones coloquiales**
  - ***Pues sí que estamos bien*:** ironía.

    ¿No tienes rueda de repuesto? ¡Pues sí que estamos bien!
  - ***Ya está*:** indica que algo está terminado o resuelto.

    ¡Ya está! Tengo la solución perfecta.
  - ***¿Estamos?*:** '¿comprendido?, ¿de acuerdo?'; implica cierta autoridad del hablante.

    No os quiero volver a oír, ¿estamos?

SER/ESTAR

- ***Ser/Estar de lo más*** + ADJETIVO: intensificador.

  El asunto es de lo más intrigante (=*muy intrigante*).

  Luis está hoy de lo más misterioso.

- ***Ser/Estar de un*** + ADJETIVO: énfasis, negativo o positivo.

  Esa chica es de un presumido que no hay quien la aguante.

  Estáis últimamente de un responsable increíble.

- ***Ser/Estar*** + ***como para*:** 'merecer'.

  Lo que has hecho es como para matarte.

  Está como para que la encierren en un manicomio.

- ***Ser/Estar*** + ADJETIVO + ***de*** + INFINITIVO

  Eso es difícil de entender (caracterización).

  Estamos muy contentos de volver a verte (causa).

EJERCICIOS

Completa las siguientes frases con *ser* o *estar*.

1. Bueno, ya sabemos que os habéis peleado, pero no .... como para armar ese escándalo.
2. ¿Que no arranca el coche? Pues sí que .... bien.
3. No te preocupes por nada. Si te llega algo de correspondencia te la envío a tu nuevo domicilio y ya ....
4. Te vas a dormir sin protestar, ¿...............?
5. Lo que han hecho .... increíble. Y por si .... poco, ni siquiera se han disculpado.
6. La situación en Oriente .... que arde. Se habla incluso de la posibilidad de una guerra civil.
7. Mira, ... muy fácil de usar. Solo tienes que apretar este botón.
8. (Ellos) .... de deudas hasta las orejas.
9. Te puedes quedar todo el tiempo que quieras, pero lo que .... yo, me voy ahora mismo a dormir, que tengo que madrugar.
10. No, no (ella) ...., pero puede dejarle un mensaje si quiere.
11. (Él) .... un chico de tez morena y ojos saltones.
12. (Yo) .... en bata, pero en un par de minutos me visto y te voy a recoger.
13. Venga, abre la puerta, que .... yo.
14. No .... (nosotros) para fiestas. Acabamos de enterarnos de que nos han robado el coche.
15. ¿Que (tú) .... a régimen? ¡Pero si (tú) .... en los huesos!
16. ¡Ya (tú) te .... callando! Necesito concentrarme.
17. No .... de extrañar que proteste. Le habéis dejado la parte más difícil.
18. Le ha tocado la lotería y (ella) .... que no se lo cree.
19. (Ellos) .... venga a quejarse toda la tarde.
20. Es un niño precioso; .... como para comérselo.
21. ¿Los planos? No te preocupes, (yo) .... en ello. Los acabaré esta tarde.
22. Los sindicatos ...., por una vez, con el gobierno.
23. Es raro que no haya llegado aún. Debe .... al caer.
24. (Tú) .... de un torpe increíble. Has derramado todo el chocolate.
25. (Él) .... un hombre de pocas palabras.
26. De no .... por vuestra ayuda, no sé qué .... de mí.
27. Hoy (ella) .... de lo más cariñosa. Algo querrá.
28. Tengo muchas ganas de verlos. (Yo) .... por darles una sorpresa y aparecer sin avisar.
29. Dice que .... una fiesta de fin de año impresionante, pero yo creo que no .... para tanto.
30. Animadlo para que venga, ... como ....
31. Este asunto no .... fácil de explicar.
32. (Vosotros) .... hoy de un misterioso increíble, ¿qué .... tramando?
33. El niño .... venga a llorar porque le .... saliendo los dientes.
34. Aún no ha venido el fontanero, (yo) .... que trino.
35. Dio tres gritos y, por si .... poco, se fue dando un portazo.
36. Ánimo, (nosotros) .... contigo.
37. No olvides traer el paraguas, que .... para llover.
38. (Él) .... con nosotros en cuanto acabe la gestión en el banco.
39. Tenemos que llegar a tiempo, ... como ....
40. Se les ha terminado la paciencia. O ...., no le darán otra oportunidad.

Transforma las siguientes frases en enfáticas usando el verbo *ser* y los relativos *que*, *quien*, *cuando*, *como* y *donde*.

41. No se hace así. Pon más atención.
No es así como se hace. Pon más atención. ....

42. Han ido a Maracaibo en viaje de trabajo.
....

43. Ha venido el fontanero, pero no el electricista.
....

44. El accidente ocurrió de madrugada.
....

45. He traído los discos más recientes.
....

46. Te ha llegado el telegrama a las siete.
....

47. Se han estropeado las cerezas por el calor, pero las naranjas están buenas.
....

48. Las tijeras de podar están en la terraza.
....

49. El profesor nos ha encargado esta tarea.
....

50. Ayer inauguraron la nueva biblioteca.
....

Usa las expresiones con *ser* y *estar* presentadas al principio de esta unidad para completar las siguientes frases.

51. Siempre está diciendo que va a ocurrir lo peor. Es un ....

52. Aún no le han dado los resultados de los análisis. Está ....

53. No tenemos más remedio que aceptar. Estamos ....

54. Han hecho todo sin contar conmigo. Soy ....

55. Desde que se peleó con su novia está ....

56. Esa medida es muy arriesgada. Puede ser ....

57. Es muy despistado. Siempre está ....

58. Es muy cotilla y le gusta estar .... de lo que ocurre a su alrededor.

59. Me han pedido que vuelva a rellenar los impresos. Es ....

60. Puedes contárselo. Ella también está ....

61. Se acaba de acostar y ya está ....
62. Todos los días aparece una nueva avería. Estamos ....
63. Te lo pagaremos el mes próximo. Ahora estamos ....
64. Con este calor, en la playa y con un refresco en la mano se está ....
65. Prepárame una tila, por favor. Estoy ....
66. En esta época no se pueden comprar fresas. Están ....
67. No me sorprenderá nada de lo que digas. Estoy ....
68. Preparar un gazpacho es muy sencillo. Es ....
69. Me he resbalado sobre un charco y estoy ....
70. No es cierto que la lesión fuera tan grave. Es ....

Completa las siguientes frases con la forma correspondiente de *ser* o *estar*.

71. No sé a cuánto .... el euro.
72. Las goteras de su casa .... el cuento de nunca acabar.
73. El concierto .... en el salón de actos el próximo domingo.
74. Desde que perdió el empleo (él) .... a dos velas.
75. Dice que (ella) .... muy cansada de que le digan lo que tiene que hacer.
76. Le gusta que le den responsabilidades y no quiere (él) .... un cero a la izquierda.
77. (Tú) .... la persona ideal para ocupar ese puesto de trabajo.
78. (Nosotros) .... abiertos a cualquier sugerencia.
79. Se conocen desde la infancia y (ellos) .... uña y carne.
80. Puedes contármelo delante de ella, porque también (ella) .... en el ajo.

Algunas de las frases siguientes contienen errores en el uso de *ser* y *estar*. Corrígelos.

81. Tu casa **es** en un barrio muy bohemio.
82. Aunque **es** actor, **está** de camarero en un bar del centro.
83. Los estudiantes **son** en huelga contra la privatización de la universidad.
84. Esa melodía no **es** fácil de cantar.
85. **Es** harta de soportar tu mal carácter.
86. No **somos** de acuerdo con el trato que da la ley a los inmigrantes.
87. **Es** una mujer encantadora, todos la estiman.
88. El canario no **es** en la jaula.
89. Hoy **estás** con cara de póquer; cuéntame qué te pasa.
90. Este ejercicio **está** coser y cantar.

PRENSA

Hábitos cotidianos

La propina

En contra

Joaquín Vidal

La mayor parte de las cosas que se venden en este país y los servicios que se prestan tienen dos precios: el que figura en catálogo y el resultante de ese mismo precio más la voluntad. Una almohadilla que se alquile en el fútbol, un café que se tome en el bar, una factura que se pague en el hotel, valen su precio y "la voluntad". La llamada voluntad es, naturalmente, un redondeo del precio o un porcentaje sobre el total de la factura que, a su vez, redondean el salario del empleado que presta el servicio. He aquí la falacia de la voluntad, llamada propina: muchos empresarios contratan a sus empleados por un sueldo exiguo –y estos lo aceptan; no tienen otro remedio– contando con que lo podrán mejorar con el suplemento de las propinas.

Esta maniobra usuraria, que viene de antiguo, ha sido posible institucionalizando la propina, elevándola a la categoría de manifestación de buena voluntad y signo de distinción en las relaciones humanas. Un caballero o una señora que se precien dejarán propina a cuantos empleados se crucen en su camino y si no la dejan serán motejados de miserables. La institución de la propina está tan enraizada y extendida que frecuentemente se deja en el platillo inadvertidamente, como un acto reflejo, y muchas veces quienes la reciben no dan ni las gracias. En algunos establecimientos tienen incluso el llamado bote, que figura bien a la vista en una estantería etiquetado con su propio nombre. También el bote ha sido institucionalizado, aunque no pasa de constituir un vergonzante eufemismo. Entre el bote y la manta gallofera no hay más diferencia que el material de que están hechos –tela y lata–, pues su finalidad es la misma: recoger el óbolo que deposita la caridad humana. Unos lo llamarán propina y otros limosna, pero en realidad es lo mismo. Con mayor o menor generosidad y con elegante soltura, pero lo mismo.

El País

A favor

....

....

....

....

....

....

....

....

- **exiguo:** insuficiente, escaso.
- **falacia:** engaño, fraude.
- **gallofero:** vagabundo, que pide limosna.
- **motejar:** poner motes o apodos.
- **óbolo:** donativo escaso con que se contribuye a un fin.
- **usura:** interés excesivo en un préstamo, abuso económico.

ACTIVIDADES

1. **Sintetiza los argumentos en contra de la propina y, después, escribe una defensa de la misma en el espacio titulado "A favor".**

2. ***Gallofero* proviene de *gallofa*, vocablo al que se le supone un origen en el latín medieval: *galli offa*, es decir, bocado del peregrino. Relaciona cada uno de los siguientes términos con su correspondiente etimología:**

estraperlo | guiri | hortera | morder el polvo | quemar las naves
no hay tu tía | bisoño | viva la Pepa | juanete | piropo

a. ____________: originalmente, 'especie de escudilla'; en Madrid se pasó a apodar así a los mancebos de las tiendas de mercader –quizá por la artesa en que llevaban sus mercancías– con desprecio por su modestia y con el sentido de 'pordiosero'. Hoy se llama así a lo carente de elegancia.

b. ____________: los caballeros medievales, al sentirse heridos de muerte, tomaban un puñado de tierra y la besaban en señal de despedida. Actualmente significa darse por vencido o humillarse.

c. ____________: desde el siglo XVII se llama así al hueso del dedo grueso del pie cuando sobresale en exceso; es despectivo de Juan, entendido como nombre de rústicos que solían padecer este problema.

d. ____________: se dice que Hernán Cortés, conquistador de México, para evitar que sus soldados desertasen quemó las naves. Hoy la expresión indica que se toma una determinación extrema y radical aunque suponga una ruptura con lo anterior.

e. ____________: del italiano 'necesito', se usó para llamar a los soldados españoles recién llegados a Italia en el siglo XVI a causa de su indigencia; luego, se ha pasado a llamar así a las personas nuevas e inexpertas en un oficio.

f. ____________: en 1934, Strauss y Perle intentaron introducir en España una ruleta mecánica de su invención; después se comprobó que estaba trucada, lo que produjo un escándalo de mucha repercusión. Desde entonces este término se empezó a usar para hacer referencia a la compra o venta clandestina de géneros sometidos a régimen de racionamiento o sujetos a tasas estatales, y en general a los negocios fraudulentos.

g. ____________: la tuthía, del árabe *altutiyá*, era un ungüento medicinal. La expresión indica que no hay remedio o solución para algo.

h. ____________: expresa desenfado y felicidad, y tiene su origen en el nombre popular que se dio a la Constitución de 1812, promulgada el 19 de marzo, día de San José. Se convirtió en lema de los partidarios de Riego y la Constitución, abolida por Fernando VII.

i. ____________: es abreviatura del vasco *guiristino*, cristino, como *carca* de *carlista*, y es el nombre con el que en el siglo XIX los carlistas designaban a los partidarios de la reina Cristina y después a los liberales y afrancesados. También se puede considerar que la palabra proviene de las tres letras –G.R.I., "Guardia Real de Infantería"– que figuraban en la gorra de una de las unidades del ejército cristino. Hoy se llama así a los extranjeros, coloquialmente.

j. ____________: proviene del griego; su significado inicial fue 'semejante al fuego' y después 'cierta piedra preciosa o metal brillante', en el siglo XV español. En el XVI ya empieza a usarse como lisonja a una mujer, a la que se compara con una piedra preciosa.

AL SON DE LOS POETAS

Canción de cuna para dormir a un preso

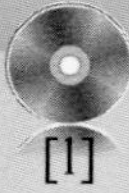

[1]

Escucha atentamente la grabación y completa el texto con las formas adecuadas de *ser* y *estar*.

No hay más que sombra. Arriba, luna.
Peter Pan por las alamedas.
Sobre ciervos de lomo verde la niña ciega.
Ya tú .... hombre, ya te duermes,
mi amigo, ea...

Duerme, mi amigo. Vuela un cuervo
sobre la luna, y la degüella.
La mar .... cerca de ti,
muerde tus piernas.
No .... verdad que tú .... hombre;
.... un niño que no sueña.
No .... verdad que tú hayas sufrido;
.... cuentos tristes que te cuentan.
Duerme. La sombra .... tuya,
mi amigo, ea...
.... un niño que .... serio.
Perdió la risa y no la encuentra.
.... que habrá caído al mar,
la habrá comido una ballena.

No .... verdad que te pese el alma.
El alma .... aire y humo y seda.
La noche .... vasta. Tiene espacios
para volar por donde quieras,
para llegar al alba y ver
las aguas frías que despiertan,
las rocas grises, como el casco
que tú llevabas a la guerra.
La noche .... amplia, duerme,
mi amigo, ea...

La noche .... bella, ... desnuda,
no tiene límites ni rejas.
No .... verdad que tú hayas sufrido,
.... cuentos tristes que te cuentan.
Tú .... un niño que .... triste,
.... un niño que no sueña.
Y la gaviota .... esperando
para venir cuando te duermas.
Duerme, ya tienes en tus manos
el azul de la noche inmensa.
Duerme, mi amigo,
mi amigo, ea...

El poeta

José Hierro nace en Madrid en 1922, pero de muy niño se traslada a vivir a Santander, ciudad marítima a la que considera su pequeña patria. En 1939 es encarcelado, por apoyar a los presos políticos –entre ellos su padre– y escribir poemas comprometidos. Liberado en 1944, a partir de entonces desempeña innumerables oficios, y colabora en editoriales, universidades, revistas y periódicos. Su *Libro de las alucinaciones* (1964) ha sido visto como precursor de la generación del 50 (José Agustín Goytisolo, Ángel González, José Ángel Valente...). Sus últimos títulos son *Agenda* (1991) y *Cuaderno de Nueva York* (1998). En 1998 gana el premio Cervantes, cuatro años antes de su muerte. Existencialismo, humanismo y testimonio son algunos de los rasgos de su poesía. Reconoce dos vertientes en su producción: "reportaje" y "alucinación". Define sus versos como "un nombrar escondido / de cosas que tienen patria / en mi corazón".

El poema

"Canción de cuna para dormir a un preso" pertenece a su primer libro, *Tierra sin nosotros* (1947). Las canciones de cuna –o nanas– arrullan a los niños para que se duerman. Esta, escrita entre 1944 y 1946, dedicada a un prisionero, constituye una de las composiciones más celebradas y antologadas de su autor. Los versos eneasílabos (de nueve sílabas) que la componen, de especial musicalidad, tienen su origen en los poemas modernistas, que Hierro lee tempranamente. Como dato curioso puede recordarse que muchos años después, en 1989, este poema se publica en la imprenta de la propia cárcel donde el poeta había permanecido, El Dueso.

Vocabulario

Relaciona los siguientes vocablos del poema con su significado correspondiente.

1. Alameda
2. Ballena
3. Ciego
4. Ciervo
5. Cuervo
6. Degollar
7. Gaviota
8. Lomo
9. Rejas

- **A.** Pájaro negro, con el pico grueso y más largo que la cabeza; compite con el buitre en la captura de sus presas.
- **B.** Cortar el cuello.
- **C.** Lugar poblado de álamos, que son árboles muy altos, de madera blanca muy resistente al agua, y de hojas anchas; se dan en zonas templadas. Son originales de España.
- **D.** Ave marina de plumaje blanco, grisáceo en el dorso, con alas largas; se alimenta principalmente de peces y vive en las costas.
- **E.** Que no puede ver.
- **F.** Mamífero marino; es el mayor de los animales, vive en mares fríos, en especial en los polos.
- **G.** Animal mamífero, esbelto, de pelo corto rojizo en verano y gris en invierno, que vive en manadas en los bosques; el macho tiene cuernos con forma de ramas.
- **H.** Barrotes metálicos que se ponen en las ventanas.
- **I.** Parte central e inferior de la espalda.

Comprensión

Reflexiona sobre el significado de las siguientes expresiones.

a. *Peter Pan por las alamedas.* (¿Quién es Peter Pan?)
b. *Vuela un cuervo sobre la luna, y la degüella.* (¿Cómo se explica esta imagen?)
c. *La mar está cerca de ti.* (¿Por qué no *el mar*, como aparece después en el mismo poema?)
d. *La habrá comido una ballena.* (¿A qué historia antigua se refiere?)
e. *El casco que tú llevabas a la guerra.* (¿Qué guerra?)

Expresión

El poema contrasta dos mundos. ¿Cuáles?

REJAS, SERIEDAD, SUFRIMIENTO
GUERRA
VIGILIA, FRIALDAD
TRISTEZA, PESAR
GRIS
LÍMITES

LIBERTAD, AIRE, VUELO
NOCHE, MAR,
SUEÑO, INFANCIA,
RISA, BELLEZA,
VERDE, AZUL,
INMENSIDAD

Escribe una canción de cuna para un despertador. Puedes usar las siguientes palabras:

tic-tac | insomnio | corazón | palpitar | angustia | prisión | rebeldía | libertad

Léxico

En el poema hay dos nombres de aves, *cuervo* y *gaviota*. ¿Qué pueden simbolizar?

....

....

....

....

Halla en la siguiente sopa de letras los nombres de dieciséis aves. Después, defínelas.

S	C	U	Y	N	A	L	I	V	A	G	M	I	G	U
E	O	O	L	E	S	E	V	P	A	N	D	E	V	R
X	N	A	L	C	N	A	C	P	A	T	O	A	N	U
E	D	S	E	I	N	S	D	N	L	L	O	Y	S	I
A	O	S	M	A	B	N	I	X	O	S	O	A	Y	S
T	R	V	A	S	E	R	L	C	N	Y	Z	M	X	E
O	F	L	R	C	D	O	I	E	D	S	T	U	A	Ñ
I	Z	X	X	N	X	M	X	X	R	X	X	Z	G	O
V	X	X	O	P	E	L	I	C	A	N	O	X	U	R
A	T	L	M	O	U	D	Z	R	M	E	S	A	I	R
G	O	R	R	I	O	N	E	B	L	C	O	D	L	E
G	U	R	X	V	E	N	C	E	J	O	S	M	A	Z

Modismos

Tienes a continuación otras expresiones con *ser* y *estar* frecuentes en español. Identifica sus significados y etimologías, que están a continuación, pero desordenados.

Ser...

1. Ser más feo que Picio
2. Ser una arpía
3. Ser más el ruido que las nueces
4. Ser un Juan Lanas
5. Ser un viva la Virgen
6. Ser la niña de los ojos de alguien
7. Ser un cenizo

Estar...

8. Estar pensando en las musarañas
9. Estar entre Pinto y Valdemoro
10. Estar a la cuarta pregunta
11. Estar en Babia
12. Estar sin blanca
13. Estar en la cuerda floja
14. Estar en la picota

☐ **a.** No tener dinero. La blanca es una moneda antigua, acuñada inicialmente en plata, que progresivamente fue perdiendo valor hasta convertirse en insignificante.

☐ **b.** Ser cobarde y apocado, no tener dignidad, ser buenazo o tontorrón. El nombre propio *Juan*, muy habitual en español, es base de muchas expresiones populares. Distinto es el caso de donjuán, que significa 'conquistador', y tiene su origen en un personaje creado por Tirso de Molina en *El burlador de Sevilla* (1630), y consagrado por José Zorrilla en *Don Juan Tenorio* (1844).

☐ **c.** Estar en una situación de vacilación o indecisión. Pinto y Valdemoro son dos pueblos madrileños que estaban separados por un arroyuelo, y con un pie en cada lado se podía estar en los dos pueblos a la vez. También se trata de poblaciones en que ha habido conflictos entre moros y cristianos, y puede haber alguna alusión a esa coexistencia difícil.

☐ **d.** Descuidado, informal, despreocupado. En el argot de los marineros, se llamaba así al último de la formación, normalmente el lugar del más torpe; cuando se pasaba lista, todos decían "presente", y el último, para pedir protección para la tripulación, cerraba el proceso con el grito "viva la Virgen".

☐ **e.** Estar con la mente en otra parte. Babia, zona montañosa entre León y Asturias, fue lugar de recreo y caza para los reyes leoneses, y de ahí la expresión. También se ha observado una relación con *baba*, y con la expresión *caerse la baba*, relativa a alguien que está atontado.

☐ **f.** Significa que algo que parece importante no lo es. El origen de la frase se remonta al siglo XVI, cuando un capitán español en Flandes logró tomar una ciudad a partir de la siguiente estratagema: hizo que algunos soldados que hablaban francés se disfrazaran de campesinos que portaban sacos de nueces y conducían un carro de heno con sus armas escondidas. Uno de ellos derramó en el suelo uno de los sacos, que era la señal para iniciar el ataque, los guardias se distrajeron y se logró tomar la plaza por sorpresa.

☐ **g.** Estar en peligro o en dificultades. Se hace referencia a la cuerda con que antiguamente se ataban los pliegos de los procesos judiciales para que no se perdieran. Asimismo, la expresión puede tener relación con las exhibiciones de circo.

☐ **h.** Se hace referencia a personajes mitológicos griegos que representan el mal y se identifican con las fuerzas de la naturaleza, en especial las tempestades. La frase se usa para referirse a la crueldad femenina.

☐ **i.** Ser lo más valioso para alguien. La pupila recibe también el nombre de *niña*, al igual que ocurría en griego antiguo.

☐ **j.** Según la leyenda, hubo en Granada un zapatero que fue condenado a muerte y luego indultado en el último momento. La pérdida del pelo y el envejecimiento del rostro fueron tales, que quedó como emblema de fealdad.

☐ **k.** Ser gafe, tener mala suerte. La ceniza tiene que ver con lo siniestro y lo funerario.

☐ **l.** Estar distraído. Las musarañas (del latín *mus araneus,* 'ratón araña') son mamíferos diminutos, de gran parecido con los ratones.

☐ **m.** Estar expuesto públicamente algún motivo de bochorno o vergüenza de alguien. La picota era una especie de estaca donde se clavaban las cabezas de los ajusticiados para escarmiento.

☐ **n.** No tener dinero. Antiguamente, los escribanos de los juzgados rellenaban unos formularios en que había cuatro preguntas: nombre y edad; oficio y nacionalidad; religión y estado; recursos económicos. Era común declararse insolvente, es decir, dar una respuesta negativa a la cuarta, a fin de no ser embargado.

● **Completa ahora las siguientes frases con las expresiones precedentes:**

1. Te he llamado veinte veces, pero parece que no has oído el teléfono; estarías ....
2. Aunque es ...., ha conseguido trabajo como modelo publicitario.
3. Aún no sabe a quién va a votar; ....
4. Siempre está haciendo ruindades, es ....
5. No creo que nos vayamos de vacaciones este año; estamos ....
6. Nunca llega a trabajar a la hora debida, es ....
7. Cada vez que él llega, todo deja de funcionar; es ....
8. Parece mentira que no te hayas enterado de la noticia, estás ....
9. Ya sé que el problema parece gravísimo, pero es ....
10. No sabe si va a perder el empleo, está ....
11. Ahora no pueden afrontar más gastos, acaban de comprarse un coche y están ....
12. Todo el mundo consigue cualquier cosa de él, es un ....
13. El director de la empresa está ....; es el principal sospechoso del fraude.
14. Siempre está cuidando esos rosales, son ....

MANOS A LA OBRA

● **Recorta personajes de revistas o periódicos y aplícales algunas de las siguientes expresiones comparativas en frases correctas con *ser* o *estar*.**

...más agarrado que un pasamanos	...más pobre que las ratas
...más bruto que un arado	...más raro que un perro verde
...más fuerte que un roble	...más viejo que Matusalén
...más listo que el hambre	...más contento que unas castañuelas

DEBATE

● **Las canciones de cuna son composiciones muy populares y universales. En la tradición literaria hispánica hay otras también célebres, como las "Nanas de la cebolla" de Miguel Hernández. Comenta ahora con tus compañeros las que tú conoces de la tradición de tu propio país.**

SEGUNDA UNIDAD

2

Pronombres. Usos de *se*. Indeterminación e impersonalidad

SITUACIONES

- **Construye frases coloquiales con presencia del pronombre *se* sobre este personaje. Puedes usar las que figuran en el recuadro.**

andarse por las ramas
curarse en salud
hacerse la boca agua
irse el santo al cielo
partirse el corazón
rascarse la barriga

- **Explica el uso de los pronombres en las siguientes imágenes.**

Se ha doblado el pie.

GRAMÁTICA

2.1. PRONOMBRES PERSONALES: RECAPITULACIÓN

Grupo I (tónicos)

	singular	plural
1.ª persona	yo (mí, conmigo)	nosotros, nosotras
2.ª persona	tú (ti, contigo) usted	vosotros, vosotras ustedes
3.ª persona	él, ella sí, consigo (refl.) ello (neutro)	ellos, ellas

⇒ Pueden funcionar como **sujeto**. No suelen aparecer en la frase, pues la terminación de los verbos españoles ya indica la persona a la que se hace referencia, pero pueden usarse para evitar ambigüedad, dar énfasis o producir contrastes.

⇒ También pueden usarse como **complementos con preposición**, aunque hay que tener en cuenta que *tú* y *yo* se transforman en *ti* y *mí* cuando van detrás de una preposición que no sea *entre*, *según*, *salvo*, *incluso* y *excepto*; después de *con* encontraremos *conmigo* y *contigo*.

⇒ La **segunda persona**: usamos *tú* cuando tratamos con personas con las que tenemos confianza; *usted* corresponde a situaciones más formales, en las que nos dirigimos a personas de más edad que nosotros o con las que no tenemos confianza. *Vosotros* es el plural de *tú* en España, pero en América, Canarias y parte de Andalucía se usa *ustedes* como plural de *tú* y *usted* de manera generalizada, y *vosotros* prácticamente no se usa, excepto en los textos literarios. Además, en Argentina, Uruguay, Paraguay, Chile y Centroamérica se usa la forma arcaizante *vos* en lugar de *tú,* con formas verbales específicas.

⇒ **Ello** se usa en el lenguaje formal y culto para referirse a conceptos o frases y tiene un valor parecido al de los pronombres demostrativos.

Grupo II (átonos)

	singular	plural
1.ª persona	me	nos
2.ª persona	te	os
3.ª persona	la, lo le (se) lo (neutro)	las, los les (se)

⇛ Los pronombres de primera y segunda persona pueden funcionar como objeto directo (OD) u objeto indirecto (OI) indistintamente, y no presentan cambios de género[1].

⇛ El neutro *lo*, cuya forma es idéntica al artículo neutro y al pronombre OD masculino de tercera persona de singular, se utiliza para sustituir adjetivos y frases completas. Es común su uso para contestar preguntas con la estructura *sí/no* + *lo* + VERBO.

⇛ *Lo*, *la*, *los* y *las* funcionan como OD, y se presentan diferencias de género y de número.

⇛ *Le* y *les* no presentan diferencias de género y funcionan como OI. La Real Academia Española admite como correcto el uso, generalizado en amplias zonas de España, de *le* por *lo* cuando se hace referencia a persona masculina (*Vimos a Javier* → Lo/le *vimos*).

⇛ Cuando coinciden los pronombres de OD y OI en una oración, el OI (*le, les*) se transforma en *se* por razones de fonética.

⇛ El orden de los pronombres del Grupo II es variable. Lo normal es que vayan antes del verbo[2], primero el OI y después el OD, pero hay excepciones: el imperativo afirmativo, el gerundio y el infinitivo; las estructuras de VERBO CONJUGADO + INFINITIVO O GERUNDIO permiten las dos opciones anotadas.

⇛ Si alteramos el orden habitual de la oración y situamos el OD o el OI antes del verbo a fin de producir énfasis sobre ellos, tenemos que añadir un pronombre como refuerzo expresivo.

⇛ Cuando la preposición *a* va seguida de un pronombre tónico hay que reforzar este obligatoriamente con el correspondiente átono.

NOTAS

(1) Es fundamental comprender las diferencias entre **OBJETO DIRECTO** (OD, acusativo) y **OBJETO INDIRECTO** (OI, dativo) para usar correctamente los pronombres átonos. Recuerda que el OD se transforma en sujeto de las oraciones pasivas (*Abrieron la puerta a las seis* → *La puerta fue abierta a las seis* → *La abrieron a las seis*) y lleva preposición *a* cuando se refiere a seres animados (*Vieron a Héctor en la plaza* → *Héctor fue visto en la plaza* → *Lo vieron en la plaza*). El OI va precedido por *a* (o *para*) y nunca puede convertirse en sujeto de la oración al transformarla en pasiva (*Entregaron el paquete al portero* → *El paquete fue entregado al portero* → *Le entregaron el paquete*). Un verbo es **TRANSITIVO** cuando presenta o puede presentar OD (ej. *comer*), e **INTRANSITIVO** cuando no (ej. *llegar*).

(2) Existe un uso literario que contraviene esta norma: "Por alguna que otra travesura nuestra, el padrasto *habíanos* levantado la voz mucho más duramente" (Horacio Quiroga, "Nuestro primer cigarro").

EJERCICIOS

Explica los usos de los pronombres en las siguientes frases a partir de la teoría hasta aquí expuesta.

1. ¿Qué deseaba usted?
....
2. Al jardinero lo hemos visto dos veces esta mañana.
....
3. Dicen que ha sido él el autor del delito, pero yo no lo creo.
....
4. Si vienes conmigo, te mostraré las nuevas instalaciones.
....
5. Nos han insinuado que no deberíamos ir.
....
6. Nos felicitaron por nuestro trabajo.
....
7. A ellas no les importan en absoluto esas habladurías.
....
8. Me la enviarán por correo aéreo.
....
9. Se lo comió en un santiamén.
....
10. Les comentaremos la nueva normativa a las secretarias.
....
11. Hoy ha amanecido el día lluvioso; por ello han suspendido el festival al aire libre.
....
12. Y vos, ¿qué querés?
....
13. A tu hermana le hemos traído unas bermudas de Bali.
....
14. Lo quiero pensar detenidamente.
....
15. – ¿Sabías que se casan el mes próximo?
– No, no lo sabía.
....

En algunas de las frases que siguen hay errores. Corrígelos.

16. Me se ha olvidado todo lo que estudié anoche.
....
17. No sé dónde están Silvia y Ester. ¿Las has visto?
....
18. La dije todo lo que pensaba sobre su decisión.
....
19. A Luis vimos en la verbena del sábado.
....
20. Han contratado a todos, excepto a mí.
....
21. Todos estaban de acuerdo, excepto mí.
....
22. A ella saludamos cuando nos la encontramos en el teatro.
....
23. No quisiera la despertar con mi llamada. Es ya muy tarde.
....
24. Por favor, ¿podría nos decir cómo se va a la Alameda?
....
25. No lo me digas si no estás seguro.
....
26. Eso se demuestra lo haciendo.
....
27. Yo a usted no lo encuentro cambiado.
....
28. Yo a usted no lo consiento que me diga eso.
....
29. A Ana la di la noticia en cuanto me fue posible.
....
30. Se sienten inmediatamente.
....

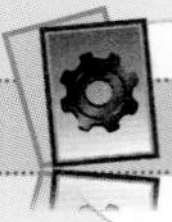

GRAMÁTICA

2.2. VALORES Y USOS ESPECIALES DE LOS PRONOMBRES PERSONALES

⇒ **Reflexivo**

El sujeto es agente y destinatario de la oración. El pronombre reflexivo se puede reforzar con expresiones como *a sí mismo, -a, -os, -as*.

Siempre se está compadeciendo (a sí mismo).

⇒ **Recíproco**

La acción se produce entre dos sujetos que se afectan mutuamente. El pronombre recíproco, siempre plural, se puede reforzar con expresiones como *uno(s) a otro(s)*, *los unos a los otros...*

Los líderes se atacaron (unos a otros) con dureza en el debate televisado.

⇒ **Enfático** (intensificador) o **expletivo** (redundante, no necesario)

Se trata de usos expresivos:

Se fuma tres cajetillas diarias.

Verbos
aprender, beber, callar, comer, conocer, creer, encontrar, estudiar, fumar, ganar, gastar, imaginar, leer, llevar, morir, pensar, recorrer, reír, saber, suponer, tomar, traer, tragar, ver...

⇒ **Incoativo** (comienzo de acción)

Se trata también de un valor coloquial e indica el inicio u origen de la acción; su supresión produce un cambio de significado, a veces importante, en el verbo.

Durmió trece horas.

Se durmió inmediatamente.

Verbos
bajar, ir, dormir, salir, subir, venir, volver...

⇒ **Verbos pronominales**

Hay verbos que se construyen con pronombre, por lo que presentan ese rasgo formal aunque sin efectos en su significado. Para algunos de esos verbos, el pronombre es obligatorio en su conjugación:

Se abstuvo de opinar.

**Abstuvo de opinar.*

En otros casos es opcional, pero la construcción varía:

Nos alegramos de tu venida.

Tu venida nos alegró.

Verbos

- Con pronombre obligatorio:
abstenerse, arrepentirse, atreverse, constiparse, enterarse, quejarse, resfriarse…

- Con pronombre opcional:
acostarse, ahogarse, alegrarse, alejarse, animarse, aprovecharse, casarse, curarse, decidirse, deprimirse, derretirse, despedirse, despertarse, enamorarse, entusiasmarse, espantarse, fugarse, levantarse, moverse, preocuparse, olvidarse, retirarse, sentarse…

⇒ Cambio de significado

Muchos verbos cambian de significado según se construyan o no con pronombre:

Acordamos (=decidimos) enviar el informe.
Nos acordamos de (=recordamos) enviar el informe.

Verbos

acordar (ponerse de acuerdo en algo, decidir)	***acordarse de*** (recordar)
creer (pensar, opinar)	***creerse*** (dar por ciertas cosas que probablemente no lo son)
echar (arrojar, verter)	***echarse a*** (empezar a)
encontrar (hallar)	***encontrarse*** (sentirse)
estar (localización física)	***estarse*** (permanecer, indica un acto de voluntad)
fiar (vender productos sin esperar un pago inmediato)	***fiarse de*** (confiar en)
fijar (establecer)	***fijarse*** (observar)
hacer (realizar)	***hacerse*** (convertirse) ***hacerse a*** (acostumbrarse a)
jugar (entretenerse, travesear)	***jugarse*** (apostar, arriesgar)
llamar (pronunciar o dar un nombre)	***llamarse*** (tener un nombre)
marchar (caminar, funcionar)	***marcharse*** (abandonar un lugar)
meter (introducir)	***meterse a*** (realizar una tarea que no se realiza habitualmente)

negar (decir que algo no es cierto)	***negarse a*** (rehusar, rechazar)
pasar (entrar; caminar) ***pasar de*** (ser indiferente a) *(coloq.)*	***pasarse*** (excederse)
portar (transportar)	***portarse*** (comportarse)
prestar (dar algo en espera de su devolución)	***prestarse a*** (acceder a)
quedar (*impers*. sobrar, citarse)	***quedarse*** (permanecer)
temer (tener miedo de)	***temerse*** (creer que algo desagradable ocurre)
volver (retornar a un lugar)	***volverse*** (girar la cabeza o todo el cuerpo)

⇒ Dativo posesivo

No es frecuente en español utilizar posesivos para las partes del cuerpo y los objetos personales. En su lugar se usa el dativo posesivo:

Se nos ha roto el transistor (*=se ha roto nuestro transistor*).

⇒ Involuntariedad

Con *se* podemos expresar que una acción ha tenido lugar sin la intervención de nuestra voluntad; a menudo, esta construcción se combina con un dativo que expresa la persona o cosa a la que afecta indirectamente la acción; cf.

He quemado el arroz (acción voluntaria).

Se ha quemado el arroz (acción involuntaria).

Se me ha quemado el arroz (*se:* acción involuntaria; *me:* persona afectada).

NOTA

Diversos verbos que indican formas de morir se usan con pronombre, paradójicamente, tanto para indicar reflexibilidad (A) como involuntariedad (B):

Se mató con una pistola (A)/ *Se mató en un accidente* (B).

Se envenenaron con cianuro (A)/ *Se envenenaron con setas* (B).

⇒ Dativo ético o de interés

Muestra el interés o el afecto del hablante hacia lo que se trata, y su supresión no produce cambios de significado. Su uso, casi siempre en oraciones negativas y con el pronombre de primera persona, es coloquial:

No te me enfades, que no es para tanto.

Desde que está enfermo, el niño no le come nada.

⇒ Dativo de dirección

Hace referencia al lugar hacia el cual se dirige el movimiento que indica el verbo:

Se le acercó en cuanto la vio.

EJERCICIOS

Explica los distintos usos de los pronombres en las siguientes frases a partir de la teoría hasta aquí expuesta.

1. No te me vayas todavía, que nos quedan muchos temas por tratar.
   ....
2. ¿Se te ha perdido la agenda?
   ....
3. Se estrelló contra un muro porque estaba harto de la vida.
   ....
4. Se estrelló contra un muro porque se durmió mientras conducía.
   ....
5. Me he leído ya tres artículos sobre el mismo tema.
   ....
6. Cállate un rato, que estamos aburridos de oírte.
   ....
7. Nunca nos hemos arrepentido de haber renunciado a esa oferta.
   ....
8. Desde que os ganasteis el premio estáis desaparecidos.
   ....
9. Es mejor que te rías de los problemas. No vale la pena angustiarse.
   ....
10. Venga, olvídalo. No te me deprimas por algo tan insignificante.
   ....
11. Se odian tanto que no se dirigen la palabra.
   ....
12. Se pone calcetines diferentes cuando quiere acordarse de algo importante.
   ....
13. Súbete al apartamento y tráenos unos refrescos.
   ....
14. ¿Te has enterado de la última novedad?
   ....
15. Me abstendré de hacer comentarios.
   ....

Utiliza el verbo entre paréntesis adecuadamente y añade un pronombre cuando sea posible o necesario.

16. (Yo, temer) .... que nos hemos perdido.
17. (Quedar, a mí) .... un problema por resolver.
18. (Quedar) .... usted; yo me tengo que ir.
19. ¿(Tú, fumar) .... dos paquetes de cigarrillos al día?
20. (Conocer, yo) .... la isla como la palma de mi mano.
21. Siempre (gastar, tú) .... el sueldo antes de llegar a fin de mes.
22. Si (beber, tú) .... la manzanilla, (encontrar, tú) .... mejor.
23. Es imposible (leer) .... *Crimen y castigo* en una noche.
24. ¿(Creer, tú) .... que no me he dado cuenta?
25. No (pensarlo, tú) .... tanto y (decidir, tú) ....
26. (Yo, negar) .... a tolerar esta situación.
27. No (negar, yo) .... que sea interesante, pero no me apetece ir.
28. No debes (marchar, tú) .... sin dar una respuesta.
29. ¿Aún no (aprender, tú) .... los verbos irregulares?
30. (Nosotros, tomar) .... toda la cerveza que había en la nevera. Estábamos sedientos.
31. Cervantes (morir) .... sin ver publicada su última novela.

32. (Nosotros, imaginar) .... que habías salido porque no vimos luz en tu ventana.
33. Si (tú, venir) .... (nosotros, jugar) .... a las cartas.
34. (Ella, saber) .... muchas historias de terror.
35. No (tú, tomar) .... la pastilla sin (beber) .... un vaso de agua; podrías atragantarte.
36. Anímate y (tú, venir) .... a la verbena de San Juan.
37. (Yo pasar) .... mucho frío en el paseo de esta tarde. Seguramente (yo, constipar) ....
38. Todavía no (yo, hacer) .... a vivir en un lugar tan apartado. (Yo, creer) .... que soy muy urbano.
39. En la reunión (ellos, acordar) .... cambiar el anagrama de la empresa.
40. Es un romántico. (Él, enamorar) .... perdidamente de cada chica que conoce.
41. (Nosotros, fijar) .... la fecha de la próxima tertulia para el martes.
42. (Tú, estar) .... quieto mientras te hago la cura.
43. No deberías (tú, pasar) .... tanto de lo que ocurre a tu alrededor.
44. No deberías (tú, pasar) .... tanto con el alcohol.
45. En esa tienda no le (ellos, fiar) .... porque no (ellos, fiar) .... de su solvencia.

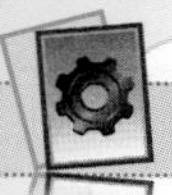

GRAMÁTICA

2.3. INDETERMINACIÓN DEL SUJETO E IMPERSONALIDAD

⇒ Indeterminación con *se*

- **Pasiva refleja**

  Se originó en el siglo XVI y ha ido sustituyendo progresivamente a la pasiva con *ser*. Su esquema básico es "*se* + verbo transitivo en 3.ª persona (singular o plural) + sujeto (cosa, oración, personas indefinidas)".

  Se prohibió la proyección de la película a causa de las escenas violentas.

  Se prohibió que proyectaran la película.

  Se necesitan dependientes.

- **Construcción impersonal**

  Es muy parecida a la pasiva refleja y surgió con posterioridad para evitar ambigüedades: *se liberaron los rehenes* puede ser recíproca (unos a otros) y reflexiva (a sí mismos). La construcción impersonal *se liberó a los rehenes,* en cambio, no es ambigua; indica que los rehenes fueron liberados por otra(s) persona(s). Presenta el verbo siempre en singular y no es una construcción pasiva. Admite verbos:

  - intransitivos: *Aquí no se vive mal.*
  - copulativos (*ser, estar*): *Se está muy bien en esta cafetería.*
  - transitivos con OD animado: *Se informó a los interesados sobre lo ocurrido.*

NOTAS

(1) A causa de la similitud entre las construcciones impersonal y refleja, es frecuente encontrar en el habla informal y descuidada expresiones incorrectas que muestran cruces entre ambas, como **se alquila habitaciones*. Cuando el OD de la construcción impersonal es indeterminado, no se suele usar la preposición *a* para persona: *se busca camarero/s*.

(2) En la expresión de la impersonalidad con el pronombre *lo(s)*, este puede verse sustituido por *le* para evitar la confusión con una estructura reflexiva; cf. *Se lo ve bien (reflexivo, impersonal) / Se le ve bien (impersonal)*.

- **Usos coloquiales de *se***
  - Obligación:

    Eso no se dice, no seas maleducado (=no debes decirlo).

    ¿Que no admiten perros? Pues eso se avisa (=deberían avisarlo).
  - *Se=yo*:

    Se agradece la invitación (=te agradezco la invitación).

    Vale, se aceptan las disculpas (=te acepto las disculpas).

⇒ Indeterminación de la tercera persona

- **Tercera persona de plural** (no equivale necesariamente a *ellos*; puede referirse a un sujeto singular encubierto)

  Lo han expulsado del trabajo (=su jefe lo ha expulsado).

  Dicen que habrá huelga de trenes (=la gente dice...).

- ***La gente, todo el mundo, hay quien, algunos***

  La gente siempre tarda en asimilar lo nuevo.

  Todo el mundo sabe que esta crisis durará más de lo que se dice.

  Hay quien piensa que sería mejor solicitar una subvención.

  Algunos se oponen a la nueva alianza.

⇒ Indeterminación de la primera persona

- Singular:
  - **Tú** (encubre a *yo*)

    Te matas a trabajar y nadie te lo agradece (=me mato a trabajar...).
  - **Uno** (encubre a *yo* pero con matiz general)

    Uno nunca sabe a qué atenerse.
- Plural**:**
  - **Plural de modestia** (*nosotros=yo*). Usado por escritores, ensayistas, conferenciantes y periodistas para evitar la impresión de excesivo protagonismo en el oyente o lector.

    En este ensayo intentamos defender una postura opuesta a la tradicional.
  - **Plural mayestático** (*nos=yo*). Usado por reyes, papas y obispos.
  - **Usos coloquiales.** Expresan la solidaridad del hablante con el sujeto del que se trata:
    - *nosotros* por *tú*:

      ¿Cómo andamos? (=¿cómo andas?, ¿como estás?).

      A ver si nos cuidamos más esa gripe (=a ver si te cuidas más).
    - *nosotros* por un grupo o entidad con el que el hablante se identifica:

      Ayer empatamos con Alemania (=el equipo de nuestro país empató).

EJERCICIOS

Construye libremente oraciones de sujeto indeterminado a partir de las siguientes ideas.

1. (Callarse de una vez; no poder concentrarse)
2. (Esperar que la guerra termine pronto)
3. (No deber hacer esto a los amigos)
4. (Estar de vacaciones y olvidar los problemas)
5. (Agradecer que se acuerden de nosotros en ciertas ocasiones
6. (No estar de acuerdo con las nuevas normas de tráfico)
7. (Considerar urgente la solución de los problemas del medioambiente)
8. (Alquilar habitación con mucha luz).
9. (Animarse al beber un par de copas)
10. (Creer que el arte figurativo murió con el nacimiento de la fotografía)
11. (No deber ser intransigente)
12. (Al fin terminarse la sequía)
13. (Necesitar secretario/a con conocimientos de informática)
14. (Hablar francés e inglés)
15. (Encontrar a los secuestradores antes de lo previsto)

Explica el valor de *se* en cada una de las siguientes oraciones.

16. Se abrieron las oficinas más tarde a causa de la amenaza de bomba.
17. A Juan el regalo se lo llevaron personalmente.
18. A los familiares se lo comunicaron por teléfono.
19. Se le nombró doctor *honoris causa* como premio a su vida entregada a la investigación.
20. A menudo, se ducha por la noche. Así puede dormir más por las mañanas.
21. Se casó con un australiano y ahora vive en Sidney.
22. Se porta siempre como un donjuán.
23. Se comió un filete de medio kilo él solo.
24. Se salió de la reunión muy ofendido.

25. Nunca se atreve a tomar decisiones sin consultar a nadie.

....

26. Se fracturó la mano en un caída tonta.

....

27. Se le averió el coche en mitad de la autopista.

....

28. Eso no se toca, que puedes romperlo.

....

29. Se supone que eso es una broma, ¿no?

....

30. Se necesitan ingenieros forestales.

....

● **Transforma las siguientes frases según el modelo.**

31. María dio ***a Juan las llaves***. María *se las* dio.
32. Este apartamento mide **40 metros cuadrados**. ....
33. Yo no creo que sean **cubanas**. ....
34. Esos cuadernos de dibujo cuestan **tres euros**. ....
35. Mañana por la mañana contaré **a la portera lo que ha ocurrido**. ....
36. Dio **un abrazo a su hermana**. ....
37. Pareces **muy cansado**. ....
38. Han comentado que **la vivienda seguirá encareciéndose**. ....
39. Me parecen **divertidos** los juegos de manos. ....
40. Recuerda **a Carmen lo que te dije**. ....

● **Muchas de estas frases tienen un error. Corrígelas.**

41. Siempre que llega a casa se quita sus zapatos. ....
42. Yo quisiera estudiar idiomas en alguna gran ciudad. ....
43. Dice que su casa es muy pequeña, pero a mí no me la parece. ....

....

44. La dio muy buenos consejos. ....
45. No quiero lo saber. ....
46. Tú puedes venir cada vez que quieras, esta es tu casa. ....
47. Me visitad un día de estos. ....
48. Se bebieron toda la botella de vino. ....
49. Dio el libro a él. ....
50. Súbete a casa. ....

PRENSA

[2]

Sociedad de consumo

El síndrome de Diógenes

Rosa Montero

Se diría que cada día hay más gente que sufre el *síndrome de Diógenes*, porque cada dos por tres sale alguna noticia contando cómo los bomberos o la policía lograron rescatar a uno de estos enfermos, desincrustándolo literalmente del inenarrable basurero en donde habría terminado por enterrarse a fuerza de acumular y acumular desechos. La denominación del síndrome de Diógenes, hoy tan popular, fue inventada en 1975 en referencia al filósofo griego Diógenes el Cínico, que era ese sabio tan extravagante que se supone que vivía en un tonel y que le dijo a Alejandro Magno que se apartara para que no le quitara el sol. A decir verdad, no veo que sea un nombre muy adecuado para una dolencia que consiste en atesorar frenéticamente todo tipo de cosas, porque Diógenes fue de una austeridad más bien patológica. Cuentan que vio a un niño beber agua del cuenco de sus manos, y que entonces tiró la escudilla de madera que llevaba y que, junto con el bastón y la capa, era lo único que poseía. O sea que sería justo lo contrario.

Lo que sí semeja a estos enfermos con el filósofo griego es el talante huraño, el aislamiento y la vida misérrima. Porque los afectados por el síndrome viven como si fueran los más pobres mendigos de la Tierra, aunque a menudo tengan casa propia, y aunque la hayan llenado a rebosar no solo de basuras, que es lo habitual, sino también, en ocasiones, de objetos valiosos o dinero. Ya se sabe que muchos de estos enfermos de apariencia menesterosa fueron encontrados durmiendo sobre millones de las antiguas pesetas, o guardando cientos de miles de euros en bolsas de basura. Esto es lo que les hace tan inquietantes y tan interesantes. Quiero decir que el verdadero Diógenes nos interesa poco y no nos inquieta nada: esa desaforada hambrina de austeridad muestra un afán extremista y puritano que, por lo general, nos pilla muy lejos. Pero las pobres gentes afectadas por el síndrome nos turban y aterrorizan, porque a fin de cuentas solo están unos poquitos pasos más allá en este loco proceso de acumulación que vivimos todos. Hijos como somos de la sociedad de consumo, vivimos neurotizados por el afán de atesorar cosas. A veces tengo la sensación de que todos o casi todos los ciudadanos occidentales padecemos el síndrome de Diógenes, solo que en sus estadios más benignos. Somos unas malditas urracas.

¿Hace mucho que no se ha parado un instante a revisar, con ojos analíticos, toda la mugre inútil que acumula en su casa? Cajones y cajones llenos de objetos muertos, cuidadosamente guardados allí algún remoto día pero hoy olvidados por completo. Armarios que son como la cueva de Alí Babá, repletos de bultos y artículos innecesarios. Bibelots y cacharritos y regalos arrumbados en cualquier parte. Agendas viejas, móviles en desuso, cables inclasificables e incomprensibles provenientes de antiguos aparatos eléctricos, cargadores de otros aparatos que tampoco tenemos, cámaras de fotos antediluvianas, montones de pares de gafas inservibles, teclados de ordenadores viejos que no nos atrevemos a tirar, baterías gastadas, guantes descabalados. Y ropa. Ropa vieja, ropa estrecha, ropa fea que nunca nos ponemos. Zapatos, bolsos, cajas, maletas abolladas. Herramientas oxidadas o rotas. Guardamos las cosas más increíbles. Seguro que si vacía ahora mismo el cajón de su mesa de despacho encontrará media docena de objetos alucinantes y que ignoraba por completo que tenía.

La sociedad de consumo en la que vivimos ha llegado a tal extremo de aceleración, a tal perversión en la abundancia, que se ha convertido en la apoteosis del desperdicio. Quiero decir que, en el mismo instante en que compramos una cosa, ese objeto se comienza a transmutar en un desecho. Y así vivimos, rodeados de rutilantes detritus, perdidos en un mar de posesiones absurdas. Náufragos en mitad de la inutilidad de nuestras cosas. Ahora, cuando morimos, dejamos atrás, principalmente, un montón de basura. Las casas de los muertos han de ser vaciadas de mugre, de la misma manera que los bomberos vacían la porquería acumulada por los enfermos del síndrome de Diógenes. En mi última mudanza tomé la decisión de tirar a la basura, sin revisarlo, el contenido de los cuatro cajones de mi mesa de trabajo, que estaban atiborrados de cosas. Eso fue hace diez años, y nunca eché de menos nada. Ojalá fuera capaz de hacerlo todos los días.

El País Semanal

ACTIVIDADES

1. **Explica el significado de las palabras sombreadas en el texto.**

2. **Lee las siguientes preguntas e intenta comprender todo su vocabulario. Luego, escucha el texto correspondiente a esta sección y contéstalas, eligiendo tan solo una de las tres opciones que se ofrecen.**

I. La denominación *síndrome de Diógenes* fue inventada como referencia a:
- ☐ **a.** un sabio extravagante.
- ☐ **b.** Alejandro Magno.
- ☐ **c.** Diógenes el Cínico.

II. Los afectados por el síndrome llevan una vida:
- ☐ **a.** misérrima.
- ☐ **b.** inquietante.
- ☐ **c.** austera.

III. El afán de atesorar cosas en la sociedad de consumo:
- ☐ **a.** se parece al de las urracas.
- ☐ **b.** se asemeja al síndrome de Diógenes.
- ☐ **c.** nos turba y nos aterroriza.

IV. La sociedad de consumo:
- ☐ **a.** nos hace vivir rodeados de cosas absurdas.
- ☐ **b.** nos convierte en náufragos.
- ☐ **c.** nos lleva a la apoteosis de la abundancia.

3. **El español proviene básicamente del latín, pero hay muchas palabras que tienen su origen en otras lenguas, como *síndrome*, derivada del griego. Relaciona cada vocablo de la columna de la izquierda con su origen correspondiente.**

1. *aquelarre* •	• hebreo
2. *tungsteno* •	• portugués
3. *cábala* •	• italiano
4. *ñandú* •	• griego
5. *aduana* •	• francés
6. *chicle* •	• alemán
7. *aguacate* •	• azteca
8. *mejillón* •	• sueco
9. *ágape* •	• guaraní
10. *arlequín* •	• vasco
11. *maíz* •	• árabe
12. *regalar* •	• taíno
13. *té* •	• náhuatl
14. *tabú* •	• chino
15. *vals* •	• inglés

AL SON DE LOS POETAS

No es que muera de amor

Lee con atención el poema e intenta comprender el uso de los pronombres.

No es que muera de amor, muero de **ti**.
Muero de **ti**, amor, de amor de **ti**,
de urgencia mía de mi piel de **ti**,
de mi alma de **ti** y de mi boca
y del insoportable que **yo** soy sin **ti**.

Muero de **ti** y de **mí**, muero de ambos,
de **nosotros**, de ese, desgarrado, partido,
me muero, **te** muero, **lo** morimos.
Morimos en mi cuarto en que estoy solo,
en mi cama en que faltas, en la calle donde mi brazo va vacío,
en el cine y los parques, los tranvías, los lugares donde
mi hombro acostumbra tu cabeza y mi mano tu mano
y todo **yo te** sé como **yo** mismo.

*No es que muera de amor, muero de **ti**...*

Morimos en el sitio que **le** he prestado al aire
para que estés fuera de **mí**,
y en el lugar en que el aire **se** acaba
cuando **te** echo mi piel encima
y **nos** conocemos en **nosotros**, separados del mundo,
dichosa, penetrada, y cierto, interminable.

Morimos, **lo** sabemos, **lo** ignoran, **nos** morimos
entre los dos, ahora, separados,
del uno al otro, diariamente,
cayéndo**nos** en múltiples estatuas,
en gestos que no vemos, en nuestras manos
que **nos** necesitan.

Nos morimos, amor, muero en tu vientre
que no muerdo ni beso, en tus muslos dulcísimos y vivos,
en tu carne sin fin, muero de máscaras, de triángulos obscuros e incesantes.
Me muero de mi cuerpo y de tu cuerpo,
de nuestra muerte, amor, muero, morimos.

*No es que muera de amor, muero de **ti**...*

En el pozo de amor a todas horas,
inconsolable, a gritos, dentro de **mí**,
quiero decir, **te** llamo, **te** llaman los que nacen,
los que vienen de atrás,
de **ti**, los que a **ti** llegan.
Nos morimos, amor, y nada hacemos
sino morir**nos** más, hora tras hora,
y escribir**nos** y hablar**nos** y morir**nos**.

El poeta

Hijo de un emigrante libanés y de una mexicana, **Jaime Sabines** nace en Chiapas (México) en 1926. Ya desde niño se dedica a la poesía, y publica sus primeros versos en el periódico de su escuela. Cursa estudios universitarios en México D.F. que no concluye, y entra en contacto con artistas como Juan Rulfo y Juan José Arreola. La enfermedad de su padre le obliga a regresar a Chiapas y trabajar como comerciante. Recibe el Premio Nacional de Ciencias y Artes en 1985, y a su discurso pertenecen estas palabras: "La poesía es el descubrimiento, el resplandor de la vida, el contacto instantáneo y permanente con la verdad del hombre". Muere de cáncer el 19 de marzo de 1999. Su obra poética se define por el existencialismo y el erotismo. Entre sus libros destaca *Yuria*, nombre que alude a un espacio imaginario, sea el viento, la noche, la patria o el amor. Especial relieve alcanza *Algo sobre la muerte del mayor Sabines* (1973), elegía a la muerte de su padre, extensiva a la condición humana.

El poema

El amor es uno de los grandes temas de la poesía de Jaime Sabines. El erotismo y la sensualidad se centran aquí en el tópico de *morir de amor*, causado por la ausencia de la amada. Este poema pertenece a la sección "Poemas sueltos, 1951-1961", del primer *Recuento de poemas*, donde por primera vez se reunió toda la obra de Jaime Sabines en un volumen, que se publica en 1962. Según información de sus familiares, pudo ser escrito cuando estudiaba Literatura Hispánica en la Universidad Nacional Autónoma de México, y varios de sus versos ya están contenidos en una de las cartas que, durante su noviazgo, escribe a Josefa Rodríguez Zebadúa, con la que se casa en 1953.

Vocabulario

Busca la palabra del poema que corresponde a cada caso, y redacta su significado. Sigue el modelo.

a. CONSOLAR
aliviar / pena / pesar / alguien
Aliviar la pena o el pesar de alguien.

b. ....
romper / rasgar / especialmente tela / hacer pedazos
....

c. ....
feliz / alegre
....

d. ....
escultura / representar / figura / hombre / o / animal / generalmente / imitar / del natural
....

e. ....
que / no / poderse / soportar
....

f. ....
objeto / cubrirse / cara / a fin de / disfrazarse
....

g. ....
hincar / dientes / en / cosa / especialmente / comida
....

h. ....
agujero / en tierra / profundo / sacar / agua / principalmente
....

i. ....
dar / algo / a alguien / para / usarlo / un tiempo / después / devolverlo
....

j. ....
falta / necesidad / apremiante / emergencia
....

Comprensión

Reflexiona sobre el significado de las siguientes expresiones:

a. *Muero de ese, desgarrado, partido.* (¿A quién se refiere?)

b. *Me muero, te muero, lo morimos.* (¿Cómo justificarías el uso libre de los pronombres?)

c. *Todo yo te sé como yo mismo.* (Explica esta comparación)

Expresión

Resume en pocas palabras el poema. Escribe, en clave cómica, una carta a tu pareja ausente, donde realmente te alegras de la separación entre los dos.

Léxico

En el poema aparecen diversos elementos de la ciudad. Identifícalos. Luego, busca en la columna de la derecha una tienda para comprar los objetos de la izquierda.

1. lápices, cuadernos, rotuladores...	A. Carnicería
2. manzanas, kiwis, plátanos...	B. Papelería
3. sellos, cigarros, puros...	C. Perfumería
4. revistas, periódicos, libros...	D. Quiosco
5. martillos, clavos, cables...	E. Estanco
6. hilo, agujas, botones...	F. Droguería
7. jamón, chorizo, morcilla...	G. Supermercado
8. lenguado, calamares, merluza...	H. Farmacia
9. rosas, claveles, azucenas...	I. Casquería
10. tiritas, yodo, aspirinas...	J. Frutería
11. hígado, riñones, sesos...	K. Mercería
12. leche, cava, yogur...	L. Lencería
13. detergente, betún, escobas...	M. Ferretería
14. cremas, perfumes, cosméticos...	N. Charcutería
15. cerdo, ternera, cordero...	Ñ. Pescadería
16. medias, camisones, ropa interior...	O. Floristería

Modismos

En el poema aparece la expresión *a gritos*; explícala. Después, construye otras expresiones uniendo las columnas, y busca su significado.

1. A buenas horas	A. puente de plata
2. A la vejez	B. mangas verdes
3. A palo	C. le llega su San Martín
4. A capa	D. seco
5. A cada cerdo	E. callando
6. A enemigo que huye	F. viruelas
7. A la chita	G. y espada

- [ ] I. Beber sin acompañamiento de comida. Hacer algo sin acompañamiento. Hay dos hipótesis sobre el origen de esta expresión. Por una parte, podría referirse, en el lenguaje de los marineros, a navegar con las velas recogidas para evitar el impulso del viento; por otra parte, puede venir del cante flamenco, sin acompañamiento musical.

- [ ] II. Con silencio y sigilo. La chita es un juego popular antiguo que consistía en derribar una moneda colocada sobre un hueso de animal, a menudo apostando dinero.

- [ ] III. Es mejor facilitar la huida de un adversario que mantener el enfrentamiento. Se usa esta expresión para indicar complacencia por perder de vista a alguien que no nos agrada. Se trata de una frase célebre pronunciada por el Gran Capitán, militar de la época de los Reyes Católicos.

- [ ] IV. Se usa con el verbo *defender*. Se trata de dos símbolos de nobleza y honor, que son temas del teatro clásico español, llamado "de capa y espada".

- [ ] V. Quien ha actuado de forma incorrecta, tendrá su castigo algún día. *Cerdo* en español es un vocablo insultante, y a la vez se refiere a un animal que se mata normalmente el 11 de noviembre, día de San Martín.

- [ ] VI. Expresión antigua que se refiere a los que se enamoran en la vejez y, en general, a lo tardío. El escritor español Manuel Bretón de los Herreros, en el siglo XIX, titula así una obra teatral sobre dos viejos enamorados, y la frase se populariza. La viruela es una enfermedad impropia de la edad senil.

- [ ] VII. Los miembros de la Santa Hermandad, que desde la Edad Media velaba por la seguridad en Castilla, vestían un uniforme con bocamangas verdes. Parece que su inicial eficacia se fue perdiendo, por su lentitud e impuntualidad. De ahí la ironía de la expresión, que se refiere a lo que llega tarde.

MANOS A LA OBRA

- **Imagina que te ha tocado la lotería y vas a viajar con tus amigos alrededor del mundo durante todo un año. Tenéis que hacer el equipaje. Discutid sobre qué cosas llevaríais; usad los posesivos adecuadamente.**

DEBATE

- **¿Crees que el romanticismo está pasado de moda? Conversa con tus compañeros.**

TERCERA UNIDAD 3

Valores del indicativo

SITUACIONES

En todos estos fragmentos encontramos formas del futuro de indicativo. ¿Podrías indicar sus distintos valores?

¿Sabrán quién ha sido?

Me estaré haciendo mayor, pero este mundo no lo entiendo.

¿Qué habré hecho yo para merecer esto?

¿Será posible que no se pueda descansar tranquilo?

Comenta el siguiente uso del condicional.

Con esas alas ya habría llegado a casa...

GRAMÁTICA

3.1. PRESENTE

⇒ **Valores** (recapitulación)

- **Actual**
  - lo que ocurre en el momento en que se habla; equivale a *estar* + GERUNDIO.
  - lo habitual.
  - lo que empieza en el pasado y continúa en el presente.
- **Futuro** (normalmente, con alguna expresión que indique futuro).
- **Pasado** (*presente histórico*): para acercar en el tiempo los hechos que ya han ocurrido. Puede usarse tanto en el lenguaje formal como en el coloquial.
- **Atemporal** (verdades o realidades permanentes).
- **Mandato** (coloquial): implica autoridad y ausencia de cortesía del que lo usa.

EJERCICIOS

● **Explica los usos de los pronombres en las siguientes frases a partir de la teoría hasta aquí expuesta.**

1. Su casa es la que tiene las ventanas pintadas de verde.
....
2. En la Edad Media proliferan la hechicería y la magia.
....
3. Le encanta la música ruidosa.
....
4. La temperatura normal del cuerpo humano es de 37 grados.
....
5. Llega al garaje y de pronto se da cuenta de que la están siguiendo.
....
6. Siempre toma la fruta antes de las comidas.
....
7. Mañana nos vemos en mi casa a las ocho y media.
....
8. Me dedico al periodismo desde el verano del 90.
....
9. El próximo trimestre nos inscribimos en el curso de perfeccionamiento de español.
....
10. Buscamos a Luisa.
....
11. Todas las mañanas van a correr al parque para mantenerse en forma.
....
12. Te vas ya a dormir, que es muy tarde.
....

GRAMÁTICA

3.2. PASADO

⇒ IMPERFECTO (hablaba)

- Acción pasada en su transcurso:
  Miraban tus cuadros con mucho interés.
- Cortesía con valor de presente, en primera persona (*quería, venía a*):
  Queríamos solicitar una prórroga.
- Sorpresa en el presente:
  ¿Pero tú no lo sabías?
- Estados emocionales y actividades mentales en el pasado:
  Era muy feliz. Creía que nada malo podía ocurrirle.
- En el lenguaje de los niños expresa la irrealidad, la ficción (recuérdese que los cuentos infantiles comienzan con expresiones como *érase una vez, había una vez…*):
  "Ahora –prosiguió Juan– tú sacabas la pistola y me matabas a mí".
  (Miguel Delibes, *El príncipe destronado*)
- El imperfecto puede cumplir en el lenguaje coloquial dos funciones que normalmente corresponden al condicional:
  - Futuro en relación con el pasado.
    Me comentaron que el envío llegaba (=llegaría) aquella tarde.
  - Hipótesis.
    Tenías (=tendrías) que ser más cuidadosa.
    Yo en tu lugar no iba.
- Se puede usar con valor de presente para recordar algo que se ha olvidado (*coloquial*).
  ¿Tú como te llamabas?

⇒ IMPERFECTO/INDEFINIDO O PERFECTO SIMPLE (hablaba/hablé)

- La acción repetida en el pasado se expresa con imperfecto si es habitual y con indefinido si sucede un número concreto de veces:
  El curso pasado solía llegar a clase puntualmente, pero un día me retrasé media hora porque se me averió el coche.
- En el pasado, la descripción se expresa con imperfecto y la narración con indefinido:
  Ayer dimos un largo paseo y encontramos una iglesia preciosa. Era muy antigua y estaba recién restaurada.
- Cuando expresamos una acción pasada en su desarrollo y otra que está terminada, la primera va en imperfecto y la segunda en indefinido:
  Estaba leyendo tranquilamente y de pronto se fue la luz en todo el edificio.
- En este sentido, es importante la actitud del hablante, que puede presentar la acción objetivamente (con el indefinido) o situándose en ella (con el imperfecto):
  Era/Fue siempre muy amable con nosotros.

NOTA

También puede usarse el imperfecto con un valor estilístico de acercamiento, aunque la acción esté terminada:

Ayer moría en su casa el solista del grupo, víctima de un infarto.

⇒ **Perfecto/Indefinido** (he hablado/hablé)

Ambos expresan una acción terminada, pero hay dos grandes diferencias:

- Si en la frase hay una expresión de tiempo, usaremos pretérito perfecto para las que indican tiempo no terminado (*hoy, este año...*) y pretérito indefinido para las que indican una unidad de tiempo que ha terminado (*ayer, el año pasado*).

  La semana pasada recibí dos cartas suyas, pero esta semana aún no he recibido ninguna.

- El pretérito perfecto expresa un pasado cercano, aunque a veces indica una acción que comienza en el pasado y continúa en el presente. El indefinido expresa un pasado que el hablante considera más lejano:

  He decidido/Decidí resolver el problema cuanto antes.
  He vivido aquí toda mi vida.

NOTA

Como regla práctica, podemos decir que, si no hay otras indicaciones temporales, con las expresiones *todavía*, *ya*, *aún*, *nunca*, *jamás* y *siempre* se suele preferir el perfecto al indefinido en el español peninsular. Hay que tener en cuenta también las preferencias dialectales, ya que hay un claro retroceso del uso del pretérito perfecto en muchas zonas hispanohablantes, especialmente en América.

⇒ **Pluscuamperfecto** (había hablado)

Indica una acción pasada y terminada, anterior a otra acción también pasada:

Me enteré de que habían tenido un accidente.

⇒ **Pretérito anterior** (hubo hablado)

Normalmente se suprime de los métodos y gramáticas de español por estar casi en desuso. Sin embargo, es importante conocerlo porque aparece en textos formales y literarios actuales. Se suele acompañar con partículas temporales como *apenas, una vez que, cuando* o *en cuanto*, y expresa una acción pasada completamente terminada e inmediatamente anterior a otra también pasada:

"Montegrifo entró en materia rápidamente, apenas una secretaria les hubo servido, en tazas de porcelana de la Compañía de Indias, café que Menchu endulzó con sacarina."

"Excelente –dijo por fin, cerrando la carpeta cuando hubo terminado–. Es usted una joven extraordinaria."

(Arturo Pérez Reverte, *La tabla de Flandes*)

EJERCICIOS

Completa las siguientes frases con la forma de pasado adecuada.

1. Nos dijeron que no (ellos, encontrar) .... a nadie en la casa, pero que (ellos, dejar) .... un mensaje en la portería.
2. Yo que tú (ir) .... en seguida a ver lo que está pasando.
3. Ante aquella situación, (nosotros, hacer) .... lo que (nosotros, considerar) .... más conveniente.
4. ¿(Tú, poder) .... explicarme de nuevo las reglas de este juego? Es que es muy complicado.
5. Cuando la (yo, ver) ...., ella (salir) .... de la tintorería y yo (entrar) ....
6. La semana pasada (yo, solicitar) .... una beca para estudiar en el extranjero.

7. (Ellos, comentarme) .... que (ellos, ir) .... al zoo al día siguiente.
8. (Ser) .... el típico día de verano, con el cielo sin una sola nube y un calor asfixiante.
9. (Nosotros, ir) .... todos los días a la playa, pero en dos ocasiones (nosotros, irnos) .... de excursión para explorar la isla.
10. ¿(Usted, poder) .... hablar más despacio? Es que aún no (yo, conseguir) .... comprender bien el español.
11. (A ellos, encantar) .... hacer barbacoas los domingos en la finca de sus padres.
12. Yo (ser) .... un marciano y (yo, matarte) .... con mi pistola.
13. ¿Pero (tú, estar) .... enfermo? (Tú, poder) .... habérmelo dicho.
14. Aunque (él, pensar) .... que aquello no (ser) .... justo, (él, decidir) .... callarse.
15. (Él, ser) .... un niño serio y orgulloso; nunca (él, llorar) ....
16. Mira, se ha vuelto a romper el grifo. (Nosotros, deber) .... llamar a un fontanero.
17. Ten cuidado. (Yo, barnizar) .... esa silla y aún no (secarse) ....
18. (Tú, deber) .... venir más a menudo a visitarnos.
19. Hoy (ellos, contestar) .... a mi solicitud.
20. ¿Todavía no (vosotros, regar) .... las plantas? Se os van a morir.
21. Apenas (él, llegar) ...., (él, dirigirse) .... a la estación de autobuses y (él, tomar) .... el primero que (salir) .... para su pueblo.
22. ¡Qué sorpresa! ¿No (tú, estar) .... de viaje?
23. ¿(Tú, saber) .... que ya (ellos, abrir) .... la nueva cancha de tenis?
24. Comentó que jamás (él, oír) .... nada semejante.
25. Nunca (él, salir) .... de su país antes de ir a Grecia. (Ser) .... la primera vez que (él, viajar) .... al extranjero y no (él, poder) .... creérselo. (Él, estar) .... radiante de felicidad.
26. En cuanto (ellos, recibir) .... el telegrama, la (ellos, llamar) .... para felicitarla.
27. Yo en tu lugar no me (callar) ....
28. En cuanto la conferencia (terminar) ...., (ellos, abandonar) .... la sala.
29. Este siglo el progreso de la ciencia (ser) .... espectacular.
30. De pequeño (él, ser) .... muy comunicativo, pero cuando (él, hacerse) .... mayor (él, convertirse) .... en una persona muy reservada.

En algunas de las frases que siguen hay errores. Corrígelos.

31. Todavía no nos mostraste las fotos de tu último viaje. ....
32. Nos enterábamos ayer de que la compañía ha quebrado. ....
33. Ese año hicimos muchos proyectos nuevos. ....
34. Este año hicimos muchos proyectos nuevos. ....
35. Pensó que el tren ha llegado ya. ....
36. El domingo pasado he ido a visitar a unos parientes que no vi desde hace muchos años.
....
37. Quería decirte que estoy muy indignada por lo que está ocurriendo.
....
38. Ya sé que cuando eras joven conseguías la copa del mundo. ....
39. Estaba preocupada porque no la han llamado para volverla a contratar.

Transforma las siguientes oraciones en pasado.

40. ¿Consideras necesario cambiar el aceite del coche?

....

41. No pueden creer lo que están viendo.

....

42. Dice que aún no ha terminado, pero que termina en un par de minutos.

....

43. Acabamos de enterarnos de que han cerrado nuestro cine favorito.

....

44. Creo que es una persona muy responsable aunque muchos opinan lo contrario.

....

45. Nunca ve películas violentas; le producen pesadillas.

....

46. ¿Quieres saber lo que ha pasado?

....

47. Hay que tener mucho cuidado para no ofenderlo; es un chico muy susceptible.

....

48. Todos piensan que tiene mucho talento para la música.

....

49. Están ocurriendo cosas muy extrañas en esta casa.

....

50. Cada invierno ascienden los niveles de contaminación a causa de la calefacción.

....

51. Siempre nos encontramos en la cafetería.

....

52. La película trata de una chica drogadicta que quiere rehacer su vida.

....

53. Es una casa preciosa; tiene una terraza y un jardín inmensos.

....

54. Dice que nunca ha visto una casa tan bonita como esa.

....

GRAMÁTICA

3.3. FUTURO Y CONDICIONAL

⇒ FUTURO SIMPLE (hablaré)

- **Posterioridad**
  - **Acción posterior** al momento en que se halla el hablante. Puede sustituirse por la perífrasis *ir a* + INFINITIVO o por el presente con valor de futuro:
    Mañara iremos (=vamos a ir, vamos) a un concierto estupendo.
  - **Mandato** (sin cortesía)
    No te irás sin nuestro permiso(=no te vayas sin nuestro permiso).
- **Presente**
  - Probabilidad en el presente:
    -*¿Que hora es?* -*No sé, serán las diez (=probablemente son las diez).*
  - Incertidumbre en preguntas que el hablante se plantea a sí mismo, conjeturas con valor de presente:
    ¿Estará enfadada conmigo? (=me pregunto si está enfadada conmigo).
  - Valor concesivo (equivalencia con *aunque* + PRESENTE), en estructuras adversativas (con *pero*, *sin embargo*):
    Serán ricos, pero son muy desgraciados (=aunque son ricos, son muy desgraciados).
  - Sorpresa en el presente:
    -*¿Será posible que no nos haya avisado? (=no nos ha avisado; es increíble).*

- **Pasado**: futuro del presente histórico (también posible con la forma de futuro perfecto, aunque menos frecuente).
  La novela trata sobre un grupo de amigos que se pierde en la selva. Al final solo dos sobrevivirán a la aventura.

⇒ FUTURO PERFECTO O ANTEFUTURO (habré hablado)

- **Acción futura** anterior a otra acción también futura en relación con el presente:
  A las diez (=futuro)ya *habremos llegado* (=antefuturo) *a casa.*

- **Pasado cercano**
  - Probabilidad en el pasado cercano:
    Aún no han llegado tus padres. Habrán encontrado mucho tráfico a causa de la lluvia (=probablemente han encontrado...).
  - Incertidumbre en preguntas, conjeturas con valor de PRETÉRITO PERFECTO:
    ¿Habrá ocurrido algo malo? (=me pregunto si ha ocurrido algo malo).
  - Valor concesivo (equivalencia con *aunque* + PRETÉRITO PERFECTO), en estructuras adversativas:
    Habré aprobado el curso, pero no he aprendido nada (=aunque he aprobado el curso, no he aprendido nada).

⇒ CONDICIONAL SIMPLE (hablaría)

- **Futuro**
  - Futuro en relación con un pasado:
    Nos confirmaron que el avión llegaría puntual.
  - Hipótesis en el futuro o en el presente:
    Te acompañaría al médico, pero a esa hora me resulta imposible/pero ahora me es imposible.

- **Pasado**
  - Probabilidad en el pasado:
    Era un señor muy mayor. Tendría unos noventa años (=probablemente tenía...).
  - Valor concesivo (equivalencia con *aunque* + PRETÉRITO INDEFINIDO O IMPERFECTO), en estructuras adversativas:
    Tendría muy buenas intenciones, pero no lo demostraba (=aunque tenía muy buenas intenciones, no lo demostraba).
  - Incertidumbre en preguntas, conjeturas con valor de pretérito indefinido o imperfecto:
    ¿Estarían enfadados por algo? (=me pregunto si estaban enfadados por algo).

- **Presente**
  - Cortesía (presente):
    ¿Me podría conceder una entrevista?
  - Modestia (de uso poco frecuente, con verbos como *decir* o *jurar* para expresar una opinión sin imponerla):
    Yo diría que no están en absoluto satisfechos con lo que ha ocurrido (=creo que no están...)
  - Condicional de rumor (uso periodístico no recomendado como correcto, con valor de presente):
    Según las encuestas, la mayoría de la población estaría (=está) en contra de la pena de muerte.

⇒ CONDICIONAL COMPUESTO (habría hablado)

- Acción **futura** anterior a otra en el futuro en relación con el pasado:
  Creían (=pasado) *que por la noche* (=futuro) *ya habrían llegado* (=antefuturo).
- **Pasado**
  - Hipótesis no realizada en el pasado:
    Yo te habría prestado mi coche, pero no sabía que tenías el tuyo averiado.
  - Probabilidad en un pasado anterior a otro pasado:
    La llamé anoche pero no cogió el teléfono. Habría salido.
  - Valor concesivo (equivalencia con *aunque* + PRETÉRITO PLUSCUAMPERFECTO) en estructuras adversativas:
    Habría estudiado mucho, pero no logró aprobar la oposición (*=aunque había estudiado...*).
  - Incertidumbre en preguntas, conjeturas con valor de pretérito pluscuamperfecto:
    Estaban muy serios. ¿Habrían recibido ya la mala noticia?
  - Condicional de rumor (uso periodístico no recomendado como correcto, con valor de pasado):
    Se piensa que cerca de 5000 estudiantes habrían participado en la manifestación contra la subida de tasas académicas (*=se cree que han participado...*).

NOTA

Los usos de futuro y condicional con valor concesivo a menudo tienen un matiz de ironía.

EJERCICIOS

Explica el valor de las formas de futuro y condicional que hay en las siguientes frases:

1. El año que viene iremos de viaje a Nueva Zelanda.
   ....
2. Yo diría que esa no es la mejor solución.
   ....
3. ¿Será él quien ha robado el ordenador de la oficina?
   ....
4. Sería muy simpático, pero a la hora de la verdad no era una persona de fiar.
   ....
5. ¿Habrán aprobado ya la nueva normativa?
   ....
6. Habría llegado a ser un gran poeta, pero murió muy joven.
   ....
7. Es una película de ciencia ficción. Los habitantes de Venus invaden nuestro planeta, pero al final serán vencidos por los terrícolas.
   ....
8. Serían las nueve cuando dieron la noticia por la radio.
   ....
9. Él nunca se burlaría de ti.
   ....
10. Confirmaron que el partido tendría lugar a la hora prevista.
   ....

11. ¿Te importaría ayudarme a mover este arcón? Es demasiado pesado.

....

12. Cuando llegues a la tienda, ya habrán cerrado.

....

13. Según las últimas informaciones, el incendio se habría extendido hasta las poblaciones de la costa.

....

14. ¿Qué habrá sido de aquella chica tan tímida que trabajaba en esa cafetería?

....

15. No lo veo desde que terminó la carrera. Se habrá convertido en un abogado famoso y muy ocupado.

....

● **Sustituye las siguientes frases por otras con futuro o condicional que presenten el mismo valor.**

16. ¿Crees que han oído nuestra conversación? ....
17. No sé si es demasiado tarde para llamarla por teléfono. ....
18. Aunque es un caballero, no lo parece. ....
19. Hazlo ahora mismo. ....
20. Aunque era muy difícil conseguirlo, él lo logró. ....
21. Seguramente había comprendido toda la explicación, porque no hizo ninguna pregunta. ....

....

22. No sé por qué no ha venido. Seguramente ha olvidado la cita que teníamos. ....

....

23. No sé si han aceptado mi propuesta. ....
24. Me pregunto si están diciendo la verdad. ....
25. Pesa unos cincuenta kilos. ....
26. Llegaron aproximadamente a las dos de la mañana. ....
27. Aunque tiene sus defectos, es un ser adorable. ....
28. Cuando llegamos, ya no estaban. Probablemente se habían cansado de esperar. ....

....

29. No sé qué edad tenía aquella mujer. ....
30. Aunque se había enfadado mucho, nadie lo notó. ....

● **Sustituye el infinitivo por una forma correcta de futuro o condicional.**

31. Cuando llegues ya (yo, preparar) .... la cena.
32. Imaginaba que (apetecerte) .... venir de excursión con nosotros.
33. No tengo reloj, pero (ser) .... las ocho y media.
34. (Yo, jurar) .... que había dejado sobre esta mesa las entradas para el teatro.
35. Dicen que en otoño ya (ellos, empezar a aplicar) .... la nueva ley.
36. ¿(Poder, usted) .... indicarme dónde se encuentra la estación de tren?
37. (Tú, asistir) .... a clase todos los días.
38. (Yo, prestarte) .... el libro, pero es que aún no he terminado de leerlo.
39. ¿(Ellos, concederme) .... el préstamo que pedí?
40. Estás muy pálido. ¿(Tú, tener) .... fiebre?
41. (Gustarnos) .... estar más tiempo de vacaciones, pero solo nos habían concedido una semana.

42. No (tú, irte) .... sin terminar tu tarea.
43. Ya debería haber llegado. ¿(Él, perderse) .... ?
44. Hace tiempo que no nos llama. ¿(Pasar, a él) .... algo?
45. Si no terminas el informe antes de las nueve, todo tu trabajo no (servir) .... para nada.
46. Siento interrumpirte. Pensé que a esta hora ya (tú, terminar) ....
47. (Ella, parecer) .... muy atenta, pero a la hora de la verdad es bastante egoísta.
48. El concierto (ser) .... a las diez.
49. (Ir, yo) .... a esquiar con vosotros, pero aún no me he recuperado de la lesión en el tobillo.
50. (Él, no asistir) .... a clase, pero el examen lo ha hecho perfecto.
51. (Ella, ser) .... muy inteligente, pero no lo demostraba.
52. (Encantarnos) .... cenar con vosotros, pero ya hemos quedado.
53. Había un ambiente muy raro. ¿(Ocurrir) .... algo malo?
54. (Ellos, hacer) .... cualquier cosa para conseguir tu felicidad.
55. El próximo verano (nosotros, hacer) .... un safari por África.
56. ¿(Ser) .... verdad que han sido atracados?
57. Era muy alto. (Él, medir) .... cerca de dos metros.
58. (Ser) .... un televisor de buena marca, pero funciona fatal.
59. Yo, en tu lugar, (negarse) .... a trabajar en domingo.
60. La batalla se inicia en 1545 y no (terminar) .... hasta 1547.

● **Tacha la opción incorrecta para cada una de las siguiente frases en pasado.**

61. QUISIERON/QUERÍAN ir a la fiesta de cumpleaños, pero no estaban invitados.
62. Ayer SUPIMOS/HEMOS SABIDO lo de tu accidente.
63. Aún no me DIJISTE/HAS DICHO lo que has decidido.
64. En esa época, VIVIMOS/VIVÍAMOS cerca del parque de atracciones.
65. En cuanto HUBE TERMINADO/TERMINABA el informe, apagué el ordenador.
66. Creía que los resultados de los exámenes ya HUBIERON SALIDO/HABÍAN SALIDO.
67. No ACEPTABAN/ACEPTARON la oferta de trabajo, porque el sueldo era muy bajo.
68. Mientras VI/VEÍA la televisión, acabé el plano que me HAS PEDIDO/HABÍAS PEDIDO.
69. Nunca se sabrá lo que realmente OCURRIÓ/HABÍA OCURRIDO en el lugar del crimen.
70. Los ejercicios que PREPARABAS/HAS PREPARADO son un poco difíciles.

● **Algunas de las frases siguientes contienen errores en el verbo. Búscalos.**

71. El domingo pasado veía a tu hermano cuando salía del teatro.
72. Ayer oí ruidos en el desván; sería alguna lagartija.
73. En esta escena, los actores están llevando antifaz y guantes.
74. Por una vez en la vida, podría pensar un poco en los demás.
75. Tú dirás lo que quieras, pero a mí esta novela me parece un rollo.
76. Dormí plácidamente cuando sonó el teléfono.
77. Aquí huele a quemado. No sé qué pasaría.
78. Dijo que llegará temprano.
79. Cervantes ha escrito el *Quijote*.
80. Será muy inteligente, pero no lo demuestra.

PRENSA

Delirios urbanos

El hombre que salía por las noches

Juan José Millás

Aquel día, al regresar borracho a casa a las cuatro de la madrugada, (él encontrar) .... en un contenedor de basuras un maniquí desnudo y masculino. (A él, ocurrirse) .... una absurda idea y (llevárselo) .... a casa, escondiéndolo en el maletero.

A la noche siguiente, en torno a la hora en que (él, soler) .... salir a tomar copas, su mujer (empezar) .... a mirarle con rencor. Pero él (actuar) .... como si esa noche fuera a quedarse en casa y la tormenta pasó en seguida. (Ellos, ver) .... la televisión hasta las once y media y luego (meterse) .... en la cama. Cuando la respiración de ella (adquirir) .... el ritmo característico del sueño, él (incorporarse) .... con sigilo y tras comprobar que estaba dormida (abandonar) .... las sábanas. Inmediatamente, (recuperar) .... el maniquí y lo (colocar) .... junto al cuerpo de su mujer. Ella (darse) .... la vuelta sin llegar a despertarse y (colocar) .... una mano sobre la cintura del muñeco.

Él (vestirse) .... sin hacer ruido, (salir) .... a la calle y (comprobar) .... que la noche (tener) .... aquel grado de tibieza con el que más (identificarse) ...., quizá porque le (recordar) .... el calor de las primeras noches locas de su juventud. (Él, respirar) .... hondo y (comenzar) .... a andar en dirección a sus bares preferidos. (Él, sentirse) .... bien, como si el peso de la culpa le hubiera abandonado definitivamente. A la segunda copa (acordarse) .... del maniquí y aunque (sentir) .... una punzada de celos, le (parecer) .... que en general tenía muchas ventajas disponer de una especie de doble, si con él (evitar) .... las peleas conyugales originadas por su afición a salir de noche.

De todos modos, ese día (volver) .... a casa en torno a las dos y media, un poco antes de lo habitual. (Dirigirse) .... con cautela al dormitorio y (comprobar) .... que todo (estar) .... en orden; su mujer (continuar) .... abrazada al maniquí. Con mucho cuidado (retirar) .... las manos de ella del muñeco y lo (sacar) .... de la cama. Antes de llevarlo al maletero, (pasar) .... con él por el cuarto de baño y mientras (lavarse) .... la cara lo (sentar) .... en la taza del váter. (Parecer, a él) .... que el rostro de su sustituto (tener) .... un gesto de satisfacción que no (advertir) .... en él cuando lo (recuperar) .... del contenedor de basuras, pero (atribuir) .... esta percepción a los efectos de las copas. Tras esconder el maniquí, (meterse) .... en la cama y su mujer, instintivamente, (abrazarse) .... a él de inmediato.

Al día siguiente, ella (a él, preparar) .... un excelente desayuno, como si de este modo le agradeciera el que no hubiera salido aquella noche. Siendo su tendencia noctámbula el único motivo de discusión que (soler) .... enturbiar sus relaciones las cosas (mejorar) .... con la introducción del maniquí. Pero él ya no (disfrutar) .... tanto como antes. (Verse, a él) .... por los bares tenso y malhumorado; algunos compañeros de correrías nocturnas (empezar) .... a rehuirle y ahora (emborracharse) .... solo en el extremo de las barras mientras (él, cantar) .... canciones de amores desgraciados y de celos. A partir de determinada hora –o de determinada copa– (entrar, a él) .... una especie de fobia que (a él, hacer)

.... salir urgentemente de donde estuviera y acudir corriendo a casa. (Abrir) .... la puerta con cuidado, (descalzarse) .... y (caminar) .... de puntillas hasta la puerta del dormitorio, donde (permanecer) .... un rato con todos los sentidos en tensión para ver si (percibir) .... algo. Después (entrar) ...., (arrancar) .... el muñeco de los brazos de su mujer y (irse) .... con él al cuarto de baño. (Estar) .... seguro de que en el rostro de aquel muñeco (producirse) .... cambios imperceptibles con el paso del tiempo. La mueca desportillada de los primeros días, que (intentar) .... reproducir una sonrisa, (convertirse) .... en una sonrisa verdadera. Aquel cuerpo rígido (mejorar) .... en general, como si, todas sus necesidades, de la índole que fueran, estuvieran siendo satisfechas plenamente en aquella casa. Claro, que siempre que (contemplar) .... al muñeco (estar) .... borracho, por lo que (poder) .... ser una sugestión promovida por el alcohol. Pero aunque (hacer) .... propósitos de enfrentarse cara a cara con él a la luz del día, nunca (obtener) .... la dosis necesaria de valor para llegar a hacerlo.

Los días (pasar) .... y el humor de su mujer (mejorar) .... notablemente, mientras que el de él (declinar) .... en dirección a una tristeza sin fronteras. Además, (empezar) .... a sentir malestares y dolores que hasta entonces no (padecer) .... Sus excesos nocturnos (pasar, a él) .... al día siguiente una factura desconocida para él. Pensó que (estar) .... haciendo viejo, que (deber) .... moderarse un poco más. Pero estos pensamientos le (poner) .... aún más triste, pues (sentir) .... que (estar) .... perdiendo al mismo tiempo la juventud y el amor.

En esto, una noche (llegar) .... a casa borracho, como (ser) .... habitual, y tras meter el maniquí en el maletero (introducirse) .... en la cama. (Parecer, a él) .... que las sábanas no (estar) .... lo calientes que (deber) .... estar y (buscar) .... a ciegas el cuerpo de su mujer para acoplarse en él. (Sentir) .... un contacto duro, como si se estuviera abrazando a un maniquí. (Tener) .... un movimiento de terror que (controlar) .... en seguida, aplastado por el peso del alcohol, y al día siguiente, al despertarse, todo (parecer) .... normal.

Pero aquella sensación de que su mujer (sustituir) .... por un maniquí fue creciendo con prisas con el paso de las noches. Finalmente, una mañana al despertar, comprobó que su mujer no (moverse) .... Al principio (pensar) .... que (morirse) .... por el grado de rigidez y frialdad que (mostrar) .... su cuerpo. Pero al observarla más atentamente comprobó que su carne (transformarse) .... en una especie de material duro cuyo tacto (evocar) .... el del cartón piedra o el de una resina sintética. (Levantarse) .... con horror atenuado por la perplejidad de la resaca, (vestirse) .... y (ir) .... a buscar su maniquí al maletero. Lo (colocar) .... junto al cuerpo de su mujer y ambos muñecos (rodar) .... hacia el centro de la cama, como si se buscaran. Los (tapar) ...., salió de casa, y (desaparecer) .... entre el tráfico sin que se haya vuelto a saber nada de este hombre.

El País

- **desportillada:** deteriorada.
- **maniquí:** armazón en figura de cuerpo humano que se usa para probar o exhibir ropa.
- **mueca:** contorsión del rostro, generalmente burlesca.
- **perplejidad:** confusión, duda, asombro.

ACTIVIDADES

1. **Completa los espacios con las formas de pasado correspondientes.**

2. **Escribe un resumen del texto que acabas de leer.**

3. **¿Qué significa *a ciegas*? Completa las siguientes frases con las expresiones preposicionales que te ofrecemos:**

a disgusto | a empellones | a grandes rasgos | a la chita callando
a las mil maravillas | a punta de pala | a salto de mata

a. Es el papel perfecto para ti. Estoy seguro de que lo interpretarás ....

b. En el metro y en las horas punta, la única manera de avanzar es ....

c. Se siente .... en la oficina porque aún no han terminado las obras y hay un ruido infernal.

d. Suele hacer las cosas ...., sin pensarlas antes, y luego siempre le salen bien. Tiene el don de la improvisación.

e. Queda poco tiempo, pero siéntate y te explicaremos el proyecto ...., a modo de introducción.

f. Entró .... y se llevó el radiocasete sin pedirnos permiso.

g. Es el bar más concurrido del barrio. Todos los días entra gente ....

AL SON DE LOS POETAS

El hombre que boxea

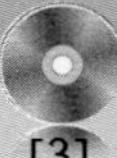
[3]

Escucha atentamente la grabación y completa el texto con las formas verbales adecuadas.

El ser confeccionado tan primorosamente:
el pómulo de plomo, los raudos ligamentos,
arduos nervios violáceos, iracundas arterias,
(estos con sus azules crucigramas sanguíneos),
los fémures espléndidos que al amor ....
su inclinación perfecta, todo lo diseñado
.... con la muerte.

Un hombre cancelando su pacto con la rosa.
La cruda, indetallable, la sobria, parca muerte
.... su occipital, el cardo de su lengua.
Se ....Sorbía sus glóbulos de vidrio,
la redecilla intacta del sudor anisado.

El hombre que .... el hígado estrecho.
La muerte lo ...., lo ...., lo .... violentar
con su verde mariposa astillada.
(No te ...., marino, sobre tu cuadrilátero).
Pero la muerta muerte .... entre sus sienes.

El hombre que .... se ....: son dos hombres
cancelando aterrados su pacto con la aurora.
Los que .... al hombre ven su radiografía.
Los que .... al hombre no ...., no lo ....
Todos .... a verla, a sentir su saliva, su lengua gangrenada
lamiéndoles la nuca, su teta de carbón.

A la muerte, la muerte. .... blandos boletos.
Se .... Se .... el punzón,
el huevo de la córnea partido como un ascua.
.... por esos toreros degollantes,
que .... a trepanar un casco de cal,
su calavera, los cuencos de sus cráneos.

El hombre que .... disculpas, ...,
.... un tropel de cuernos que .... a sus nudillos.
Pero la muerte .... con dedos paralelos,
no ...., no ...., no .... al pararrayos,
.... rotar el agua de su boca a su boca,
.... beso irremediable.

Y el hombre que .... disculpas,
.... ya muerto hacia la muerte,
.... su casa, su cuerpo, la memoria,
.... adiós infinito.
El hombre cancelando su pacto con la historia.

La poeta

Ana Istarú nace en Costa Rica en 1960; su apellido, que es un seudónimo, proviene del nombre indígena de un volcán de su país. Es licenciada en Arte Dramático y también en Traducción, y a su tarea como poeta se suman las de actriz y dramaturga. A los quince años publica su primer poemario, y el cuarto, *La estación de fiebre*, obtiene el premio de poesía centroamericana EDUCA en 1982. La reivindicación del cuerpo y de la sensualidad se hacen aquí protagonistas. Esa insurgencia individual se extiende al plano social en *La muerte y otros efímeros agravios* (1988), un canto íntimo a la patria y también a la paz. En 1990 obtiene la beca de creación artística Guggenheim de Nueva York, que le permite escribir el poemario *Verbo madre* (1995). Mientras, su tarea en relación con el teatro fructifica, y le vale premios nacionales a su labor de actriz en 1980 y 1997. Entre sus últimas creaciones como dramaturga están *Baby boom en el paraíso*, *Hombres en escabeche* y *La loca*.

El poema

"El hombre que boxea" es el primer poema de la sección "Los violentos idiomas de la muerte", del libro *La muerte y otros efímeros agravios*. Nos presenta a la muerte personificada, y enamorada de la vida, que quiere conquistar al hombre que boxea. Se representa el combate como una danza macabra, con ecos de las medievales danzas de la muerte. Los emblemas del erotismo y la muerte se enlazan a lo largo de todo el poema. El acoso de esa dama siniestra es contemplado por un público sediento de sangre, que goza con ese espectáculo de dolor.

Vocabulario

A continuación tienes los significados de diversas palabras del texto. Completa estas últimas con las vocales que faltan.

_RD_ _

Que es muy difícil.

C_RD_

Planta silvestre de hojas espinosas y flores de diversos colores. También se llama así a una persona hosca, antipática.

_SC_ _

Brasa; cuerpo que, por acción del fuego, arde y se pone incandescente, pero sin llama.

CR_D_

Cruel o duro.

C_RN_ _

Parte anterior, dura y transparente, del globo del ojo.

C_ _DR_L_T_R_

Espacio donde tienen lugar los encuentros de boxeo; *ring*.

G_NGR_N_RS_

Infectarse o morirse un órgano o un tejido por falta de sangre.

H_RG_R

Tocar o revolver las cosas privadas de alguien.

L_G_M_NT_

Cordón que une los huesos de las articulaciones.

P_R_RR_Y_S

Aparato que se coloca en la parte superior de los edificios y sirve para atraer los rayos y evitar así que caigan en otros lugares donde puedan producir daños.

P_RC_

Sobrio, moderado, que habla poco.

PR_M_R_S_

Bello y delicado.

P_NZ_N

Herramienta con punta aguda que sirve para hacer agujeros.

R_ _D_

Muy rápido

S_ _N

Parte de la cabeza que está entre la frente y la oreja.

TR_P_N_R

Operacion quirúrgica que consiste en hacer un agujero en el cráneo.

TR_P_L

Conjunto de seres que se mueven con rapidez, ruido y desorden.

Comprensión

- **Reflexiona sobre el significado de las siguientes expresiones.**

a. *El pómulo de plomo.*
b. *Crucigramas sanguíneos, glóbulos de vidrio.*
c. *Pacto con la rosa, pacto con la aurora, pacto con la historia.*
d. *Parca muerte.*
e. *Con su verde mariposa astillada.*
f. *Marino.*
g. *Quiere un tropel de cuernos que acuda a sus nudillos.*

Expresión

- **Resume el poema con tus propias palabras.**
- **Después, convierte todo el poema en pasado –como una historia que ha ocurrido– y en futuro –como algo que ocurrirá mañana–.**

Léxico

- **Sitúa en el siguiente dibujo las palabras del poema relativas a la anatomía humana.**

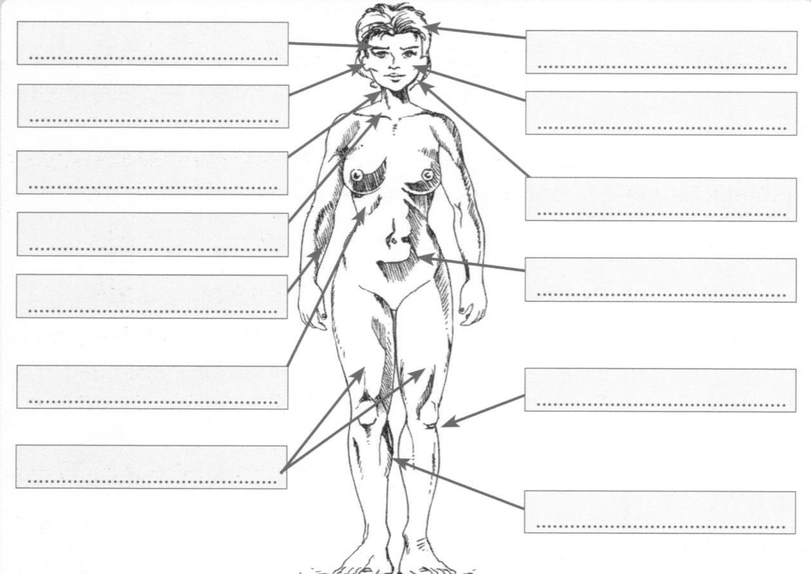

El boxeo está considerado como un deporte. ¿Cuál te gusta más? En la siguiente sopa de letras puedes encontrar dieciséis deportes. Comenta con tus compañeros tus preferencias.

S	U	S	N	A	T	A	C	I	O	N	X	N	I	O
P	H	I	P	I	C	A	X	T	M	T	A	Y	D	M
M	A	I	G	U	E	L	S	O	S	E	V	U	A	S
N	S	T	C	O	R	E	N	D	I	O	J	V	A	I
R	H	A	I	X	C	T	I	E	L	M	U	C	F	N
U	E	M	O	N	A	R	U	E	C	S	T	R	U	I
G	T	Y	O	Ñ	A	R	Q	J	I	V	U	E	T	R
B	R	L	I	X	E	J	S	N	C	S	M	J	B	A
Y	A	S	D	E	L	M	E	U	D	V	D	X	O	M
B	M	Q	U	H	A	T	U	N	R	A	E	X	L	B
O	A	I	S	A	N	M	I	G	O	D	E	L	D	U
M	N	O	L	O	G	W	E	S	G	R	I	M	A	S

Modismos

En el poema se hace referencia al boxeo y el toreo, actividades de las que el lenguaje cotidiano ha tomado las expresiones que siguen; intenta usarlas adecuadamente en las frases que ofrecemos.

- Tirar la toalla
- Bajar la guardia
- Dejar K.O.
- Poner a alguien contra las cuerdas
- A toro pasado
- Coger el toro por los cuernos
- Pillarle a uno el toro

1. Ha estado muy enfermo, pero no nos había dicho nada. Nos lo ha contado ....
2. Parece que ya ha dejado de llover, pero no hay que .... Debemos cuidar que no aparezcan más goteras.
3. Ya sé que esta tarea es muy difícil, pero no debes .... Ya verás que al final todo sale bien.
4. Ha descubierto la estafa que estaba preparando el subdirector, y lo ha .... públicamente.
5. Es un problema complicadísimo, pero lo mejor es .... y afrontarlo con coraje.
6. No está acostumbrado a hacer ejercicio. El paseo por el campo lo ha ....
7. Faltan tres semanas para que se cumpla el plazo. Tenemos que darnos prisa para que no nos ....

En español hay numerosas expresiones coloquiales que se construyen con partes del cuerpo. Completa las siguientes según el modelo.

pelo	**narices**	**cuello**	**mano**	**oídos**	**pie**	**barriga**
dedo	**hombro**	**hígado**	**pata**	**boca**	**ojo**	**pies**
coronilla	**dientes**	**uñas**	**cabeza**	**mano**	**lengua**	**codo**

1. Están reformando el edificio de enfrente y todos los días hay un ruido infernal. Estoy hasta la *coronilla*..........
2. No esperarás que el trabajo lo hagamos los demás mientras tú miras. Tienes que arrimar el ....
3. Nos han contado su viaje por el Caribe y se nos han puesto los .... largos.

4. Con la última subida de los intereses, mucha gente está con la soga al ....
5. Me pone del .... que fumen al lado cuando estás comiendo.
6. Esta carpeta es justamente del tamaño que buscaba. Me viene como anillo al ....
7. Cuéntame hasta el último detalle de la historia. Soy todo ....
8. Esto es mucho trabajo para una persona sola. Podrías echarme una ....
9. Hoy me he levantado con el .... izquierdo: se me ha averiado el coche, se ha ido la luz de la casa y, encima, me entero de que han quitado de los cines la película que quería ver esta noche.
10. El arquitecto que hizo este colegio tomó como modelo una cárcel famosa. Hay gente que piensa con los ....
11. Le ha dicho a su jefe directamente todo lo que piensa de él. No tiene pelos en la ....
12. Esta zona es muy resbaladiza. Debes poner mucho .... y fijarte dónde pisas.
13. Al fin llegan las vacaciones y podré estar todo el día rascándome la ....
14. Cada vez que paso delante de esa pastelería se me hace la .... agua.
15. Estaba tan enamorado de esa chica que perdió la ....
16. Es muy pequeño, pero no hay quien le engañe. No tiene un .... de tonto.
17. El vecino pone por las tardes música flamenca a todo volumen. Estoy hasta las ....
18. Lleva varios días empinando el .... para celebrar el nacimiento de su primer hijo.
19. Está de .... porque no le han renovado el contrato en la empresa.
20. Ya sé que no le va a gustar nada esta sopresa. La conozco como la palma de mi ....
21. Hemos metido la .... Lo hemos felicitado por el nombramiento y resulta que no es a él a quien han ascendido a director.

MANOS A LA OBRA

Campaña electoral

- **En la política abundan las promesas de acciones futuras. Imagina que eres candidato a presidente, al igual que tus compañeros, en una hipotética campaña electoral. Prepara un discurso e intenta convencer con tus promesas a tu auditorio.**

  MODELO: *Si mi partido gana, no me detendré hasta lograr... / Conseguiré... / Contra viento y marea.*

DEBATE

- **El boxeo y el toreo cuentan con muchos seguidores, pero también detractores, a causa de su violencia; lo mismo ocurre con la cacería. En dos grupos, preparad, respectivamente, una lista a favor y otra en contra de que se sigan practicando estas tres actividades.**

4

CUARTA UNIDAD

El subjuntivo: correspondencia de tiempos. Oraciones independientes

SITUACIONES

Observa y explica las siguientes estructuras.

¿Ya han aprobado el trazado del carril de bicicletas?
Que yo sepa, no, pero seguro que será pronto.

Puede que este otoño al fin acabe la sequía.

¡Oh, si tuviera el valor de hablarle al menos una vez!

¡Que te mejores!

GRAMÁTICA

4.1. EL SUBJUNTIVO: CORRESPONDENCIA DE TIEMPOS

⇒ **PRESENTE** (hable)

Puede equivaler a presente y futuro de indicativo. Para evitar ambigüedad, se suele acompañar con expresiones de tiempo:

Quieren que salgas (ahora mismo/mañana) para Sevilla.

⇒ **PRETÉRITO PERFECTO** (haya hablado)

Su significado se corresponde con:

- Pretérito perfecto de indicativo:
  No creo que haya pasado nada grave (*=creo que no ha pasado...*).
- Futuro perfecto de indicativo:
  No creo que el viernes ya hayas encontrado una solución (*=creo que no habrás encontrado...*).

⇒ **PRETÉRITO IMPERFECTO** (hablara/hablase)

- Puede expresar simultaneidad, anterioridad y posterioridad, y a menudo va acompañado de expresiones temporales para evitar la ambigüedad:
  Le pidieron que preparara (posterioridad) *una conferencia para el lunes.*
  No creo que le resultara (anterioridad) *fácil encontrar la dirección.*
  Me gustaría que me dieras (simultaneidad) *una respuesta ahora mismo.*
- Las dos formas de este tiempo, *hablara* y *hablase*, tienen el mismo significado, pero hay que anotar que:
  - Solo la forma *hablara* puede equivaler a pretérito indefinido y pluscuamperfecto de indicativo, en un uso poco recomendado, pero muy extendido, especialmente en la prensa:
    Todas las promesas que hiciera el presidente en el último congreso han sido incumplidas.
  - Con ciertos verbos (*querer, poder, deber*) existe la posibilidad de sustituir, en algunos casos, el condicional simple por la forma de imperfecto de subjuntivo en *-ra*:
    Quisiera (querría) *comentarte algo.*
    No debieras (deberías) *actuar de un modo tan imprudente.*
    Pudiera (podría) *ser que te llamaran para darte esa plaza.*
  - En las oraciones condicionales las formas *hablara* y *hablaría* pueden sufrir alteraciones:
    Si lo supiera, te lo diría (uso correcto).
    Si lo supiera, te lo dijera (uso arcaizante que se da en diversas zonas de Hispanoamérica).
    **Si lo sabría, te lo diría* (uso vulgar que se produce en el País Vasco y zonas limítrofes, principalmente).

NOTA

En textos literarios no actuales podemos encontrar el uso de *hablara* en lugar de *hablaría*:

¿Quién me dijera, Elisa, vida mía...? (Garcilaso de la Vega, s. XVI, *Égloga I*)

⇒ **Pretérito pluscuamperfecto** (hubiera hablado/hubiese hablado)

- Expresa una acción pasada en relación con otra acción en el pasado. Puede equivaler al pluscuamperfecto o al condicional compuesto de indicativo:

  No creo que lo hubiera hecho (=*creo que no lo había/habría hecho*).

- También presenta dos formas con un mismo significado, y puede sustituir al condicional perfecto para expresar hipótesis no realizada en el pasado:

  Le hubiera gustado (*habría gustado*) *ser periodista*.

⇒ **Futuro simple y compuesto** (hablare/hubiere hablado)

- Ha ido desapareciendo del lenguaje oral y actualmente solo puede encontrarse en casos muy específicos, como:
  - Textos legales:

    El que presentare a sabiendas testigos falsos en juicio, será castigado como reo de falso testimonio (Art. 333 del Código Penal).

  - Textos antiguos:

    Mátente por las aradas... si no dijeres la verdad de lo que te fuere preguntado.

    (Romance "La Jura de Santa Gadea").

  - Fórmulas estereotipadas:

    Ya sé que lo hizo sin mala intención, pero sea como fuere, el mal está hecho.

⇒ **La correspondencia de tiempos: modelo**

Estas son las relaciones de tiempo más comunes entre indicativo y subjuntivo:

INDICATIVO	SUBJUNTIVO
Creo/Creeré que lo **comprende**.	No creo/creeré que lo **comprenda**.
Creo/Creeré que lo **ha comprendido**.	No creo/creeré que lo **haya comprendido**.
Creo/Creí/Creía que lo **comprendía/comprendió/comprendería**.	No creo/creí/creía que lo **comprendiera, -se**.
Creo/Creí/Creía que lo **había comprendido**.	No creo/creí/creía que lo **hubiera, -se comprendido**.
Creo que lo **comprenderá**.	No creo que lo **comprenda**.
Creo que lo **habrá comprendido**.	No creo que lo **haya comprendido**.
Creo/Creí/Creía que lo **habría comprendido**.	No creo/creí/creía que lo **hubiera, -se comprendido**.

EJERCICIOS

Transforma en pasado cada una de las siguientes frases.

1. Esperamos que te arrepientas de lo que estás haciendo. ....
2. Te aseguro que haré todo lo que sea posible para ayudarte. ....
fuera
3. No creo que hayan aceptado esas condiciones. ....
creía ... hubieran ...
4. Han decidido que si se confirman las expectativas electorales, formarán grupo parlamentario. ....
5. Eso no justifica que lo hayan calumniado. .... hubieran
6. El guardián le dijo que escapara. .... le había dicho que escapara
7. Niegan que se trate de una conspiración. .... Negaron ... se tratara
8. Los problemas económicos de la compañía impiden que haga frente a una subida de salarios. ....
impedían ... hiciera
9. Es poco probable que vuelva a dedicarse a la política. ....
Era ... volviera
10. No estamos seguros de que haya recibido el mensaje. ....
hubiera
11. No creí que el peligro fuera tan inminente. .... había creído
12. Temíamos que hubieran desaparecido los documentos. ....
Habíamos temido ...
13. Lo haremos para que escarmienten. ....
14. Espero que a las siete ya hayas acabado. .... Esperaba ... hubieras
15. Los sindicatos se quejan de que no se haya respetado el acuerdo. ....
quejaban ... hubiera ...

Pon el verbo en infinitivo en una forma correcta de subjuntivo.

16. Te dejaré aquí las revistas para que (tú, verlas) .... cuando (tú, tener) .... tiempo.
17. Si (tú, ser) .... más observador, te habrías dado cuenta de lo que estaba pasando.
18. No lo creeré hasta que (yo, verlo) ....
19. Nada indica que (ellos, ir) .... a cambiar de opinión.
20. Queremos que (tú, aceptar) .... colaborar con nosotros.
21. Nos gustaría que (tú, aceptar) .... colaborar con nosotros.
22. Aunque no (tú, decírmelo) ...., sé que estás pasando un momento difícil.
23. Llamaré inmediatamente para que (hacernos, ellos) .... la reserva del hotel.
24. Probablemente (ser) .... demasiado pronto para comentar los resultados de la votación.
25. Dirígete a la embajada en cuanto (tú, poder) ....
26. Cuando ya (tú, terminar) .... estas gestiones, podrás tomarte un par de días libres.
27. Es probable que (ellos, escuchar) .... nuestra conversación de ayer.
28. Si (tú, ser) .... más discreto, nadie se habría enterado de esto.

29. (Encantarnos) .... que (tú, estar) .... en la entrega de premios.
30. (Nosotros, querer) .... que (tú, darnos) .... tu opinión sobre este asunto.
31. Aunque (tú, contarlo) ...., no te creerían.
32. Hemos solicitado que (ellos, cambiar) .... la fecha de la convocatoria.
33. Van a intentar que las negociaciones (ser) .... rápidas a fin de que el mercado (quedar) .... preparado lo antes posible.
34. Puede que (él, acabar) .... por hartarse si no le damos ya una solución.
35. Los convencimos para que (ellos, aceptar) .... el plan propuesto.
36. Nos dijeron que, por mucho que (nosotros, intentarlo) ...., el esfuerzo sería inútil.
37. Me (gustar) .... que (ellos, avisarme) .... de lo que proyectaban.
38. ¿Sería posible que (usted, mostrarme) .... otro modelo mejor?
39. No creo que (haber) .... consenso sobre este tema.
40. Cuando (tú, terminar) .... de arreglar el enchufe, podrías ayudarme a mover estos muebles.
41. (Nosotros, querer) .... que (usted, escucharnos) .... al menos una vez.
42. No me pareció que (ellos, estar) .... contentos con el resultado.
43. Pasaremos a verte antes de que (tú, irte) .... de vacaciones.
44. No sabía que (vosotros, ganar) .... un viaje a Jamaica.
45. Es muy extraño que aún (ellos, no llegar) .... Espero que (ellos, no perderse) ....

Al convertir en negativas las siguientes frases, el segundo verbo habrá de ir en subjuntivo. Sigue el modelo.

46. Veo que lo has conseguido. *No veo que lo hayas conseguido.*
47. Soñé que habías descubierto un galeón hundido. ....
48. He leído que va a bajar la gasolina. ....
49. Nos dimos cuenta de que era un farsante. ....
50. Recuerdan que les has prometido acompañarlos al zoo. ....
....
51. Reconoció ante el jurado que había cometido el crimen. ....
....
52. Está claro que la situación va a cambiar en las próximas semanas. ....
....
53. Estamos seguros de que han dicho la verdad. ....
54. Era cierto que habían caído en una trampa. ....
55. Nos dimos cuenta de que estaba bromeando. ....
56. Somos conscientes de que has hecho todo lo posible. ....
....
57. Es obvio que han comprendido el problema. ....
58. Estoy convencida de que esa es la salida mas idónea. ....
....
59. Está demostrado que el hombre es un animal de costumbres. ....
....
60. Me consta que ha estado aquí hoy. ....

GRAMÁTICA

4.2. ORACIONES INDEPENDIENTES

Aunque normalmente el subjuntivo depende de un verbo principal en indicativo, hay oraciones que se construyen con un solo verbo que puede o debe ir en subjuntivo.

⇒ **SUBJUNTIVO**

- **Deseo**
  - ***Ojalá (que)***
    Ojalá llueva (futuro).
    Ojalá haya llovido (pasado inmediato).
    Ojalá lloviera (pasado/presente poco probable/futuro poco probable).
    Ojalá hubiera llovido (deseo no realizado en el pasado).
  - ***Que***
    Expresa deseos, positivos o negativos, y suele usarse con presente y pretérito.
    ¡Que te mejores de ese catarro! (futuro).
    ¡Que me trague la tierra si miento! (presente).
    Estoy oyendo sirenas. ¡Que no haya pasado nada! (pasado inmediato).

NOTA

A veces se pierde la conjunción *que*:

¡Mal rayo te parta!
Descanse en paz.

  - Otros usos de ***que*** + SUBJUNTIVO
    - Las órdenes y ruegos dirigidos a terceras personas se construyen con *que* + presente de subjuntivo:
      Que entre el siguiente.
      Que vengan aquí los que quieran ayudar.
    - Sorpresa:
      ¡Que tú me hayas hecho esto!
    - Fórmulas:
      - *Que yo sepa/recuerde/vea; que nosotros sepamos/recordemos/veamos* (sirven para matizar lo que se dice):
        Que yo recuerde, este no es el color que yo elegí.
      - *Que digamos, que dijéramos* (se usa tras una negación y con sentido irónico):
        El libro que me prestaste no es/era muy interesante, que digamos/dijéramos.
  - ***Si, quién*** (+ imperfecto o pluscuamperfecto de subjuntivo)
    Expresan deseos cuya realización es poco probable (imperfecto) o imposible (pluscuamperfecto).
    ¡Quién pudiera estar en su lugar! (=*me gustaría estar en su lugar*).
    ¡Si al menos te hubieran dado una oportunidad! (=*me habría gustado que te dieran una oportunidad*).
  - ***Así***
    Malos deseos, maldiciones, en frases exclamativas de uso poco frecuente.
    No me importa nada de lo que haga. ¡Así se muera!

- **Posibilidad**
  - ***Puede que***

    Puede que acepte (futuro).
    Puede que haya aceptado (pasado inmediato).
    Puede que aceptara (pasado, futuro menos probable).
    Puede que hubiera aceptado (pasado no realizado).

(Por el contrario, con la expresión de posibilidad ***a lo mejor*** siempre usamos indicativo: *A lo mejor te damos una sorpresa*).

  - ***Ni que*** (+ imperfecto/pluscuamperfecto de subjuntivo): *coloquial*
    Valor comparativo y matiz de ironía.

    No quiero que me invites. ¡Ni que fueras rico! (=no eres rico y actúas como si lo fueras).
    No te enfades tanto. ¡Ni que te hubiera pegado! (=te has enfadado tanto que parece que te he pegado).

⇒ INDICATIVO/SUBJUNTIVO

- **Probabilidad**
  - ***Quizá(s), tal vez, probablemente, posiblemente***
    Si la expresión va antes del verbo, este puede ir con indicativo (mayor grado de probabilidad) y subjuntivo (grado menor). Si va después del verbo, este se construye con indicativo.

    Probablemente iremos/vayamos a la huelga.
    Iremos a la huelga, probablemente.

NOTAS

(1) *Acaso* sigue las mismas normas, pero su uso es muy formal: "*Los sentí poseedores de un secreto que no compartirían con un extraño. Acaso veneraban al Tigre Azul y le profesaban un culto que mis temerarias palabras habían profanado*". (J.L.Borges, *Tigres azules*)

(2) La Academia considera más correcta la forma *quizá*, pero *quizás* se usa ante vocal por razones fonéticas: *quizás aprecie tu contribución*.

  - ***¿Y si...?*** (+ indicativo/subjuntivo, imperfecto o pluscuamperfecto)
    - Conjeturas:

      ¿Y si es/fuera verdad? (=*¿será verdad?*).
      ¿Y si nos ha/hubiera engañado? (=*¿nos habrá engañado?*).
    - Sugerencias:

      ¿Y si nos vamos/fuéramos?

EJERCICIOS

● Completa los espacios adecuadamente.

1. Quizá (yo, ir) .... a visitarte el próximo jueves.
2. ¿Y si (nosotros, preparar) .... una fiesta sorpresa para su cumpleaños?
3. No sabía que te ibas de vacaciones. ¡Que (tú, tener) .... buen viaje!
4. Puede que (ellos, contestar) .... ya el formulario.
5. Tal vez (yo, decidirme) .... a matricularme en ese curso de contabilidad.
6. ¡Quién (tener) .... una casa como esa!

7. ¡Que (ganar) .... el mejor!
8. Ojalá no (tú, enfermarte) .... Ahora podrías acompañarnos a la playa.
9. ¡Ah, si (yo, tener) .... poderes mágicos!
10. Probablemente (ellos, autorizar) .... el envío de soldados para una misión de paz.
11. (Ellos, enviar) .... soldados, posiblemente.
12. Aún no han adoptado ninguna medida, que yo (saber) ....
13. Esas palabras no son muy halagüeñas, que (decir) ....
14. Está entusiasmado. ¡Ni que le (tocar) .... la lotería!
15. (Gustarle) .... participar en la regata.
16. ¡Que la (partir) .... un rayo!
17. Ojalá que (ellos, traer) .... las fotos que nos prometieron.
18. En otras circunstancias, (él, presentar) .... una solicitud para la plaza vacante, pero ya no la necesita.
19. Probablemente, esta (ser) .... la mejor marca conseguida por un atleta de nuestro país.
20. ¿Pero por qué no contestas? ¡Ni que el gato (comerte) .... la lengua!
21. ¿Y si (olvidarnos) .... del trabajo un rato y (ir, nosotros) .... a tomar un café?
22. Quizá nunca (él, ver) .... de cerca cómo son los delfines.
23. ¡Que nos (fallar) .... tú, nuestro mejor amigo!
24. Aún no han salido los resultados, y puede que (tardar) .... bastante en hacerlo.
25. ¡Si (tú, verla) .... disfrazada para la fiesta de carnaval! Estaba cómica.
26. Las predicciones meteorológicas no son muy prometedoras, que (decir) ....
27. Que yo (saber) ...., aquí no han traído ningún telegrama para ti.
28. Tal vez estas (ser) .... las mejores vacaciones de nuestra vida.
29. Posiblemente (yo, llamarte) .... esta noche; tengo muchas novedades que contarte.
30. ¿Y si (ser) .... un bulo lo que nos han dicho?

Completa libremente las siguientes frases.

31. ...., tal vez.
32. Puede que no ....
33. ¿Ya te vas? ¡Ni que ....!
34. Ojalá .... en la vida.
35. Quizá .... en las rebajas.
36. ¡Que .... pronto!
37. ¿Y si .... la feria de antigüedades?
38. Tal vez... cuando tenga un rato libre.
39. Probablemente, la guerra... .
40. A lo mejor .... antes del amanecer.
41. Puede que .... el informe.
42. ¡Quién pudiera ....!
43. Que .... en la fiesta de mañana.
44. Que yo ...., ... sobre la mesa.
45. No es ...., que ....

¿Qué deseos o posibilidades te sugieren las siguientes imágenes? Construye frases correctas usando las estructuras estudiadas en esta unidad.

46.

47.

48.

49.

Completa libremente las siguientes oraciones con expresiones de deseo y probabilidad.

50. Vendrán a última hora, ...
51. .... deberías reconsiderar tu decisión.
52. ¡................................ tuviera el secreto de la eterna felicidad!
53. Se oye la sirena de la ambulancia; .... no haya ocurrido nada grave.
54. ¡................................ te diviertas!
55. Está hecho un manirroto. ¡................................ le hubiera tocado la lotería!
56. ¡................................ pudiera dormir un poco más!
57. .... conseguimos el primer puesto en el campeonato de *bridge*.
58. Está muy pálido; .... se ha mareado con tanta curva.
59. .... llueva esta tarde; el cielo se está nublando.

Algunas de las frases siguientes contienen errores. Corrígelos.

60. Puede que viene más tarde. ....
61. ¡Si haya ganado la quiniela! ....
62. ¡Que te lo pases muy bien en el crucero! ....
63. Tal vez esté cocinando un pastel. Huele muy bien. ....
64. A lo mejor pasamos a verte esta tarde. ....
65. ¡Quién pueda dar la vuelta al mundo! ....
66. Ojalá logro desatascar esta ventana. ....
67. ¿Ya se ha ido? ¡Ni que tuviera que apagar un fuego! ....
68. Quizá sería buena idea comenzar ya; hay mucho que hacer. ....
69. Probablemente no vuelva a intentarlo. ....

PRENSA

Víctimas de la publicidad

¡No se lave tanto! Verá qué bien

Agustín García Calvo

Esté Ud. atento, y especialmente, esté Ud. atenta, con cada nueva loción, con cada nueva fricción, con cada nuevo artilugio sanitario, le están matando el olor, le están matando la esencia.

Debe Ud. saber que vivimos bajo un Imperio que tiene como fin y plan convertirlo a usted en dinero puro, que ni viva ni sienta, y está ese Imperio, por ello mismo, poseído de una saña furibunda contra eso que le hacen a Ud. llamar "mi cuerpo", y por tanto, le ordena a Ud. por todos los Medios fregarlo, refregarlo, desodorarlo, untarlo de ponzoñas, arrancarle la flor de la piel y los sudores: en fin, aniquilarlo.

Todo ello, como se suele, bajo pretexto de que es por su bien de usted, y que puesto que Ud. obedece y lo hace y se lava y baña y ducha y unta y restriega a troche y moche, es que le gusta a Usted. Para que vea que no puede Ud. fiarse de sus gustos de Ud. ni de sus votos, cuando tan claramente coinciden con las órdenes de Arriba y las necesidades del Mercado.

¿Se ha fijado Ud. en lo que ha llegado a ser la promoción del sanitario y de los productos de limpieza, en cómo las viviendas de los millonarios y las estrellas de los hoteles se gradúan por la cantidad y progreso de los sanitarios de que están dotados, en cómo los anuncios televisivos van a eso sobre todo, que parece que no se vive más que para desodorarse, ducharse, untarse algo de marca y volverse a duchar implacablemente, y en fin, que, si dejara Ud. de lavarse un poco, se iba a hundir en dos días el Mercado todo y el Imperio? Para que se fíe Ud. de sus gustos personales, señora, lo mismo que de las opiniones políticas de su marido.

El pretexto principal que se manejó para llegar a esta bárbara invasión fue el de la Higiene, una peste del mundo que el Desarrollo le debe a la iniciativa de las damas británicas de hace siglo y medio; no a las altas aristócratas inglesas, que esas probablemente se lavaban igual de poco que las de otros sitios (tal vez ni siquiera habían adoptado de las francesas la institución del bidé), pero, una vez que la colonización lanzaba señoras de coroneles a residir en sitios como la India o Tanganica, ya el proceso estaba desatado: la obsesión de la *plumbery*, de las instalaciones sanitarias en junglas y desiertos, el terror de los *germs*, enseguida ratificados como "microbios" por la Ciencia, luego perfeccionados como "virus", la adoración de la limpieza a todo trapo, el miedo de que un cuerpo pudiera oler a algo más, más que a productos de droguería, en fin, la Higiene como enseña de la Civilización triunfante.

Ese pretexto, higiénico y científico, era falso, por supuesto: bien ha visto Ud. cómo la higiene genera sus nuevas suciedades y sus nuevas pestes; y por debajo de la Ciencia, lo que había era, como siempre, religión; la persistencia, bajo nuevas formas, de la ablución penitente de nuestros pecados, que no son de Ud. ni de nadie, sino acaso de Dios mismo que los manda. Pero ello es que, con tal pretexto, lo han sometido a Ud. a este régimen bajo el que sufre Ud. pasión, que ya no puede vivir limpio ni por casualidad, sino limpiado constantemente: cuando el Trabajo corre peligro de dejar al descubierto su falta de necesidad, ¡sean trabajo la Higiene y el Deporte!, ¡démosle leña al cuerpo con cualquier motivo!

Puede pues que le sea difícil ponerse a lavarse menos y rebelarse contra el Imperio de la Higiene, y tendrá Ud. que ser prudente y morigerado en el progresivo abandono de las malas prácticas con que lo han constituido, en el ir devolviendo la vida y el respiro a su piel martirizada. Incluso, si está Ud. enfermo, puede que tenga que seguir usando la bañera a la manera de aquellas viejas damas que, al enseñarles a las visitas el cuarto de baño instalado por primera vez en su domicilio, les decían señalando la bañera: "Y esto, por si alguna vez (Dios no lo permita) cae enferma alguna de nosotras". Que debían de ser las mismas que, murmurando de unas jóvenes vecinas, rezongaban "esas guarras, que se andan bañando cada día", con mejor razón de la que creían ellas: pues solo la que no necesita limpiarse es limpia.

Puede, sí, que le cueste mucho; pero vale la pena, se lo aseguramos: vea lo que va a ganar con el progresivo abandono de la saña limpiadora.

No tendrá Ud. ya que gastar en desodorantes; y de paso, un día la Televisión no podrá ya más hacer su agosto pregonándole las mil maneras de disimular su olor.

No se dará cremas solares, para no tener tampoco que quitárselas; ni de otras cremas ni máscaras ni maquillajes, para no tener que usar las lociones limpiadoras de todo ello. ¡Hasta puede que un día se encuentre con unos labios que saben a labios y no a carmín, con una piel que sabe a vida y no a destilería ni polvera ni marca comercial ninguna!

¿Se da cuenta, la delicia que le proponemos?

Descubrirá el placer de bañarse por gusto o cuando lo pida la calor o la tentación del agua.

Ganará Ud. cantidad de tiempo libre, tiempo de aburrirse a pelo, sin hacer nada. Puede incluso que descubra que hasta olía bien: que huele Ud. a mujer, a hombre, y que huele bien.

El País

- **ablución:** acción de purificarse con agua.
- **artilugio:** artefacto complicado pero de escasa utilidad.
- **enseña:** insignia, estandarte, símbolo.
- **friccionar:** frotar el cuerpo.
- **furibundo:** airado, furioso.
- **morigerado:** de buenas costumbres.
- **ponzoña:** sustancia venenosa o nociva.
- **rezongar:** gruñir, mostrar enfado.
- **saña:** furor, enojo ciego.

ACTIVIDADES

1. **Resume en pocas líneas el contenido del texto. Explica la razón de que términos como *Medios* o *Imperio* vayan con mayúsculas.**

2. **Halla y explica las oraciones independientes del texto, según lo visto en esta unidad.**

3. **Explica el significado de las siguientes expresiones.**

a troche y moche | de marca | dar leña | a todo trapo | al pelo | la calor

4. **Deduce el significado de las siguientes perífrasis a partir del contexto. Puedes consultar los esquemas gramaticales de la unidad 11.**

- si dejara de lavarse
- se iba a hundir
- el proceso estaba desatado
- ponerse a lavarse
- tendrá que ser prudente
- ir devolviendo la vida a su piel
- seguir usando
- debían de ser las mismas
- se andan bañando
- lo que va a ganar

AL SON DE LOS POETAS

Romero sólo

[4]

Lee atentamente el texto, e intenta completar libremente los espacios en blanco con formas verbales adecuadas. Después, escucha la grabación, y corrígelas si fuera necesario.

Ser en la vida
romero,
romero sólo que cruza
siempre por caminos nuevos;
ser en la vida
romero,
sin más oficio, sin otro nombre
y sin pueblo...
Ser en la vida romero... romero... sólo romero...
Que no .... callo las cosas
ni en el alma ni en el cuerpo...
pasar por todo una vez,
una vez sólo y ligero, ligero, siempre ligero...

Que no se .... el pie
a pisar el mismo suelo,
ni el tablado de la farsa
ni la losa de los templos
para que nunca ....
como el sacristán
los rezos,
ni como el cómico
viejo
....
los versos.

Ser en la vida romero... romero... sólo romero...

Sensibles
a todo viento
y bajo
todos los cielos,
Poetas,
nunca ....
la vida
de un mismo pueblo,
ni la flor
de un solo huerto...
Que .... todos
los pueblos
y todos
los huertos nuestros...

El poeta

León Camino Galicia -**León Felipe**- nace en 1884 en Zamora, y de niño se traslada a vivir a Santander. Después se desplaza a Madrid para estudiar Farmacia, y al retornar a Santander muestra su vocación por la vida bohemia y sus escasos dones para los negocios. Atrapado por las deudas, huye a Barcelona con un grupo de cómicos. Más tarde, es detenido en Madrid, y ha de permanecer tres años en la cárcel. Comienza a escribir poesía y lee con pasión el *Quijote*, sobre cuyo protagonista dirá después: "Es un poeta activo [...] que quiere escribir sus poemas no con la punta de la pluma, sino con la punta de la lanza". Al salir de prisión, escribe *Versos y oraciones del caminante*. Después va a trabajar a la isla guineana de Elobey durante dos años, y a Nueva York. Allí se gradúa en la Universidad de Columbia, traduce a Whitman y conoce a Lorca. Al comenzar la Guerra Civil retorna a España, donde se integra en el movimiento anarquista, para luego verse abocado al exilio en México. Continúa su tarea creadora con títulos como *El payaso de las bofetadas, Español del éxodo y el llanto, Llamadme publicano, Ganarás la luz* y *¡Oh, este viejo y roto violín!* Muere en México el 18 de septiembre de 1968. En su obra son presencias fundamentales la Biblia, el *Quijote* y el paisaje castellano.

El poema

"Romero sólo" pertenece a la primera parte de *Versos y oraciones de caminante*, y fue presentado en el Ateneo de Madrid en 1920. La palabra *romero* proviene de *Roma*, lugar de peregrinación religiosa, y se refiere a los peregrinos y caminantes. Es importante atender a la tilde de *sólo*, que se refiere a 'solamente, sencillamente', mientras que *solo* (sin tilde) significa 'solitario'. El talante y la frescura del poema contrastan vivamente con el desgarramiento íntimo posterior, en la etapa del exilio. Originalmente el poema se refería a la poesía para defender su universalidad, si bien con el tiempo se carga de significaciones sociales que León Felipe también aceptaría.

Vocabulario

Elige el significado correcto para cada una de las siguiente palabras:

1. **Huerto**
   - ☐ **a.** jardín privado.
   - ☐ **b.** pequeño terreno donde se cultivan verduras y árboles frutales.

2. **Romero**
   - ☐ **a.** persona nacida en Roma.
   - ☐ **b.** peregrino, persona que viaja para visitar un lugar donde hay un santo.

3. **Cómico**
   - ☐ **a.** actor de comedia.
   - ☐ **b.** tipo de celebración.

4. **Callo**
   - ☐ **a.** dureza que se forma en los pies.
   - ☐ **b.** costumbre, hábito.

5. **Losa**
   - ☐ **a.** placa de piedra que se usa para revestir suelos.
   - ☐ **b.** parte superior de un edificio, que protege de la lluvia.

6. **Farsa**
   - ☐ **a.** lugar donde se celebran oficios religiosos.
   - ☐ **b.** obra teatral breve y divertida.

7. **Tablado**
- ☐ **a.** recinto cuadrado, hecho de madera.
- ☐ **b.** suelo de tablas situado en alto, que sirve como escenario de representaciones.

8. **Templo**
- ☐ **a.** edificio usado para la representación teatral.
- ☐ **b.** edificio donde se rinde culto religioso.

9. **Sacristán**
- ☐ **a.** sacro, sagrado.
- ☐ **b.** persona que en las iglesias ayuda al sacerdote en sus tareas.

Comprensión

Reflexiona sobre el significado de las siguientes expresiones.

a. *El sacristán, el cómico.* (¿En qué se diferencian del poeta romero?)
b. *Sensibles a todo viento.* (¿Qué puede simbolizar el viento en el poema?)
c. *Poetas.* (¿Por qué con mayúsculas?)

Expresión

Resume el poema. ¿Qué relación tiene con la vida de León Felipe? Recuerda que religiosidad, poesía y teatro son muy importantes en su itinerario personal.

Busca en el siguiente fragmento del poema "Escuela" otros elementos de la vida del autor, y relaciónalos con la canción.

(...) Anduve... anduve... anduve
descalzo muchas veces,
bajo la lluvia y sin albergue...
solitario.
Y también en el carro itinerario
más humilde de la farándula española.
Así recorrí España.
Vi entonces muchos cementerios,
estuve en humildes velorios aldeanos
y aprendí cómo se llora en los distintos pueblos españoles.
Blasfemé.
Viví tres años en la cárcel...
no como prisionero político,
sino como delincuente vulgar...
Comí el rancho de castigo con ladrones y grandes asesinos...
viajé en la bodega de los barcos;
les oí contar sus aventuras a los marineros
y su historia de hambre a los miserables emigrantes.
He dormido muchas noches, años, en el África Central,
allá, en el golfo de Guinea, en la desembocadura del Muni,
acordando el latido de mi sangre

con el golpe seco, monótono y tenaz
del tambor prehistórico africano
de tribus indomables...
he visto a un negro desnudo
recibir cien azotes con correas de plomo
por haber robado un viejo sombrero de copa
en la factoría del Holandés.
Vi parir a una mujer
y vi parir a una gata...
y parió mejor la gata;
vi morir a un asno
y vi morir a un capitán...
y el asno murió mejor que el capitán.

(...) Estuve en una guerra sangrienta,
tal vez la más sangrienta de todas.
Viví en muchas ciudades bombardeadas,
caminé bajo bombas enemigas que me perseguían,
vi palacios derruidos, sepultando
entre sus escombros niños y mujeres inocentes.
Una noche conté cientos de cadáveres
buscando a un amigo muerto.
Viví en manicomios y hospitales.
Estuve en un leprosario
(junto al lago petrolífero y sofocante de Maracaibo),
me senté a la misma mesa con los leprosos.
Y un día, al despedirme,
les di la mano a todos,
sin guantelete, como el Cid...
no tenía otra cosa que darles.
He dormido sobre el estiércol de las cuadras,
en los bancos municipales,
he recostado mi cabeza en la soga de los mendigos,
y me ha dado limosna –Dios se lo pague–
una prostituta callejera.

(...) He visto llorar a mucha gente en el mundo
y he aprendido a llorar por mi cuenta.
El traje de las lágrimas
lo he encontrado siempre cortado a mi medida...

León Felipe

Léxico

En el poema se defienden los viajes, la aventura de conocer todo lo nuevo. A continuación, tienes algunos medios para viajar, relaciónalos con sus elementos correspondientes.

Tren	•	•	bote salvavidas, cubierta, camarote, muelle, zarpar, atracar.
Barco	•	•	túnel, boca, taquilla, escalera mecánica.
Metro	•	•	azafata, piloto, despegar, aterrizar, jefe de cabina.
Avión	•	•	maquinista, coche-cama, locomotora, vagón, andén.

● **Sitúa en el dibujo las siguientes palabras:**

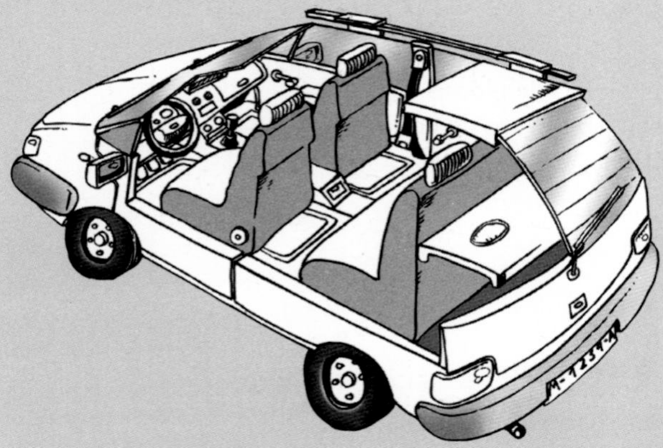

- Cinturón de seguridad
- Elevalunas
- Guantera
- Maletero
- Baca
- Capó
- Espejo retrovisor
- Faro
- Matrícula
- Parachoques
- Tubo de escape
- Ventanilla
- Cuentakilómetros
- Embrague
- Acelerador

Modismos

● ***Hacer callo* es una expresión que significa anular la sensibilidad. En español hay muchas otras expresiones con *hacer*, un "verbo ómnibus". Relaciona las siguientes expresiones con sus significado correspondiente, y después construye una frase con cada una de ellas.**

1. Hacer de tripas corazón
2. Hacer buenas migas
3. Hacer castillos en el aire
4. Hacer el agosto
5. Hacer mutis por el foro
6. Hacerse el sueco

☐ **I.** Soñar con cosas imposibles, hacerse falsas ilusiones que pronto se rompen, como los castillos que se construyen con naipes.

☐ **II.** Fingir que no se oye o entiende algo. El origen no está en los hablantes de Suecia, sino en el latín *soccus* (hoy *zueco*), calzado que usaban los cómicos (frente a los *coturnos* trágicos), que hacían el papel de vulgares, torpes e ignorantes. De la misma palabra latina viene *zoquete* ('persona torpe').

☐ **III.** Tener buenas relaciones. Se refiere a un guiso típico de los pastores, las migas, hechas con pan y aceite.

☐ **IV.** Irse. Expresión que proviene del mundo del teatro, donde significa 'salir de escena' (el foro es la parte de atrás del escenario, y *mutis* es movimiento).

☐ **V.** Hacer dinero fácil. El origen de la expresión está en las ferias castellanas de la Edad Media, época en que campesinos y ganaderos recogían el fruto del esfuerzo anual.

☐ **VI.** Esconder el cansancio o la tristeza, es decir, los sentimientos, el corazón, mientras las otras vísceras –como las tripas– deben seguir funcionando.

● **A continuación, tienes otras expresiones con *hacer*, pero no te damos el significado. Intenta deducirlo por su contexto, situando cada una en su frase correspondiente.**

- hacer leña del árbol caído
- hacer la vista gorda
- hacer la pelota
- hacer la cama
- hacer la pascua
- hacer el primo
- hacer eses
- hacer la calle
- hacer polvo
- hacer sombra

1. Le gusta rodearse de colaboradores mediocres. No le gusta que le ....
2. Ya tiene bastante con haber perdido las elecciones, deberían dejarlo en paz los periodistas. No hay que ....
3. Es un policía bastante corrupto. No le importa .... cuando le ofrecen dinero a cambio.
4. Subir esas escaleras lo .... Realmente no está en forma.
5. Su estrategia para lograr ese puesto tan alto ha sido sencilla: ....
6. Muchas inmigrantes han venido engañadas, pensando que tendrían trabajo al llegar a nuestro país, y finalmente se han visto obligadas a ....
7. Lo animaron a tomarse unas vacaciones para descansar un poco pero en realidad le .... Cuando volvió, en su puesto había otra persona.
8. Como me había tomado un *whisky* con el estómago vacío, volví a casa ....
9. Deja de .... y tómate esto en serio. Es muy importante.
10. Me han .... con el cierre de ese café. Era mi favorito.

MANOS A LA OBRA

Discute con tus compañeros el siguiente texto de León Felipe sobre el modo de hablar de los españoles. Parece que el tema y el título provienen de un ataque de Borges contra León Felipe, con motivo de la traducción que este hizo del norteamericano Walt Whitman.

Pero, ¿por qué habla tan alto el español?

Sobre este punto creo que puedo decir también unas palabras.

Este tono levantado del español es un defecto, viejo ya, de raza. Viejo e incurable. Es una enfermedad crónica. Tenemos los españoles la garganta destemplada y en carne viva. Hablamos a grito herido y estamos desentonados para siempre, para siempre porque tres veces, tres veces, tres veces tuvimos que desgañitarnos en la historia hasta desgarrarnos la laringe.

La primera fue cuando descubrimos este Continente y fue necesario que gritásemos sin ninguna medida: ¡Tierra! ¡Tierra! ¡Tierra! Había que gritar esta palabra para que sonase más que el mar y llegase hasta los oídos de los hombres que se habían quedado en la otra orilla. Acabábamos de descubrir un mundo nuevo, un mundo de otras dimensiones al que cinco siglos más tarde, en el gran naufragio de Europa, tenía que agarrarse la esperanza del hombre. ¡Había motivos para hablar alto! ¡Había motivos para gritar!

La segunda fue cuando salió por el mundo, grotescamente vestido, con una lanza rota y con una visera de papel, aquel estrafalario fantasma de La Mancha, lanzando al viento desaforadamente esta palabra olvidada por los hombres: ¡Justicia! ¡Justicia! ¡Justicia!... ¡También había motivos para gritar!

El otro grito es más reciente. Yo estuve en el coro. Aún tengo la voz parda de la ronquera. Fue el que dimos sobre la colina de Madrid, el año 1936, para prevenir a la majada, para soliviantar a los cabreros, para despertar al mundo: ¡Eh! ¡Que viene el lobo! ¡Que viene el lobo! ¡Que viene el lobo!...

El que dijo Tierra y el que dijo Justicia es el mismo español que gritaba hace seis años nada más, desde la colina de Madrid a los pastores: ¡Eh! ¡Que viene el lobo!

Nadie le oyó. Nadie. Los viejos rabadanes del mundo que escriben la historia a su capricho, cerraron todos los postigos, se hicieron los sordos, se taparon los oídos con cemento y todavía ahora no hacen más que preguntar como los pedantes: ¿pero por qué habla tan alto el español?

Sin embargo, el español no habla alto. Ya lo he dicho. Lo volveré a repetir: el español habla desde el nivel exacto del hombre, y el que piense que habla demasiado alto es porque escucha desde el fondo de un pozo.

- **Reúnete con tus compañeros y recorta personajes famosos de revistas y periódicos. Después, imagina un deseo para cada uno de ellos y escríbelo.**

DEBATE

- **El poeta vota por el universalismo y el internacionalismo, frente a nacionalismos o escuelas que limiten las inquietudes y horizontes del individuo. ¿Qué opinas al respecto? Discute con tus compañeros.**

QUINTA UNIDAD

5

Oraciones relativas

SITUACIONES

● **Explica el uso de las expresiones en color verde.**

Haga lo que haga y diga lo que diga, siempre te parece mal.

Quienquiera que sea, es hora de irnos ya.

Hay que realojar a los chabolistas, cueste lo que cueste.

Hay quien demuestra lo que es pasar a la historia viajando.

Sea cual sea su necesidad, ¡consúltenos!

¿Quieres que te ayude?
No, gracias, yo haré lo que falte.

GRAMÁTICA

5.1. LOS RELATIVOS

⇒ Las oraciones introducidas por un relativo pueden complementar a cualquier sustantivo (antecedente), y por eso se llaman también *oraciones adjetivas*. Pueden ser de dos tipos:

- **EXPLICATIVAS O NO RESTRICTIVAS**
  Se pueden suprimir sin que varíe esencialmente el sentido de la oración principal, van entre pausas y se refieren al antecedente en su totalidad:
  Los congresistas, que ya han llegado,se dirigen hacia aquí.
- **ESPECIFICATIVAS O RESTRICTIVAS**
  No se pueden suprimir sin provocar un cambio de sentido en la oración principal, no van entre pausas y restringen al antecedente en su totalidad:
  Los congresistas que ya han llegado (no todos, solo los que han llegado) *se dirigen hacia aquí.*

⇒ ***Que***

- Su antecedente puede ser persona, animal o cosa. Es el relativo más frecuente, y no presenta variaciones de género o número. A menudo su antecedente puede suprimirse:
  Díselo a los (alumnos) que se acaban de matricular.
- Cuando va precedido de preposición suele llevar también artículo:
  Me caen muy bien los amigos con los que sales.

⇒ ***El, la, lo cual / los, las cuales***

- Equivale a *que* y suele usarse en oraciones explicativas, aunque su uso se siente como más culto o anticuado:
  Avisaron a los bomberos, los cuales llegaron en pocos minutos.
- Suele aparecer tras preposición:
  Estaban esperando al director, sin el cual no podía empezar la reunión.

⇒ ***Quien / quienes***

- Equivale a *el que*, *la que*, *los que* y *las que*. Se refiere a persona y no lleva artículo. No puede ser sujeto de una oración especificativa, y se usa tras *haber* y *tener* cuando nos referimos a persona.
  Quien (el que) lo desee, puede irse.
  Hay quien dice que este tiempo traerá nieve.
  No tiene quien la ayude.

⇒ ***Cuyo, cuya / cuyos, cuyas***

- Tiene valor posesivo y concuerda en género y número con el sustantivo al que acompaña –que expresa lo poseído– enlazándolo con el antecedente. Su uso corresponde al lenguaje formal.
  La marea negra, cuyos efectos pueden ser bastante graves, tardará en estar completamente controlada.

⇒ ***Donde***

- Complementa a un antecedente que expresa lugar:
  Esa es la casa donde (=*en la cual*) *nació.*

⇒ ***Como***

- Se usa con un antecedente que expresa modo o manera:

*Ese es el modo **como** (=según el cual) hay que hacerlo.*

⇒ ***Cuanto, cuanta / cuantos, cuantas***

- Indica generalización y equivale a *todo lo que*:
  *Confesó **cuanto** (=todo lo que) sabía.*

⇒ ***Cuando***

- No es frecuente usarlo con antecedente. Indica tiempo:
  *Fue por la mañana **cuando** se produjo el incidente.*
  *Llegó **cuando** ya nos habíamos ido.*

EJERCICIOS

● **Completa las siguientes frases adecuadamente.**

1. Ese es el amigo de .... trabajo te he hablado.
2. Ese es el amigo de .... te he hablado.
3. .... estén interesados en el producto pueden dirigirse al apartado de correos que se adjunta.
4. Ponlo en algún lugar .... esté visible.
5. La policía no pudo detener a los culpables, ... huyeron antes de su llegada.
6. Están decepcionados con los resultados, por .... es muy probable que retiren la subvención.
7. Dime .... quieras; no me convencerás.
8. Dímelo .... quieras; estoy a tu disposición.
9. El partido, ... ya había comenzado, parecía poco prometedor.
10. Este es el diccionario .... me han recomendado.
11. Este es el diccionario .... he hecho la traducción.
12. Ponte unos zapatos .... te sientas cómodo. Tendremos que caminar mucho.
13. Puedes hacerlo .... tú prefieras.
14. La empresa, ... balance era deficitario, decidió cerrar.
15. Estaban preparando una gran fiesta sorpresa, para .... habían pedido la tarde libre.
16. .... dices es falso.
17. Quería construir una casa en el lugar .... había pasado toda su infancia.
18. Ya tenemos .... nos preste el coche mañana.
19. Montamos el mueble siguiendo el manual, según .... las piezas pequeñas debían ser instaladas al final.
20. Las personas .... no tengan billete serán penalizadas con una multa.
21. El ministro, ... acaba de regresar de su viaje, no ha hecho aún declaraciones.
22. La exposición de fotografía fue .... inauguraron ayer.
23. Esta es la puerta .... cerradura se ha estropeado.
24. Pondrán una placa en la fachada de la casa .... vivió.
25. Dale todo .... quiera.
26. Dáselo a .... lo quiera.
27. Ese es el motivo por .... no pudo venir.
28. Queremos dar las gracias a todos nuestros amigos, sin .... ayuda no lo habríamos logrado.
29. Cuando encuentres a alguien .... esté dispuesto a colaborar, házmelo saber.
30. Su casa es .... tiene las ventanas pintadas de azul.

Corrige los errores presentes en algunas de las frases que siguen.

31. Las personas quienes no estén de acuerdo pueden presentar una reclamación.
32. El vino que probamos ayer era excelente.
33. Los alumnos los cuales no vinieron a clase no se enteraron de la fecha del examen.
34. No tengo al que me pueda pasar a máquina estos apuntes.
35. El curso de submarinismo que estamos haciendo es estupendo.
36. Vamos a un lugar en el cual no haya nadie.
37. Prefiero el cual está en aquel rincón.
38. Quienes lleguen tarde no podrán entrar en la sala.
39. Buscamos a una persona quien pueda asesorarnos legalmente.
40. Llegaron demasiado tarde, por lo cual se quedaron sin entrada.
41. Las flores las cuales te han enviado son preciosas.
42. Deberías contarnos el que te preocupa.
43. Fue de madrugada como sonó la sirena.
44. El color el cual has elegido para pintar la valla es demasiado oscuro.
45. Son pocos los comercios los que abren en domingo.

Completa los siguientes dichos y refranes adecuadamente.

46. .... bien te quiere te hará llorar.
47. .... mucho abarca, poco aprieta.
48. .... madruga Dios le ayuda.
49. .... no se llevan los ladrones aparece en los rincones.
50. .... calla, otorga.
51. .... algo quiere algo le cuesta.
52. .... parte y reparte se lleva la mejor parte.
53. .... mal anda, mal acaba.
54. .... la busca, la encuentra.
55. .... a hierro mata, a hierro muere.
56. .... siembra vientos, recoge tempestades.
57. No hay peor ciego que .... no quiere ver.
58. .... espera, desespera.
59. .... tiene boca, se equivoca.
60. .... a buen árbol se arrima, buena sombra le cobija.

GRAMÁTICA

5.2. ORACIONES ADJETIVAS O DE RELATIVO: USO DE LOS MODOS

⇒ Las oraciones **explicativas** van siempre en INDICATIVO:

La muchacha, que estaba agotada, se había quedado dormida en el sofá.

⇒ Las oraciones **especificativas** van en INDICATIVO si su antecedente es conocido o determinado, y en SUBJUNTIVO si es desconocido o indeterminado:

Los familiares que están/estén ausentes no saben lo que ha ocurrido.

⇒ Usamos INDICATIVO para referirnos a verdades generales:

La guayaba es una fruta que se da en zonas tropicales.

⇒ Usamos SUBJUNTIVO cuando negamos el antecedente:

Nunca he conocido a alguien que hable tanto.

⇒ Cuando el antecedente es *poco (-a, -os, -as)* se suele usar SUBJUNTIVO:

Hay pocos que tengan una paciencia como la tuya.

⇒ *Cualquier(a), quienquiera, comoquiera + que +* SUBJUNTIVO:

Cualquiera que te oiga pensará que estás loco.

Quienquiera que venga deberá esperar fuera.

Nos parecerá bien, comoquiera que lo hagas.

⇒ Cuando queremos expresar la finalidad o disponibilidad del antecedente usamos INFINITIVO:

Me queda mucho que aprender.

Busco a alguien con quien hablar.

⇒ En las **estructuras reduplicativas**, como *sea quien sea* o *haga lo que haga*, donde el relativo une dos formas (generalmente iguales) del mismo verbo, usamos SUBJUNTIVO para expresar que "no importa":

Pienso intentarlo, digan lo que digan (=no me importa lo que digan).

Hiciera lo que hiciera, siempre le regañaban (=no importaba lo que hiciera).

NOTA

Las estructuras reduplicativas se consideran expresiones concesivas y también son posibles sin relativo:

Te guste o no te guste, debes aceptarlo.

EJERCICIOS

Pon el verbo en la forma apropiada.

1. Quienquiera que (cometer) .... el robo pagará por ello tarde o temprano.
2. Hoy no tenemos muchos temas que (tratar) ....
3. Tenemos que llegar a la frontera antes del anochecer, (ser) .... como (ser) ....
4. Quedan pocas cosas que ella no (saber) ....
5. Quienes (apostar) .... por el número ocho han ganado.

6. Todos los artículos que (yo, leer) .... tratan sobre lo mismo.
7. Las violetas son plantas que (necesitar) .... humedad y poca luz.
8. No se me ocurre nada que (poder) .... ayudarte. Se me han terminado todos los recursos.
9. No sé quién está llamando a la puerta, pero quienquiera que (ser) .... tiene mucha prisa.
10. En esta región hay muchos sitios interesantes que (ver) ....
11. Cualquiera que (ver) .... el cuadro pensará que es auténtico. Es una copia muy buena.
12. Los obreros que (estar) .... en huelga verán disminuido su salario.
13. Los obreros, que (estar) .... en huelga, verán disminuido su salario.
14. Los unicornios son seres que (pertenecer) .... al mundo de las leyendas.
15. No deberían decirle nada que (influir) .... en su decisión.
16. No conozco la calle en la que (tú, vivir) ....
17. Las fresas, que (llevar) .... dos días en el frutero, se han estropeado por el calor.
18. Si necesitas ayuda pídesela a ella, que (saber) .... mucho de leyes.
19. Si necesitas ayuda, pídesela a alguien que (saber) .... mucho de leyes.
20. Quienes (querer) .... venir a la excursión deberán inscribirse antes del sábado.
21. Busco a una persona que (conocer) .... este programa de ordenador.
22. Es muy buena persona. Puedes contar con ella para lo que (tú, querer) ....
23. Sus padres, que nunca (estar) .... en una gran ciudad, se quedaron espantados con el ruido y la contaminación.
24. Cualquiera que lo (ver) .... se dará cuenta de que es un coche viejo, aunque bien cuidado.
25. No me importa lo que (decir) .... los demás.
26. Es una isla que (estar) .... completamente deshabitada.
27. No existe ningún libro que no (tener) .... erratas.
28. Los pocos que (conocer) .... el escondite mantendrán el secreto.
29. No me des ninguna pieza que (estar) .... oxidada.
30. (Pasar) .... lo que (pasar) ...., te apoyaremos.

Completa libremente las siguientes frases.

31. Digan lo que digan, ...
32. Quienes .... deberán dirigirse ....
33. Puedes .... donde ....
34. Si tienes algo que ...., hazlo ahora, porque ....
35. Dondequiera que .... es necesario ....
36. Tenemos algunos asuntos que .... Volveremos ....
37. Los molinos, que eran ...., ...
38. ...., sea como sea.
39. Los socios cuyo .... antes del día diez.
40. El festival de música que ....

41. Los relatos inéditos que ....
42. Queremos un apartamento que ....
43. Puedes comer todo lo que ...., ...
44. Solamente quienes .... tendrán derecho ....
45. Lo que .... nos ....

El uso de los relativos es complejo y a menudo se cometen errores en el habla descuidada. Corrige los gazapos presentes en los siguientes fragmentos, extraídos de situaciones reales.

46. Buscamos hombres que les guste el campo.
47. Allí hay un pueblo en el que sus habitantes se han quedado sin agua.
48. Una persona que se cura de esta enfermedad no le queda ninguna secuela.
49. Fue una de las fundadoras de la asociación, de la cual hoy es presidenta de su junta de directores.
50. Esa es la chica que su madre es actriz.

Completa las siguientes frases según el modelo.

51. Pase *lo que* pase, estaré a tu lado.
52. No me des esa, dame .... está detrás.
53. La exposición de fotografía .... nos recomendaron estará abierta hasta el mes próximo.
54. Esta cerveza ya no está fría, es mejor que cojas .... está en el frigorífico.
55. Ese es el chico del .... te hablé.
56. Los amigos con .... fuimos a Capri están ahora de visita aquí.
57. "En un lugar de La Mancha, de .... nombre no quiero acordarme" es la primera frase del *Quijote*.
58. Vaya por .... haya menos tráfico, por favor.
59. El avión se vio arrastrado por turbulencias .... despegó.
60. Buscamos un coche de segunda mano .... esté en buen estado.

Algunas de las siguientes frases tienen errores. Corrígelos.

61. Hay pocas personas que hablan tantos idiomas.
62. Ese es el amigo del quien te hablé.
63. La figura que nos han regalado es africana.
64. Los libros los cuales prefiero están en esa estantería.
65. Ha venido el técnico a revisar la calefacción, que esté rota.
66. Diga lo que dice, siempre mete la pata.
67. El inspector, que tenía que venir hoy, nos ha dejado plantados.
68. Los asistentes quienes no muestren su invitación al portero no podrán entrar a ver la representación.
69. Las personas que les interese venir a la inauguración deben rellenar una solicitud.
70. Tengo mucho a hacer.

PRENSA

El poder de la información

Violencia

[5] **Manuel Vicent**

De la misma forma que en una galería de espejos el tigre y los cuchillos de Borges se multiplican indefinidamente, así también la violencia se reproduce a sí misma hasta el infinito al reflejarse en la pantalla de televisión, en la radio y en los periódicos cada día. La capacidad de información ha cambiado la naturaleza de las cosas. Las cámaras penetran ahora por el mismo boquete que acaba de abrir la navaja del homicida. En un pasillo del juzgado, los reporteros ponen el micrófono en la boca de los asesinos, los cuales ofrecen al mundo su punto de vista con una sonrisa plácida. Ninguna matanza se considera válida si no es televisada en directo. Cualquier desgracia que suceda en el rincón más apartado del planeta ya no se distingue de la sopa de menudillos que uno toma en la comida. La niña que en la vida real es violada y descuartizada solo una vez, en los medios de información sigue siendo violada y descuartizada de la mañana a la noche con todo detalle durante la semana entera. Los informes del forense constituyen hoy la única fuente de la filosofía. La sustancia de las cosas cambió aquel día en que las imágenes nos sirvieron a la carta, como una degustación, el asesinato de Kennedy y a renglón seguido la muerte de su asesino. A partir de ese momento el poder de la información no ha cesado de cabalgar con toda su furia sobre la antigua concepción del mundo hasta producir ese salto cualitativo que en nuestros días ha cambiado la naturaleza de la realidad. La sobrecarga de información ha creado un universo paralelo habitado por ciudadanos cebados de noticias que se multiplican hasta el infinito en la galería de espejos, reflejando un solo hecho sangriento hasta formar con él una sola catástrofe planetaria. No obstante, el mundo ahí fuera nunca ha sido tan feliz como ahora. Lo que está mal solo son las imágenes que han generado este principio de modernidad: nadie se puede considerar un héroe si no asesina o es asesinado a tiempo para alcanzar la cabecera del primer telediario.

El País

ACTIVIDADES

1. **Explica el significado de las palabras sombreadas en el texto.**

2. **Lee las siguientes frases e intenta comprender todo su vocabulario. Luego, escucha el texto y elige una de las tres opciones que se ofrecen.**

I. La violencia
- ☐ **a.** se repite constantemente en los medios de información.
- ☐ **b.** se multiplica en los espejos.
- ☐ **c.** se reproduce al ser repetida por los medios de información.

II. La filosofía actual solo se ocupa
- ☐ **a.** de sus fuentes.
- ☐ **b.** de la única fuente.
- ☐ **c.** de los asuntos morbosos.

III. La sobrecarga de información ha creado
- ☐ **a.** una catástrofe.
- ☐ **b.** un público cebado de noticias.
- ☐ **c.** una galería de espejos.

IV. Las imágenes hacen
- ☐ **a.** que los asesinos se sientan héroes.
- ☐ **b.** que nadie se pueda considerar héroe.
- ☐ **c.** que los asesinos salgan en la cabecera del telediario.

AL SON DE LOS POETAS

Celeste hija de la tierra

Lee atentamente el poema, y completa los espacios con una forma verbal adecuada.

No es lo mismo estar solo que estar solo
en una habitación de la que .... de salir
como el tiempo: pausada, fugaz, continuamente
en busca de mi ausencia, porque entonces
empiezo a comprender que soy un muerto
y es la palabra, espejo del silencio
y la noche, el fruto del día, su secreto revelado por fin.

Tendría que empezar a ser de nuevo
para aceptar el mundo como si no fuese
lo único que .... de ti,
tendría que olvidarme
como se .... lo más negro de un sueño,
soplar en mi conciencia hasta apagar mi imagen,
cerrar los ojos frente a los espejos,
deshacerme y hacerme, soñar siempre con otro,
morirme de mí mismo
para no recordarte a cada instante
como el ciego .... la luz y el condenado a muerte
la vida, toda ella, en un abrir y cerrar de ojos,
porque estás más adentro de mí que yo mismo
o existo porque existes
o yo no sé quién .... desde que sé quién ....

No es lo mismo estar solo que estar sin ti, conmigo,
con lo que .... de mí si tú me dejas:
alguien, no, quizás algo: el aspecto de un hombre, su retrato
que el viento de otro mundo .... en el espacio
lleno de tu fantasma desgarrador y dulce.

Monstruo mío, amor mío,
dondequiera que ...., con quienquiera que ....
abre por un instante los ojos en mi nombre
e, iluminada por tu despertar,
dime, como si yo fuera la noche,
qué debo hacer para volver a odiarte,
para no amar el odio que te tengo.

Es inútil
buscar a tu enemigo en el infierno

suyo y de esta ciudad, allí donde la música ....
larga, ruidosamente en el silencio
y beber en su vaso para verte
con su mirada azul, roja de odio
el vino que .... su secreta agonía,
la que en su corazón en ruinas ....
a la luz de una luna tan desnuda como ella
con la misma afrentosa lascivia de la luna
que no se .... al sol, pero acepta su fuego,
esa virgen tatuada
por los siete pecados capitales
no eres tú o eres otra;
alguien quizá yo mismo, toca
mi frente y me despierto como el fuego en la noche,
en toda mi pureza,
con tu nombre verídico en los labios.

El poeta

Poeta, novelista y ensayista, **Enrique Lihn** nace en Santiago de Chile en 1929. Estudia Bellas Artes, aunque no termina la carrera. En 1949 publica su primer poemario, *Nada se escurre*. Junto al poeta Nicanor Parra y otros autores, en 1952 participa en un periódico mural, el *Quebrantahuesos*, que aparece en las paredes de las calles de Santiago y se inspira en los juegos surrealistas y la técnica del *collage*. Escribe los poemas de *Poesía de paso*, y obtiene el Premio Casa de las Américas de 1966. A las novelas *La orquesta de cristal* y *El arte de la palabra* se suman nuevos poemarios, como *A partir de Manhattan*, *Al bello amanecer de este lucero* y *Pena de extrañamiento*. Muere de cáncer en 1988, y sus últimos textos se recogen en el libro *Diario de muerte*. Su poesía es definida por el propio autor como *realismo conjeturante*, y como un acto de exorcismo contra la muerte, con un poderoso componenete existencialista. La sordidez de la gran ciudad y el amor como ausencia son algunos de sus ejes principales.

El poema

En este poema se plasma la visión pesimista que el poeta tiene del amor, como una forma de la nada; para él, los amantes serán "comerciantes de arena bajo el viento". El autor publicó este poema a los veinticinco años, en su segundo libro, *Poemas de este tiempo y de otro*, con composiciones escritas entre 1949 y 1954. El verso inicial de **"Celeste hija de la tierra"**, "No es lo mismo estar solo que estar sin ti", ha sido muy citado, admirativamente, por Nicanor Parra, años después, con ocasión de la muerte de Enrique Lihn. El tema central del poema es la desolación afectiva, la nostalgia de la amada esquiva, el dolor del recuerdo; la escritura es la única vía para conjurar su ausencia.

Vocabulario

Relaciona los siguientes vocablos con su significado correspondiente.

1. Afrentoso
2. Agonía
3. Fugaz
4. Lascivia
5. Ruina
6. Soplar
7. Tatuar
8. Verídico

- **A.** Que es verdad; verosímil, que parece verdadero.
- **B.** Destrucción, caída, hundimiento.
- **C.** Expulsar aire con fuerza por la boca.
- **D.** Momento previo a la muerte, estado de sufrimiento del que está muriendo.
- **E.** Que produce vergüenza u ofensa.
- **F.** Grabar en la piel, insertando sustancias colorantes que forman figuras.
- **G.** Deseo sexual exagerado.
- **H.** Que se aleja y desaparece velozmente, que dura poco.

Comprensión

Reflexiona sobre el significado de las siguientes expresiones.

a. ¿En qué se parecen la amada y el tiempo?
b. La soledad se asemeja a la muerte; ¿qué es lo que salva al poeta?
c. El poeta se identifica con la noche; ¿por qué?
d. La ciudad es un infierno donde pervive el fantasma de la amada; explica aquí el sentido de los colores azul y rojo.
e. Se identifica a la amada con la luna, "virgen tatuada"; explica esa imagen.
f. ¿Cuáles son los siete pecados capitales? ¿Te identificas con alguno de ellos?

Expresión

Resume el poema con tus propias palabras.

Busca y contrasta todas las calificaciones que se refieren a la amada y las que se refieren al poeta.

Léxico

- **Busca en el poema las palabras que faltan en esta lista de sinónimos y antónimos. Sigue el modelo.**

Sinónimos	Antónimos
OLVIDAR abandonar, desatender	RECORDAR evocar, retener, acordarse, rememorar
término, final, conclusión	comienzo, apertura, iniciación
extinción, muerte, angustia	dicha, felicidad, satisfacción
lujuria, voluptuosidad, sensualidad	moderación, sobriedad, prudencia
llama, lumbre, pasión	frialdad, indiferencia, desamor
perfección, candor, puridad	depravación, vicio, perversión

- **En el texto aparecen diversos adverbios: búscalos y clasifícalos. Después, busca y clasifica los 32 adverbios que hay en esta sopa de letras.**

Recuerda:

- los adverbios pueden expresar, principalmente, modo, lugar, tiempo, cantidad, negación, afirmación y duda.
- los adverbios de modo pueden formarse con un adjetivo femenino singular + ***-mente***. Si hay más de un adverbio, solo el último llevará el sufijo -***mente***: *Habla lenta y sosegadamente.*

N	D	I	L	E	N	C	I	M	A	S	A	Y	E	R
T	E	H	E	A	R	E	U	F	O	Ñ	I	U	Q	A
A	S	A	J	B	I	E	N	D	M	I	G	U	X	L
M	P	G	O	I	D	B	A	S	T	A	N	T	E	S
B	A	Ñ	S	R	U	I	Q	U	I	Z	A	Ñ	L	U
I	C	V	A	R	S	K	N	K	C	E	R	C	A	O
E	I	T	T	A	M	P	O	C	O	X	M	U	Y	R
N	O	Z	M	U	C	H	O	F	R	Y	A	P	A	T
A	T	E	M	P	R	A	N	O	I	W	Ñ	A	R	N
R	D	C	H	A	B	A	J	O	N	M	A	L	O	E
P	O	C	O	R	S	Z	G	A	R	C	N	L	H	D
W	E	U	Y	D	E	P	R	I	S	A	A	I	A	T

Modismos

En el poema aparecen diversas expresiones con *en*; construye frases con ellas.

en un abrir y cerrar de ojos | en mi nombre | en ruinas | en busca de

A continuación, te ofrecemos otras, también muy usuales. Identifica su significado en la columna de la derecha, y úsalas después adecuadamente en las frases.

1. En balde	A. 'Desnudo'. Se refiere a piel, al igual que *pelete*.
2. En cuclillas	B. 'Agachado'. Las gallinas *cluecas* son las que están empollando huevos. De ahí viene la expresión.
3. En un dos por tres	C. 'Inútilmente': *balde* proviene del árabe *bátil*, que significa 'inútil'.
4. En menos que canta un gallo	D. 'En una época muy antigua y lejana'. Puede referirse a una mujer gallega con ese nombre, que, en el siglo XIV, dirigió un levantamiento contra el pago de impuestos exigido por el obispo.
5. En pelota(s)	E. 'Feliz, en el paraíso'. Las ideas renacentistas consideraban que el universo se sustentaba en la armonía de las esferas, y en la última estaba el paraíso.
6. En el séptimo cielo	F. 'Todo el mundo suele tener los mismos problemas o asuntos'. Las habas eran antiguamente un plato muy popular y habitual.
7. En tiempos de Maricastaña	G. 'Muy rápidamente'. Puede referirse al compás musical así llamado, dos por tres.
8. En todas partes cuecen habas	H. 'Con mucha rapidez'. En la Biblia, se nos dice que Pedro negará a Cristo tres veces antes de que cante el gallo.

1. Para jugar a las canicas te tienes que poner en ....
2. Es muy inteligente. Resolvió el problema en ....
3. La verdad es que con un sofá y un poco de música estoy en ....
4. Le robaron todo y lo dejaron en ....
5. Ese arcón es una antigüedad; lo hicieron en ....
6. Ya sé que tienes prisa, pero no te preocupes, que esto se arreglará en ....
7. Hemos estado dos horas intentado convencerlo, pero todo ha sido ....
8. Yo pensaba que en este empleo no me encontraría los mismos problemas, pero ....

MANOS A LA OBRA

- **¿Qué es la ironía? ¿Crees que hay ironía en el poema? ¿Crees, como reza el título de una novela de la uruguaya Cristina Peri Rossi, que *El amor es una droga dura*? ¿Cómo lo describirías tú? Piensa en otras metáforas. Conversa con tus compañeros sobre esto.**

- **En la prensa periódica es habitual la sección de "contactos", donde la gente busca pareja. Construye tu propio anuncio, con oraciones relativas de subjuntivo.**

Gato

de siete años, de posición acomodada, está interesado en encontrar gatita que sea cariñosa y que también busque fines serios.

Interesadas llamar al n.º 555 55 55

Sugerencias de búsqueda:

- coche
- instrumento musical
- mascota
- amigo
- pareja

DEBATE

- **Los mitos en torno a la luna son muy diversos. En el poema de Enrique Lihn se la considera una virgen maligna, lo que puede explicarse por la mitología grecolatina: la diosa helénica Artemisa, asimilada con Selene y con la latina Diana, se identifica con la luna y con la cacería, y se le atribuyen episodios de crueldad. Provoca la muerte de Orión, su compañero de caza, cuando este intenta violarla, y lo mismo ocurre con Oto, o con Acteón, devorado por sus perros por haber contemplado a la diosa desnuda mientras se bañaba. Era, sin embargo, la protectora de los partos y de los niños. ¿Qué mitos antiguos conoces tú? Coméntalos con tus compañeros.**

SEXTA UNIDAD

6

Oraciones sustantivas

SITUACIONES

Halla y explica en este horóscopo las estructuras basadas en las siguientes expresiones.

ser posible | ser buena idea | ser prudente | proponer | creer | ser preciso

ARIES 21 marzo - 20 abril
Es posible que tenga miedo de no poder cubrir sus necesidades. Asuma una actitud constructiva que le permita resolver este problema.

TAURO 21 abril - 20 mayo
Le parecerá que no está progresando como quisiera en lo personal. Piense un poco más y hable un poco menos; eso le llevará a la solución que busca.

GÉMINIS 21 mayo - 21 junio
Hágase el propósito de estudiar todas las fases de los problemas o asuntos prácticos que encare, pero sin llegar a una decisión sobre lo que debe hacer.

CÁNCER 22 junio - 22 julio
Sería buena idea no involucrarse demasiado en las finanzas de un conocido pues pudiera ser que se viera obligado a prestarle dinero.

LEO 23 julio - 22 agosto
No corra riesgos en lo que a sus actividades vocacionales se refiere y se ahorrará tener que dar difíciles explicaciones de un trabajo realizado.

VIRGO 23 agosto - 21 septiembre
Usted cree que una nueva empresa será el medio para incrementar su actual bienestar, pero no haga nada precipitadamente o tendrá que lamentarlo después.

LIBRA 22 septiembre - 22 octubre
Tendrá toda clase de obligaciones que atender y sería prudente que analizara y programara sus pagos de una manera sensible y cuidadosa.

ESCORPIÓN 23 octubre - 21 noviembre
Todo lo que proponga que haga un asociado con mentalidad materialista tropezará con mucha oposición, de modo que renuncie por el momento y retírese.

SAGITARIO 22 noviembre - 22 diciembre
Una actitud tranquila y reposada en cualquiera de sus actividades de naturaleza usual le permitiría obtener resultados que, de lo contrario, no conseguiría.

CAPRICORNIO 23 diciembre - 21 enero
Se sentirá inclinado a posponer sus promesas para disfrutar de momentos de placer, pero es preciso que proceda con mucha cautela en los entretenimientos.

ACUARIO 22 enero - 21 febrero
Probablemente necesite tener la paciencia de Job en su residencia hoy, pero haga lo posible por evitar una pelea con un miembro de su familia.

PISCIS 22 febrero - 20 marzo
Considere bien todos los mensajes que envíe hoy, pues es posible que estén mal dirigidos o lleguen a otras personas que no son las que usted quiere.

Explica el uso de *que* + VERBO y *el hecho de que* + VERBO.

No es lo que están diciendo lo que provoca que la escena tenga lugar, sino el hecho de que esos personajes estén interpretando la escena en cuestión.

Que haya galerías finlandesas, australianas, croatas, estonas, letonas, puede que sea noticia, pero no desde el punto de vista económico, ni tampoco desde el artístico.

No es que vosotros rechacéis lo que os transmiten: es que los mayores no tienen nada que transmitiros.

¿Qué puedes decir del uso de infinitivo tras los verbos *lamentar* y *rogar* en esta fotografía?

Lamentamos informar que ha habido un accidente. Rogamos que se desvíen.

GRAMÁTICA

6.1. ORACIONES SUSTANTIVAS

⇒ Se llaman así porque cumplen funciones normalmente desempeñadas por sustantivos:

El hecho de que aceptara confirmó mis expectativas.
SUJETO

Quiero que lo sepas.
OD

⇒ Estructuras:

VERBO 1 (o expresión) + *que* + **VERBO 2** (INDICATIVO/SUBJUNTIVO)
VERBO 1 (o expresión) + **VERBO 2** (INFINITIVO)

6.2. REGLA I

⇒ Si el sujeto del verbo 1 y el del verbo 2 es el mismo, el verbo 2 va en INFINITIVO:

Espero verte pronto.

⇒ Si el sujeto del verbo 1 y el del verbo 2 no coinciden, el verbo 2 va en SUBJUNTIVO:

Espero que nos veamos pronto.

VERBOS

VOLUNTAD:
aceptar, aprobar, conseguir, desear, intentar, lograr, negarse a, oponerse a, pretender, querer...

Consiguió que le concedieran el préstamo.
Consiguió llegar en segunda posición.

INFLUENCIA (PROHIBICIÓN, OBLIGACIÓN, MANDATO, CONSEJO, RUEGO)*:*
aconsejar, consentir, decretar, dejar, desaconsejar, exigir, hacer, invitar a, impedir, mandar, necesitar, obligar, ordenar, pedir, permitir, prohibir, recomendar, rogar, suplicar, tolerar...

Le aconsejaron que dimitiera.
Hicieron que me enfadara.

NOTA

El significado de estos verbos presupone la existencia de dos sujetos, por lo que la construcción esperable es la de verbo 2 en SUBJUNTIVO, aunque a menudo se puede usar también en INFINITIVO con el mismo valor:

Le aconsejaron dimitir.
Me hicieron enfadar.

VERBOS

SENTIMIENTO, APRECIACIÓN, JUICIO DE VALOR, DUDA:
aburrir, alegrar, apetecer, cansarse de, contentarse con, disgustar, divertir, doler, encantar, entristecer, entusiasmar, extrañarse de, fastidiar, gustar, importar, interesar, lamentar, molestar, preferir, quejarse, soportar, sorprender;

EXPRESIONES: *ser (parecer) absurdo, bueno, conveniente, difícil, esencial, extraño, fácil, falso, fantástico, importante, improbable, interesante, malo, maravilloso, necesario, probable, raro, terrible/un disparate, una lata, una locura, una pena, una suerte, una tontería...; estar acostumbrado a, contento de, encantado de, orgulloso de, satisfecho de, bien, mal...*

Lamento que estés enferma (dos sujetos).
Lamento llegar tarde (un sujeto).

Está orgulloso de que seas su amigo (dos sujetos).
Está orgulloso de ser tu amigo (un sujeto).

Es absurdo que lo niegues (dos sujetos).
Es absurdo negarlo (construcción impersonal).

NOTAS

(1) La misma construcción la encontramos con muchos sustantivos (*el deseo de, la esperanza de, la necesidad de, el riesgo de...*) y adjetivos (*contento de, encantado de, satisfecho de, sorprendido de...*):

La necesidad de que convoquen nuevas elecciones está clara (dos sujetos).
La necesidad de convocar nuevas elecciones está clara (impersonal).

El muchacho, contento de que lo hubieran escuchado, se fue tranquilo (dos sujetos).
El muchacho, contento de sentirse escuchado, se fue tranquilo (mismo sujeto).

(2) Hay que considerar la construcción pronominal de verbos como *gustar, fastidiar* o *encantar*:

Me molestan que digan mentiras.

EJERCICIOS

● **Completa los espacios con la forma verbal adecuada y haz las transformaciones necesarias.**

1. Fue fantástico (haber) .... tantos días festivos el trimestre pasado.
2. Son partidarios de (el gobierno, tomar) .... medidas drásticas.
3. Solo pretendía (ellos, escucharme) .... al menos una vez.
4. No me gusta (viajar, yo) .... en Navidad; prefiero quedarme con mi familia.
5. Nos encanta (ellos, invitarnos) .... a su casa de campo.
6. La posibilidad de (fallar) .... el nuevo sistema era muy remota.
7. Es increíble (tocarnos) .... la lotería. Aún no me lo puedo creer.
8. Está muy orgulloso de (su madre, volver a estudiar) .... a pesar de su edad.
9. Es extraño (ellos, no telefonearnos) .... desde que han vuelto a la ciudad.
10. Prefiero (yo, salir) .... a cenar que ir al cine. Me apetece (nosotros, probar) .... el nuevo restaurante que han abierto en nuestra manzana.
11. No nos han dejado (nosotros, entrar) .... en el quirófano durante la operación.
12. Me divierte (yo, ver) .... esos dibujos animados; son muy buenos.

13. Quiero (tú, saber) .... que nunca me rendiré.
14. Tenía miedo de (ser) .... grave la enfermedad de su hermano.
15. Era preciso (ellos, saberlo) .... cuanto antes.
16. Por más que lo intentaba, no lograba (yo, poner) .... el coche en marcha.
17. Es urgente (ellos, recibir) .... pronto este envío. Deberíamos mandárselo por mensajero.
18. El riesgo de (la policía, atraparlo) .... no le acobardó en absoluto.
19. Lamento (tú, no recuperar) .... las maletas que perdiste. Deberías reclamar de nuevo a la compañía aérea.
20. Esperamos (ellos, darse cuenta) .... a tiempo del error que han cometido.
21. Es una lata (tener) .... que rellenar tantos impresos para un trámite tan insignificante.
22. Aunque las condiciones eran durísimas, no perdió la esperanza de (un barco, encontrarlos) .... y (salvarles) .... la vida.
23. Considero poco probable (él, cambiar) .... de opinión después de tanto tiempo.
24. Es una pena (tú, no salir) .... con nosotros el martes pasado. Nos lo pasamos mejor que nunca.
25. Me fastidia (ellos, fumar) .... en los lugares cerrados, especialmente cuando hay mucha gente.
26. El terremoto ha supuesto una gran catástrofe económica, pero ha sido una suerte (no haber) .... víctimas mortales.
27. Nos rogaron (nosotros, no decir) .... a nadie lo que había ocurrido.
28. Dijo que no pretendía ganar la carrera, que se conformaba con (él, no llegar) .... en último lugar.
29. Es falso (haber) .... nuevas normas para el uso de la fotocopiadora. No sé quién puede haber dicho esa tontería.
30. Montó una empresa por su cuenta porque estaba cansado de (otros, decirle) .... siempre lo que tenía que hacer.

● **Construye dos frases –una con infinitivo y otra con subjuntivo– a partir de cada una de las siguientes expresiones.**

31. Han comentado que a partir de enero será posible ....
....
32. No te permito ....
....
33. Me encantaba ....
....
34. Nos recomendó ....
....
35. Es estupendo ....
....
36. Conseguirás ....
....
37. Nos exigirán ....
....
38. Es absurdo ....
....
39. Me fastidió ....
....
40. Se alegró muchísimo de ....
....
41. Me entusiasma ....
....
42. No puedes oponerte ....
....
43. Ya sabes que es un disparate ....
....
44. El conferenciante, sorprendido de ....
.............................., pronunció su discurso muy animado.
45. No se permite ....
....

GRAMÁTICA

6.3. REGLA II

⇛ Si el verbo 1 es **afirmativo**, el verbo 2 va en INDICATIVO:
Comentó que era fácil.

⇛ Si el verbo 1 es **negativo**, el verbo 2 va en SUBJUNTIVO (pero normalmente puede ir en INDICATIVO también, cuando el hablante se compromete con su veracidad):
No comentó que fuera (era) fácil.

⇛ Si el verbo 1 es **imperativo negativo**, el verbo 2 va en INDICATIVO:
No comentes que es fácil.

⇛ Si el verbo 1 es **pregunta negativa**, el verbo 2 va en INDICATIVO, pero puede ir en SUBJUNTIVO si se cuestiona la información aportada:
¿No comentó que era (fuera) fácil?

Verbos

ACTIVIDAD MENTAL:

acordarse de, adivinar, considerar, creer, entender, imaginar, juzgar, pensar, recordar, soñar...

Pienso que debemos irnos ahora.
No pienso que debamos (debemos) irnos ahora.

COMUNICACIÓN:

alegar, comentar, comunicar, confesar, contar, contestar, declarar, escribir, explicar, jurar, manifestar, murmurar, referir, relatar, revelar, significar...

Le comunicaron que había llegado un telegrama para él.
No le comunicaron que hubiera (había) llegado un telegrama para él.

PERCEPCIÓN:

comprobar, darse cuenta de, descubrir, notar, oír, ver...

Se dio cuenta de que ya no había nadie.
No se dio cuenta de que ya no hubiera (había) nadie.

Los verbos *ver y oír* también se pueden construir con INFINITIVO:

Vieron que llegaba cansada.
La vieron llegar cansada.

EXPRESIONES DE CERTEZA:

ser *cierto, evidente, indudable, manifiesto, obvio, seguro, verdad...;*
estar *claro, demostrado, seguro, visto...*

Es verdad que la han ascendido.
No es verdad que la hayan (han) ascendido.

Está claro que solo hay una alternativa.
No está claro que solo haya (hay) una alternativa.

6.4. OTRAS EXPRESIONES

⇛ *Es que (no)* + INDICATIVO / *No es que (no)* + SUBJUNTIVO:
No es que sea difícil, es que es imposible.

⇛ *El hecho de que, el que, que*: normalmente son seguidas de SUBJUNTIVO, pero es posible el INDICATIVO si el hablante se compromete con la veracidad de lo que se dice:
El hecho de que haya (ha) respondido no es relevante.

EJERCICIOS

Completa las siguientes frases y realiza las transformaciones necesarias.

1. Es indudable que aquí la gente no (tener) .... educación medioambiental.
2. Te confieso que (yo, pensar) .... lo peor.
3. No estaban convencidos de que tú (ser) .... el mejor candidato.
4. No me había dado cuenta de que (entrar) .... nadie.
5. Está claro que (ellos, estafarte) .... El ordenador que te han vendido es de segunda mano.
6. No era verdad que (ellos, hablar) .... mal de ti.
7. ¿No crees que este (ser) .... el mejor momento para invertir?
8. Anoche soñé que (yo, conocer) .... a un actor famoso.
9. No les han comunicado que (ellos, ser cesados) ....
10. No estaba claro que la victoria (ser) .... del otro equipo.
11. No digas que eso no (ser) .... verdad. Es un secreto a voces.
12. Supongo que (tú, darte cuenta) .... de que no está el horno para bollos.
13. Los tres detenidos han declarado que (ellos, ser) .... inocentes.
14. Dicen que el próximo invierno (traer) .... mucha nieve.
15. Es indiscutible que (ellos, hacer).............................. todo lo posible para salvar la situación.
16. Juzgaban que (ser) .... necesario (sanear) .... el sistema político con normas estrictas.
17. No era verdad que (él, hacer) .... todo lo que estaba de su mano para ayudarte.
18. No recuerdo (yo, prometerte) .... acompañarte al circo mañana.
19. Murmuraban (él, intentar) .... siempre arrimar el ascua a su sardina.
20. Está demostrado que tu razonamiento (no tener) .... ni pies ni cabeza.
21. El senador no ha manifestado abiertamente (él, desear) .... (él, retirarse) .... de la vida pública, pero es algo que se ve venir.
22. No es seguro (ellos, poder) .... venir, pero esperamos (nosotros, contar) .... con su compañía.
23. Ya me imaginaba yo (ellos, arrepentirse) .... antes de hacerlo. Siempre que planean algo les pasa lo mismo.
24. El hecho de que (ellos, rechazarme) .... todas las propuestas me tiene desmoralizado.
25. Pero el que (ellos, escucharte) .... indica que al menos tienen interés.
26. No me creo que (ellos, ir a crear) .... nuevos puestos de trabajo.
27. Pues yo lo creo a pie juntillas. El hecho de que (ellos, anunciarlo) .... públicamente lo confirma.
28. Bueno, en realidad, no es que no (yo, creerlo) .... Es que me (parecer) .... demasiado bonito para ser verdad.
29. No es que (yo, no estar) .... contento. Es que (yo, esperarme) .... algo mejor y me siento defraudado.
30. El hecho de que (ellos, invitarte) .... a la celebración no significa (ellos, olvidar) .... el último incidente.

Completa libremente las siguientes frases.

31. He observado que últimamente ....
32. No he observado que ....
33. Es cierto que ....
34. No es seguro que ....
35. Me han comunicado que ....
36. No nos han confirmado que ....
37. Se murmura que ....
38. Hemos notado que ....
39. Está demostrado que ....
40. No da la impresión de que ....
41. No han descubierto que ....
42. El hecho de que ....
43. El que ....
44. Que ....
45. El que ....

Completa adecuadamente las siguientes frases.

46. Estoy harta de (otros, tomar) .... decisiones por mí.
47. Me encantaría (tú, cenar) .... conmigo el sábado.
48. Estamos en contra de (ellos, privatizar) .... la enseñanza pública.
49. Estoy segura de que no (tú, arrepentirse) .... de nada.
50. Intentaré (convencer, a ella) .... para que acepte el puesto, pero no tengo muchas esperanzas.
51. Me encanta (haber) .... aire fresco en las mañanas de verano.
52. No soporta (ellos, boicotear) .... todos sus proyectos.
53. Dice (él, preferir) .... que lo decidamos nosotros.
54. Es importante (vosotros, estar) .... en esa reunión.
55. Han informado que el accidente (tener lugar) .... mientras transportaban los materiales.

Corrige los errores que hay en los verbos de algunas de las siguientes frases.

56. Dice que vengas inmediatamente. ....
57. Dice que viene inmediatamente. ....
58. Siento que estás tan cansado. ....
59. Siento que todavía no te hayas recuperado del accidente. ....
60. ¿Te parece que vayamos a la sierra este fin de semana? ....
61. ¿Te parece que hayas tomado una buena decisión? ....
62. Comprendo que te lo tomas tan mal. ....
63. Parece probable que vengan a la fiesta. ....
64. Parece seguro que vengan a la fiesta. ....
65. Me parece que hoy no estoy en mi mejor momento. ....

PRENSA

Barbarismos

Modernos y elegantes

Julio Llamazares

Desde que las insignias se llaman *pins*, los homosexuales, *gays*; las comidas frías, *lunchs*, y los repartos de cine, *castings*, este país no es el mismo. Ahora es mucho más moderno.

Durante muchos años, los españoles estuvimos hablando en prosa sin enterarnos. Y, lo que es todavía peor, sin darnos cuenta siquiera de lo atrasados que estábamos. Los niños leían tebeos en vez de *comics*, los jóvenes hacían fiestas en vez de *parties*, los estudiantes pegaban *posters* creyendo que eran carteles, los empresarios hacían negocios en vez de *business*, las secretarias usaban medias en vez de *panties*, y los obreros, tan ordinarios, sacaban la fiambrera al mediodía en vez del *catering*. Yo mismo, en el colegio, hice *aerobic* muchas veces, pero como no lo sabía –ni usaba, por supuesto, las mallas adecuadas-, no me sirvió de nada. En mi ignorancia, creía que hacía gimnasia.

Afortunadamente, todo esto ya ha cambiado. Hoy, España es un país rico, y a los españoles se nos nota el cambio simplemente cuando hablamos, lo cual es muy importante. El lenguaje, ya se sabe, es como la prueba del algodón: no engaña. No es lo mismo decir *bacon* que tocino –aunque tenga igual de grasa-, ni vestíbulo que *hall*, ni inconveniente que *handicap*. Las cosas, en otro idioma, mejoran mucho y tienen mayor prestancia. Sobre todo en inglés, que es el idioma que manda.

Desde que Nueva York es la capital del mundo, nadie es realmente moderno mientras no diga en inglés un mínimo de cien palabras. Desde ese punto de vista, los españoles estamos ya completamente modernizados. Es más, creo que hoy en el mundo no hay nadie que nos iguale. Porque, mientras en otros países toman solo del inglés las palabras que no tienen –bien porque sus idiomas son pobres, cosa que no es nuestro caso, o bien porque pertenecen a lenguajes de diferente creación, como el de la economía o el de la informática–, nosotros, más generosos, hemos ido más allá y hemos adoptado incluso las que no nos hacían falta. Lo cual demuestra nuestra apertura y nuestra capacidad para superarnos.

Así, ahora, por ejemplo, ya no decimos bizcocho, sino *plum-cake*, que queda mucho más fino, ni tenemos sentimientos, sino *feelings*, que es mucho más elegante. Y de la misma manera, sacamos *tickets*, compramos *compacts*, usamos *kleenex*, comemos *sandwichs*, vamos al *pub*, quedamos *groggies*, hacemos *rappel* y, los domingos, cuando salimos al campo –que algunos, los más modernos, lo llaman *country*–, en lugar de acampar como hasta ahora, *vivaqueamos* o hacemos *camping*. Y todo ello, ya digo, con la mayor naturalidad y sin darnos apenas importancia.

Obviamente, esos cambios de lenguaje han influido en nuestras costumbres y han cambiado nuestro aspecto, que ahora es mucho más moderno y elegante. Por ejemplo, los españoles ya no usamos calzoncillos, sino *slips*, lo que nos permite marcar paquete con más soltura que nuestros padres; ya no nos ponemos ropa, sino marcas; ya no tomamos café, sino *coffee*, que es infinitamente mejor, sobre todo si va mojado, en lugar de con galletas, que es una vulgaridad, con cereales tostados. Y cuando nos afeitamos nos ponemos *after-shave*, que aunque parezca lo mismo, deja más fresca la cara.

En el plano colectivo ocurre exactamente lo mismo que pasa a nivel privado: todo ha evolucionado. En España, por ejemplo, hoy la gente ya no corre: hace *jogging* o *footing* (depende mucho del chándal y de la impedimenta que se le añada); ya no anda, ahora hace senderismo; ya no estudia: hace *masters*; ya no aparca: deja el coche en el *parking*, que es mucho más práctico. Hasta los suicidas, cuando se tiran de un puente, ya no se tiran. Hacen *puenting*, que es más *in*, aunque, si falla la cuerda, se matan igual que antes.

Entre los profesionales, la cosa ya es exagerada. No es que seamos modernos; es que estamos ya a años luz de los mismísimos americanos. En la oficina, por ejemplo, el jefe ya no es el jefe, es el *boss*, y está siempre reunido con la *public-relations* y el asesor de imagen o va a hacer *business* a *Holland* junto con su secretaria. En su maletín de mano, al revés que los de antes, que lo llevaban repleto de papeles y latas de fabada, lleva tan solo un teléfono y un *fax-modem* por si acaso. La secretaria tampoco le va a la zaga. Aunque seguramente es de Cuenca, ahora ya no lleva agenda ni confecciona listados. Ahora hace *mailings* y *trainings* –y *press-books* para la prensa–, y cuando acaba el trabajo va al gimnasio a hacer *gim-jazz* o a la academia de baile para bailar sevillanas. Allí se encuentra con todas las de la *jet*, que vienen de hacerse *liftings*, y con alguna *top-model* amante del *body-fitness* y del *yogourt* desnatado. Todas toman, por supuesto, cosas *light*, y ya no fuman tabaco, que ahora es una cosa *out*, y cuando acuden a un *cocktail* toman *bitter* y *roastbeef*, que, aunque parezca lo mismo, es mucho más digestivo y engorda menos que la carne asada.

En la televisión, entre tanto, ya nadie hace entrevistas ni presenta, como antes un programa. Ahora hacen *interviews* y presentan *magazines*, que dan mucha más prestancia, aunque aparezcan los mismos y con los mismos collares. Si el presentador dice mucho *O.K.* y se mueve todo el rato, al *magazine* se le llama *show* –que es distinto de espectáculo–, y si este es un *show heavy*, es decir, tiene carnaza, se le adjetiva de *reality* para quitarle la cosa cutre que tendría en castellano. Entre medias, por supuesto, ya no nos ponen anuncios, sino *spots*, que, aparte de ser mejores, nos permiten hacer *zapping*.

En el deporte del *basket* –que antes era el baloncesto–, los *clubs* ya no se eliminan, sino que juegan *play-offs*, que son más emocionantes, y a los participantes se les llama *sponsors*, que para eso son los que pagan. El mercado ahora es el *marketing*; el autoservicio, el *self-service*; el escalafón, el *ranking*; el solomillo, el *steak* (incluso aunque no sea tártaro); la gente guapa, la *beautiful*, y el representante, el *manager*. Y desde hace algún tiempo, también los importantes son *vips*; los auriculares, *walk-man*; los puestos de venta, *stands*; los ejecutivos, *yuppies*; las niñeras, *baby-sitters*, y los derechos de autor, *royalties*. Hasta los pobres ya no son pobres, sino *homeless*.

Para ser ricos del todo y quitarnos el complejo de país tercermundista que tuvimos algún tiempo y que tanto nos avergonzaba, solo nos queda ya decir *siesta* –la única palabra que el español ha exportado al mundo, o que dice mucho a favor nuestro– con acento extranjero.

El País

- **carnaza:** carnada, cebo.
- **fiambrera:** cacerola con tapa ajustada que sirve para llevar la comida fuera de casa.
- **impedimenta:** bagaje que suele llevar la tropa.
- **prestancia:** excelencia.

ACTIVIDADES

1. **¿Qué intenta demostrar el autor con su razonamiento? ¿En qué se observa la ironía del artículo?**

2. **Halla y clasifica las estructuras sustantivas.**

3. **Busca la palabra española para cada uno de los anglicismos que hay en el artículo.**

4. **Observa cómo para adoptar términos nuevos el autor utiliza el verbo *hacer*, presente en numerosas expresiones. Usa correctamente las que te ofrecemos en las frases que siguen.**

hacer borrón y cuenta nueva
hacer castillos en el aire
hacer de tripas corazón
hacer la cama a alguien
hacer la pascua
hacer leña del árbol caído
hacer la rosca

a. No pienses más en el robo. Debes hacer .... y seguir adelante.

b. Ya sabemos que merecía esa sanción por su absentismo laboral, pero no hay que .... sino ayudarle a superar esta crisis.

c. Su jefe siempre le está haciendo .... Cada vez que programa un viaje encuentra para él una tarea ineludible y se queda en tierra.

d. No necesito que me hagas .... Con pedirme el coche directamente es suficiente, ya sabes que no tengo problema en prestártelo.

e. A los idealistas nos encanta hacer .... Si las cosas después salen mal, que nos quiten lo bailado.

f. Cuando la invitaron a tomarse unos días de vacaciones no se dio cuenta de que le estaban haciendo .... Al volver se encontró a otra persona en su puesto.

g. Vale, olvidaré esta discusión. Hagamos ....

5. **Explica las siguientes expresiones.**

- La prueba del algodón: ....
....
- Por si acaso: ....
....
- Tampoco le va a la zaga: ....
....
- Aparezcan los mismos y con los mismo collares: ....
....
- La cosa cutre: ....
....

6. **¿Cuáles pueden ser las causas de esa invasión de barbarismos? ¿Crees que enriquecen la lengua o, por el contrario, la empobrecen? Escribe tus razonamientos.**

AL SON DE LOS POETAS

No quiero

[6]

Lee atentamente el texto, e intenta completar libremente los espacios en blanco con formas verbales adecuadas. Después, escucha la canción, y corrígelas si fuera necesario.

No quiero
que los besos se ....
ni la sangre se ....
ni se .... la brisa
ni se .... el aliento
que .... frío en las casas
que .... miedo en las calles
que .... rabia en los ojos.
No quiero
que en los labios se .... mentiras,
que en las arcas se .... millones,
que en la cárcel se .... a los buenos,
que el labriego .... sin agua,
que el marino .... sin brújula,
que en la fábrica no .... azucenas,
que en la mina no .... la aurora,
que en la escuela no .... el maestro.

No quiero
que las madres no .... perfumes,
que las mozas no .... amores,
que los padres no .... tabaco,
que a los niños les .... los Reyes
camisetas de punto y cuadernos.

No quiero
que la tierra se .... en porciones,
que en el mar se .... dominios,
que en el aire se .... banderas,
que en los trajes se .... señales,
que mi hijo ...., que los hijos de madre ....
con fusil y con muerte en el hombro;
que jamás se .... fusiles,
que jamás se .... fusiles.

Angela Figuera Aymerich

No quiero
que me .... Fulano y Mengano,
que me .... el vecino de enfrente,
que me .... carteles y sellos,
que .... lo que es poesía.

No quiero .... en secreto,
no quiero .... en secreto,
no quiero .... en secreto,
no quiero que me .... la boca
cuando digo NO QUIERO.

La poeta

Ángela Figuera, nacida en Bilbao en 1902, es una de las primeras mujeres que en España estudia Bachillerato y luego la carrera de Filosofía y Letras. Los poetas románticos y modernistas son sus lecturas primeras, y entre sus modelos están Juan Ramón Jiménez, Antonio Machado y Pablo Neruda. La religiosidad de su hogar habrá de proyectarse con fuerza en toda su poesía, que a menudo adquiere forma de oración o plegaria. Su talante alegre y entusiasta se ensombrece con el drama colectivo de la Guerra Civil; da a luz entre bombas, su marido es encarcelado y ella, como muchos otros docentes republicanos, ve prohibida su actividad como profesora. A fines de los años cuarenta entabla amistad con el poeta vasco Blas de Otero, a cuyas tertulias acudiría también Gabriel Celaya. Tras la publicación *Toco la tierra. Letanías* (1962), va abandonando la vida pública y se repliega en su universo familiar. Enferma del corazón y del pulmón, muere en 1984. Impetuosos y apasionados, sus versos enlazan el humanismo y el compromiso con una presencia constante de la temática femenina. La tierra, con todas sus connotaciones de fertilidad y permanencia, es su emblema central.

El poema

"No quiero" pertenece al libro *Toco la tierra*. Se trata de un poema reivindicativo, uno de los que más fama le han dado a la autora. Leopoldo de Luis lo incluyó en su célebre antología *Poesía social española contemporánea*, de 1965. Este fue el último poema que ella leyó en público, en un acto que tuvo lugar en la Casa de Campo, y su contenido se asimila al lema "pan y rosas": además del derecho a la justicia, el derecho a la felicidad.

Vocabulario

A partir de las claves que te aportamos, halla los vocablos correspondientes en el poema y construye su definición, según el modelo.

a. AGITAR

mover / fuerza / rapidez

Mover algo con fuerza y rapidez.

b.

repiración / aire, expulsar, boca / vaho

c.

caja / grande, resistente, madera / guardar cosas, valor / arcón, baúl

d.

flor / blanca, olorosa

e.

viento / suave, agradable / especialmente zonas costeras

f.

aparato, instrumento / aguja, imán, girar, señalar, dirección, norte, esfera

g.

ordenar, decidir, ley

h.

marchar, tropas, formación, ante superior o público

i.

lugar, donde, alguien, ejercer autoridad máxima / territorio, mismo mando

j.

husmear / curiosear / querer, enterarse, asuntos, otras personas

k.

campesino, labrador / persona, trabajar, tierra

l.

hombre / joven, soltero

Comprensión

Reflexiona sobre el poema:

a. Intenta explicar la relación entre los primeros versos y el derecho a vivir en paz.

b. Busca un pasaje del poema que pueda relacionarse con el lema reivindicativo de las manifestaciones que a principios del siglo XX reclamaban "pan y rosas".

c. ¿Quiénes son los Reyes? ¿Por qué han de regalar a los niños camisetas y cuadernos?

d. ¿Quiénes son Fulano y Mengano? Te damos pistas.

- según una hipótesis, *Fabulano* y *Statano* eran dioses de los muchachos, el primero enseñaba a hablar y el segundo a andar. De ahí vienen *Fulano* y *Zutano*, referido a personas imaginarias.
- según otra hipótesis más aceptada, *fulano* proviene del árabe *fulân*, "un tal", y *mengano* procede del árabe *man kân*, que significa 'cualquiera'.

Expresión

- **Resume el poema con tus palabras.**
- **¿Crees que el poema es un manifiesto? Redacta tú uno con tus propias reivindicaciones. Busca otros ejemplos.**

Léxico

- **En el poema aparecen palabras que expresan relaciones familiares: padre, madre, hijo. Intenta explicar las siguientes relaciones de parentesco, y construye después tu propio árbol genealógico.**

MODELO: *Mi sobrino es el hijo de mi hermano.*

Abuelo/a	Concuñado/a ....
Bisabuelo/a	Suegro/a ....
Tatarabuelo/a	Consuegro/a ....
Cuñado/a	Hermano/a ....
Sobrino/a	Yerno ....
Nieto/a	Nuera ....
Padrastro	Tío/a ....
Madrastra	Familia política ....

- **En el poema aparecen diversas prendas de ropa (*camisetas, trajes*). Escoge, del siguiente ropero imaginario, lo que necesitas para ir el sábado a la playa por la mañana, a jugar al tenis por la tarde y a la ópera por la noche. Inventa otras situaciones y elige un vestuario.**

• Frac	• Gabardina	• Bata	• Vestido	• Bufanda	• Camisón
• Pareo	• Poncho	• Zapatos	• Sudadera	• Chaquetón	• Bermudas
• Pajarita	• Sandalias	• Zapatillas	• Camisa	• Chaleco	• Botas
• Corbata	• Bikini	• *Slip*	• Calcetines	• Cazadora	• Abrigo
• Falda	• Leotardos	• Minifalda	• Rebeca	• Blusa	• Chándal
• Pantalones	• Pijama	• Jersey	• Trenca	• Sujetador	• Gorra
• Medias	• Tanga	• Traje	• Camiseta	• Guantes	• Tirantes

Modismos

- **Las expresiones en cursiva incluidas en las siguientes frases se construyen con palabras que se hallan en el poema; búscalas, te damos la primera y la última letra. Después deduce su significado.**

1. **P_ _ _R**

- No les han concedido el préstamos, así que tendrán que .... *a toca teja.*
- Siempre nos toca .... *los platos rotos*, aunque no tengamos la culpa.
- Como no les invitaron a su boda, ellos les .... *con la misma moneda.*

2. **A_ _E**

- Su mujer está de vacaciones en la playa con los niños, así que ha pensado en *echar una cana al* .... este fin de semana.
- La verdad es que es un Don Nadie, pero le gusta *darse* ....*s.*

3. V _ R

- El otro día me di un golpe en la frente con la hoja de la ventana y .... *las estrellas.*

4. M _ _ _ _ _ O _ E E _ _ _ _ _ _ A

- Cuando era joven la situación era muy crítica, y *pasó más hambre que un* ....

5. M _ _ _ E

- No quieren pedir subvenciones porque tendrían que entregar muchos papeles legales, y no los tienen en regla. Ahí está *la* .... *del cordero.*
- Con tantas copas, al final *se salieron de* .... y acabaron haciendo tonterías.

6. P _ _ _ E

- Como le han tocado cien millones en la lotería, ahora *se da la vida* ....
- Anoche unos gamberros tiraron piedras a unos escaparates y se armó un escándalo *de* .... *y muy señor mío.*

7. T _ _ _ _ A

- Cuando estaba aquí no le daban trabajo, pero desde que se fue al extranjero a trabajar, se ha consagrado como un actor de primera; *nadie es profeta en su* ....

8. H _ _ _ _ O

- Desde que está estudiando para esa oposición solo vive para el examen, y todo a su alrededor *anda manga por* ....

9. C _ _ _ _ R

- Como el vecino vuelva a ensayar con el violín a las tres de la mañana voy a .... *le las cuarenta.*
- Hacer buenas fotos con esa cámara es muy fácil, *es coser y* ....

10. D _ _ _ R

- Sabe que no tiene ningún derecho a quejarse más, así que lo .... *con la boca pequeña.*
- No voy a tolerar que vuelva a llevarse el coche sin avisarme. Voy a .... *le cuatro cosas* ahora mismo.

El verbo *tener*, frecuente en el poema, puede usarse para construir numerosas expresiones coloquiales. Busca en la columna de la derecha el significado de las que siguen. Después, úsalas adecuadamente en frases de tu invención.

1. No tener abuela	**A**. Se refiere a una persona que come mucho.
2. Tener bemoles	**B**. Traer mala suerte.
3. Tener buen saque	**C**. Molestar constantemente y agotar la paciencia.
4. Tener siete vidas	**D**. Ser difícil o atrevido.
5. Tener padrino, tener enchufe	**E**. Ser quien controla la situación, quien tiene la autoridad en algo.
6. Tener a alguien entre ceja y ceja	**F**. Se refiere irónicamente a quien habla de sí mismo sin modestia.
7. Tener la sartén por el mango	**G**. Fingir o exagerar problemas, con fantasía y charlatanería, para lograr determinados fines o dar lástima.
8. Tener mala sombra	**H**. Salir sin daño de situaciones peligrosas.
9. Tener frito a alguien	**I**. Tener alguien protectores que le consiguen con sus influencias favores especiales.
10. Tener más cuento que Calleja	**J**. Tener manía a alguien.

MANOS A LA OBRA

A continuación, tienes el comienzo de un poema del ecuatoriano Jorge Enrique Adoum, titulado "Prohibido fijar carteles". Inventa un final para él. Luego explica con tus palabras las prohibiciones que están en mayúsculas. Utiliza las estructuras estudiadas en esta unidad.

MODELOS:

*Los carteles **prohíben** que la gente **fume**.*
*Los letreros **indican** que no se **puede** fumar.*

Despiertas casicadáver cuando el reloj lo ordena,
el día no te espera, hay tanto capataz que mide
el milímetro del centavo que se atrasa por ti,
bebes el café que quedó de ayer y sales
consuetudinario, PROHIBIDO CURVAR A LA IZQUIERDA,
y casi, PROHIBIDO PISAR EL CÉSPED, pisas el césped
porque ibas a caerte, luego avanzas, ciudadano
y durable, PROHIBIDO CRUZAR, sin saber para qué lado
ir ni para qué, PROHIBIDO ESTACIONARSE, porque no puedes
parar la maquinaria infatigable con tu dedo
solo porque te entró una astilla en el alma,
OBEDEZCA AL POLICÍA, así es más fácil, saluda,
di que sí, que bueno, PROHIBIDO HABLAR CON EL CONDUCTOR,
y quitándote dócilmente el sombrero estupefacto,
PÓNGASE EN LA COLA, anuncia tu hereje necesidad
de trabajar en lo que fuese, NO HAY VACANTES,
tal vez el año próximo por la tarde, pero no te dejan
dejar para mañana lo que puedes morir hoy
y aguantas y volverás cuando te llamen...

DEBATE

Ángela Figuera defiende en "No quiero" la paz y el humanismo, en un contexto crispado por la problemática sociopolítica. Otros creen, por el contrario, que para tener paz hay que preparar la guerra, como decían los latinos: *si vis pacem para bellum*. ¿Defenderías hoy las mismas ideas? Conversa con tus compañeros y razona tu respuesta.

Vocabulario

A continuación tienes los significados de diversas palabras del texto. Completa estas últimas con las vocales que faltan.

_ LM _ D _ N _ R

- Mojar la ropa blanca con almidón antes de plancharla, para darle apresto.

_ ST _ Ñ _

- Metal blanco, ligero, muy maleable, que se alea con cobre para producir bronce.

C _ NM _ V _ R

- Producir compasión o impresión, perturbar, afectar, alterar, enternecer.

_ NT _ RN _ R

- Cerrar algo de manera incompleta.

BR _ NC _

- Metal que se forma con cobre y estaño.

FR _ G _ _

- Taller donde los metales son trabajados a fuego. También se llama así al fogón donde se calientan los metales para forjarlos.

N _ RD _

- Flor blanca de perfume muy intenso.

P _ L _ S _ N

- Armazón que antiguamente se colocaban las mujeres en la cintura para aumentar por detrás el volumen de la falda.

V _ L _ R

- Quedarse despierto durante la noche para acompañar a un difunto, en señal de afecto y respeto.

L _ BR _ C _

- Que muestra lujuria.

Y _ NQ _ _

- Bloque de hierro, normalmente acabado en punta, usado para forjar metales sobre él con un martillo.

Z _ M _ Y _

- Rapaz nocturna, de plumaje gris claro con manchas leonadas, finas listas y adornos negros con puntas blancas. Mide unos veintiún centímetros de longitud, de los que siete corresponden a la cola, semirredondeada. Tiene las alas y las patas largas, y su pico es corto, muy curvado hacia la base y oculto en parte por las plumas.

Comprensión

Reflexiona sobre el significado de las siguientes expresiones.

a. *Con su polisón de nardos.* (¿Por qué se identifican los nardos con la luna?)

b. La luna danza en el aire conmovido. (¿Qué relación hay entre la luna y el aire?)

c. Los gitanos harían adornos con la luna en su fragua. (¿De qué metal está hecha la luna?)

d. El niño oye los caballos de los gitanos. (¿Qué simboliza este animal?)

e. El polisón de la luna está almidonado. (¿Qué época te sugiere esta vestimenta?)

f. El jinete se acerca y su galope resuena en el llano como un tambor. (¿Qué evoca esa música trepidante y sombría?)

g. Se repite la idea de los ojos cerrados o entornados. ¿Por qué?

h. El olivar simboliza la paz y la fertilidad. Piensa en su función aquí.

i. ¿Qué puede significar el canto de la zumaya?

Expresión

- **Cuenta, en pasado, la historia contenida en el poema.**
- **Explica el significado de los gitanismos: *chaval, chungo, mangante, menda, pirarse, currar* y *camelar*.**

Léxico

- **Aparece en el poema una alusión al sonido que produce el caballo, *relincho*. A continuación, tienes los verbos que corresponden a otros animales. Relaciona las dos columnas. Intenta imitar estos sonidos.**

1. cacarear •	• **A**. burro
2. cantar •	• **B**. perro
3. ronronear •	• **C**. león
4. ladrar •	• **D**. cuervo
5. maullar •	• **E**. rana
6. arrullar •	• **F**. vaca
7. piar •	• **G**. paloma
8. graznar •	• **H**. yegua
9. croar •	• **I**. gallo
10. balar •	• **J**. gato
11. rugir •	• **K**. gallina
12. rebuznar •	• **L**. caballo
13. mugir •	• **M**. oveja
14. relinchar •	• **N**. pájaro

- **Busca palabras de la canción que pertenezcan a las siguientes familias.**

1. .... amapola / jazmín / geranio
2. .... refajo / enagua / camisón
3. .... cobre / plomo / níquel
4. .... reloj / anillo / pulsera
5. .... trompeta / acordeón / flauta
6. .... alameda / hayedo / viñedo
7. .... cuervo / búho / cóndor

Modismos

- **En el poema de Lorca aparece la expresión *dar gritos*. Hay muchas otras expresiones construidas con *dar*. Halla las de este crucigrama. Luego, completa las frases.**

Horizontal

1. **Dar el** ....: llamar la atención.
2. **Dar en el** ....: acertar.
3. **Dar** .... **por liebre**: engañar.
4. **Dársela a uno con** ....: tomar el pelo.

Vertical

1. **Dar** .... **de ciego**: actuar a tientas, sin saber bien lo que se hace.

V	R	D	U	T	E	O	M
N	O	I	Ñ	V	O	M	I
G	P	E	E	U	L	S	U
C	A	N	T	E	R	U	B
S	L	T	C	L	A	V	O
N	O	E	A	T	O	E	L
B	S	S	G	A	T	O	A
I	Q	U	E	S	O	E	N

2. **Darse con un canto en los** ....: conformarse con algo que podía haber sido mucho peor.
3. **Dar cien** .... **a alguien**: ser muy superior.
4. **No dar pie con** ....: equivocarse constantemente.

● **Completa.**

1. Se cree el mejor, pero cualquiera le da............................
2. Le gusta dar ....; hoy ha venido con el pelo azul.
3. Eso es justamente lo que quería decir. Has dado ....
4. Ha comprado un cuadro creyendo que era original, pero le han dado ....
5. Hemos estado dos semanas intentando arreglar el correo electrónico, pero solo damos ....
6. Esta asignatura es muy difícil. Si logro al menos aprobarla, me daré ....
7. Nos han citado a las diez de la noche, pero no ha venido nadie. Nos la han dado ....
8. Anoche estuvo de copas hasta tarde, y hoy no da ....

● **Te ofrecemos otras expresiones para que completes con ellas las frases que siguen.**

dar en la cresta	dar la cara
dar mala espina	dar la nota
dar la talla	dar palos de ciego
dar calabazas	dar rienda suelta
dar carta blanca	dar esquinazo
dar de lado	dar por sentado

1. No deberían encargarle esa tarea tan complicada. No creo que pueda dar ....
2. El fugitivo estuvo a punto de ser atrapado, pero al final dio .... a sus perseguidores.
3. Te daremos .... en el asunto. Tienes plena libertad para llevarlo adelante como mejor te parezca.
4. Tiene muy poco éxito con las chicas. Al final todas acaban dándole.................................
5. Siempre ha tenido una actitud arribista en la empresa, pero le han dado .... cuando han nombrado subdirector a su peor enemigo.
6. No es bueno controlarse tanto. Hay que dar .... a los sentimientos.
7. Llamar la atención es su mayor debilidad. Le encanta dar...............................
8. Está muy deprimido. Le han dado .... incluso sus mejores amigos.
9. Me da .... que estén tan callados. Seguro que están tramando algo.
10. No te puedes escaquear. Si no das .... , las consecuencias serán mucho peores.
11. Estamos muy desorientados. Llevamos mucho tiempo dando .... y sin llegar a ninguna conclusión satisfactoria.
12. Es injusto que hayan tomado una decisión sin preguntar nuestra opinión y dando .... que nos parecería bien.

Las palabras de la primera columna pueden tener un sentido metafórico en el lenguaje coloquial. Relaciona cada una de ellas con su significado adecuado en la segunda columna.

1. bestia •	• **A**. transistor
2. borrego •	• **B**. guardaespaldas
3. burro •	• **C**. bruto
4. buitre •	• **D**. imbécil
5. cacatúa •	• **E**. sin personalidad, gregario
6. besugo •	• **F**. aprovechado, gorrón
7. ganso •	• **G**. persona aparentemente inofensiva, pero dañina
8. gallinero •	• **H**. tacaño
9. gorila •	• **I**. localidades más altas (y baratas) del teatro
10. loro •	• **J**. vago
11. perras •	• **K**. cobarde
12. rata •	• **L**. mujer vieja, fea o ridícula
13. mosquita muerta •	• **M**. persona poco inteligente
14. gallina •	• **N**. dinero

Utiliza las expresiones que te ofrecemos para completar las frases.

no ver tres en un burro	poner la carne de gallina
marear la perdiz	llevarse el gato al agua
como el perro y el gato	matar el gusanillo
ser más lento que el caballo del malo	quedarse pajarito
sonrisa de conejo	subírsele el pavo a alguien
ser una fiera	como pez en el agua

1. Ponte un abrigo o ....
2. Es muy hipócrita y siempre saluda con ....
3. Aunque son hermanos, siempre están ....
4. Anda enamorada de él. Cada vez que lo ve ....
5. A ver si terminas ya, que ....
6. Por favor, tráeme las gafas, que ....
7. Deja de .... y vete al grano, que no tenemos mucho tiempo.
8. Siempre que discute quiere ser él quien .... No soporta que le lleven la contraria.
9. Aunque es temprano, yo ya tengo hambre. Podríamos tomar un aperitivo para ....
10. Le encantan los niños. Con ellos se encuentra ....
11. Lo acabará en seguida; ya sabes que es ....
12. Cuando informaron de la tragedia ....

MANOS A LA OBRA

Elegid situaciones por parejas, y construid diálogos. Podéis usar el léxico coloquial antes anotado. Si sois impares, en la última situación encontraréis un diálogo de tres personajes.

EL LADRÓN Y LA VÍCTIMA

El ladrón
Eres un navajero y quieres que te den el dinero y el reloj. No te gusta robar, pero estás muy desesperado.

La víctima
Inventas una escena patética para conseguir que sea el ladrón quien te ayuda a ti.

EL HUMANO Y EL EXTRATERRESTRE

Humano
La primera vez que ves al extraterrestre corres, pero después hablas con él y le explicas la vida en la tierra.

Extraterrestre
Debes convencer al humano de que no eres peligroso y quieres ser su amigo. Quieres conocer la vida humana: sus costumbres, sus sentimientos...

EL ESTAFADOR Y EL CLIENTE

Estafador
Vas de puerta en puerta intentando vender una máquina de tu invención que sirve para muchas cosas.

Cliente
Sabes que quiere estafarte, pero te haces el ingenuo y buscas la manera de estafarlo tú a él para darle una lección.

EL MÉDICO Y EL PACIENTE

Paciente
Eres completamente hipocondríaco, todo lo relacionas con enfermedades, estás obsesionado.

Médico
Estás cansado de las visitas de este paciente, está más sano que un guante y te hace perder mucho tiempo. Tienes que idear una estratagema para quitarle de la cabeza sus manías.

EL VIEJO Y EL JOVEN

Viejo
Ves a un muchacho de quince años que se acerca a pedirte fuego para encender su cigarrillo. A ti te asombra que fume desde tan joven e intentas convencerlo de que no lo haga. Te quejas de que en tus tiempos la juventud no estaba tan "pervertida".

Joven
Tú crees que ese señor es un anticuado y que se está metiendo donde no lo llaman. No le haces caso.

El marido y la mujer

Marido
Has llegado a las tres de la mañana a casa, con signos de haber bebido, y tienes pelos rubios en la camisa. Intenta convencer a tu mujer de que has estado en una cena de negocios.

Mujer
Te parece que tu marido ha echado una cana al aire. Estás muy enfadada y quieres discutir.

El empleado y el jefe

Empleado
Llegas tardísimo y sabes que tu jefe es muy quisquilloso. Inventas historias sorprendentes para intentar justificar tu demora.

Jefe
Estás harto de ese empleado, pero es muy eficiente y no quieres perderlo. Le llamas la atención para resolver la situación.

La madre, el niño y la dependienta

Madre
Vas al supermercado con tu niño de cinco años y, cuando vas a pagar en caja, la dependienta te acusa de haber robado una barra de chocolate, que tu hijo se está comiendo. No te queda dinero para pagarla y te inventas una historia.

Niño
Te niegas en redondo a devolver el chocolate, te está sabiendo a gloria.

Dependienta
Crees que esa señora es una fresca y que ha robado el chocolate intencionadamente, usando al niño. Crees que te lo debe pagar y no quieres que te lo devuelva.

DEBATE

- **Los poemas del *Romancero gitano* tienen un referente real: la opresión de esa raza en Andalucía, representada por la guardia civil, a la que Lorca critica. Sobre su visión lorquiana de los gitanos comenta el novelista Paco Umbral: "La atracción de Lorca por los gitanos puede explicarse a diferentes escalas de profundidad. He aquí algunas de ellas, quizá las fundamentales: atracción por el esoterismo de la raza; atracción puramente sexual; simpatía reivindicativa, vagamente políticosocial, por una raza postergada (...) Seguramente, todas estas razones, y otras muchas, irrazonables en su mayoría, irracionales algunas, se anillan unas a otras en el gitanismo de Lorca". Aún hoy se trata de un grupo marginado. Conversa con tus compañeros sobre la discriminación racial en el mundo actual.**

OCTAVA UNIDAD

8

Oraciones adverbiales I: condicionales, temporales y concesivas

SITUACIONES

Identifica las expresiones concesivas, temporales y condicionales presentes en las siguientes frases. Después, crea otras del mismo tipo.

No cederá, por mucho que insistas.

Dicen que está muy desanimado. De haberlo sabido, lo habría llamado.

Como no se calle, me voy a volver loca.

Al llegar se encontró la casa en llamas.

GRAMÁTICA

8.1. CONDICIONALES

Expresan una condición cuyo cumplimiento es necesario para la realización de la acción del verbo del que dependen.

⇒ INDICATIVO

- ***Que... que, si... que, que... si***: estructuras disyuntivas con valor condicional (*uso coloquial*).
  Que hacía sol, íbamos a la playa; que hacía mal tiempo, nos íbamos de excursión.
  Que te gusta el vestido, te lo quedas; si no, lo devuelves y no pasa nada.

⇒ INFINITIVO

- **De** + INFINITIVO SIMPLE O COMPUESTO: condición improbable.
  De saberlo, actuaría de otra manera (=si lo supiera).
  De haberlo sabido, habría venido en seguida (=si lo hubiera sabido).

⇒ SUBJUNTIVO

- ***Siempre que, siempre y cuando, a condición de que, en caso de que***: condición.
  Te prestará la bicicleta, siempre que se la cuides.
  Te escribiré, siempre y cuando me prometas responder a mi carta.
  Aceptaremos a condición de que nos hagan un contrato formal.
  En caso de que no haya donde aparcar, avísame para abrirte el garaje.
- ***A no ser que, a menos que, excepto que, salvo que***: condición negativa.
  Iremos al cine, a no ser que se te ocurra (=si no se te ocurre) algo mejor que hacer.
  Mañara firmará, a menos que (excepto que, salvo que) haya cambiado de opinión (=si no ha cambiado...).
- ***Mientras***: condición + idea de duración.
  Mientras no te arrepientas, todo irá bien.
- ***Como***: condición + idea de amenaza o deseo.
  Como no llegue pronto, comenzaremos sin él.
  Como me haya llegado ya su carta, me voy a alegrar un montón.
- ***A cambio de que***: condición + idea de intercambio.
  Liberó a los secuestrados a cambio de que le permitieran salir libremente del país.

⇒ INDICATIVO/SUBJUNTIVO

- ***Si***
  - INDICATIVO: expresa acción probable, y va seguido de un verbo que expresa acción pasada, presente o atemporal (nunca verbos en futuro o condicional: **si vendrá*, **si vendría*):
    Si lo quieres, puedes quedártelo/lo conseguirás/quédatelo/deberías quedártelo.
    Si ha llegado, avísame/me llamará/no ha habido retraso en el vuelo.
    Si estaba cansado, no le apetecería hacer nada/seguramente no se fijó en lo que le dijiste.
    Si había llegado, eso significa que el vuelo había sido puntual.
  - SUBJUNTIVO (imperfecto, pluscuamperfecto)
    Expresa una acción improbable o ya imposible. No se usa con presente (**si venga*) ni

pretérito perfecto (*si haya venido*):

- IMPERFECTO: presente o futuro improbable. El otro verbo puede ir en condicional simple o compuesto, pretérito imperfecto de indicativo.
  Si lo supiera, te lo diría/te lo habría dicho/te lo decía (coloq.).
- PLUSCUAMPERFECTO: pasado ya imposible. El otro verbo puede ir en condicional simple, pretérito imperfecto, condicional compuesto (indicativo) y pluscuamperfecto de subjuntivo.
  Si hubiera venido, te lo diría/te lo decía (coloq.)/te lo habría dicho/te lo hubiera dicho.

- ***Por si***
  Con el mismo comportamiento que el grupo anterior. Añade a la condición un matiz causal.
  Lleva tú algunos discos a la fiesta, por si a Daniel se le olvida/olvidara.
- ***Salvo si, menos si, excepto si***: condición negativa.
  Siempre te brindaremos todo nuestro apoyo, salvo si (excepto si, menos si) nos traicionas/traicionaras.

⇒ **SUBJUNTIVO** (diferente sujeto)/**INFINITIVO** (mismo sujeto)

- ***Con (que)***: idea de condición mínima.
  Con participar me conformo.
  Con que me dejen participar me conformo.

EJERCICIOS

Completa las siguientes oraciones adecuadamente.

1. De (ser) .... verdad lo que se rumorea, tu amigo es un estafador.
2. No te adelantes a los acontecimientos. Que (ellos, no llamarte) .... a filas, no pasa nada; que (ellos, llamarte) .... , ya tendrás tiempo de preocuparte entonces.
3. Si alguien (decirme) .... que esto ocurriría, nunca lo habría creído.
4. Llévate el botiquín a la excursión por si (hacerte) .... falta.
5. Como (tú, volver) .... a decirme que no te atreves a hablar con él me voy a enfadar.
6. Le indicaron que sería suficiente con que (él, ajustar) .... un poco las clavijas.
7. Aceptaremos ceder en algunos aspectos, siempre y cuando (ellos, hacer) .... lo mismo.
8. Nos permitieron entrar al lugar fuera de horas de visita a condición de que no (nosotros, comentar) .... nada.
9. Te prestaré la bicicleta a cambio de que (tú, ayudarme) .... en mis tareas de matemáticas.
10. En caso de que el ordenador (volver) .... a fallar, deberías llamar a un técnico.
11. Dijo que daba por terminada la reunión, a menos que alguien (tener) .... algo que añadir.
12. Si (tú, querer) ...., podrías tenerlo todo.
13. No habrá ningún problema, excepto si los *microfilms* no (llegar) .... a tiempo.

14. Nos garantizaron que cumplirían el trato, a menos que (haber) .... una causa mayor que lo impidiera.
15. Te apoyamos mientras (tú, ser) .... consecuente con la decisión que has tomado.

Forma frases condicionales a partir de las siguientes ideas. Sigue el modelo.

16. yo tener más suerte/no pasarme esto.
Si yo tuviera más suerte, no me habría pasado esto.
17. vosotros haber terminado/vosotros poder abandonar el aula.
....
18. tú delatarnos/nosotros no volver a dirigirte la palabra.
....
19. tú estar cómodo, tú quedarte/tú estar a disgusto, tú irte.
....
20. ellos hacer bien el 50% del examen/ellos aprobar.
....
21. nosotros pintar la verja/tú prepararnos una buena merienda.
....
22. tú seguir así/tú perder a todos tus amigos.
....
23. nosotros volver a ayudarte/ser la última vez que te metes en líos.
....
24. tú estar de acuerdo/ nosotros celebrar juntos nuestro cumpleaños.
....
25. vosotros llamar otra vez/él ya haber llegado.
....
26. yo seguir creyendo en él/él no decepcionarme.
....
27. tú contarnos el secreto/nosotros no decírselo a nadie.
....
28. yo prestarte estos libros/tú cuidarlos.
....
29. él aprobar el curso/su padre regalarle un viaje fabuloso.
....
30. yo fregar los platos/tú sacar a pasear al perro.
....

Completa los espacios con una conjunción condicional.

31. Nos amenazaron diciendo que .... difundiéramos la noticia nos quedaríamos sin empleo.
32. .... haberme enterado antes, habría tomado cartas en el asunto.
33. .... le hagan un poco la rosca, consiguen cualquier cosa de él.
34. Te ayudaré con tus tareas........................ me acompañes mañana al médico. Odio ir solo.
35. Lo lógico sería que aceptara, ... tenga otra oferta que desconozcamos.

36. .... tan solo probaras una vez, seguro que conseguirías perderle el miedo.
37. Seguiré aquí por una buena temporada, ... me exijan que me traslade a la otra sucursal.
38. No rechaces aún la oferta e inténtalo. .... te salen bien las cosas, estupendo; .... te salen mal, lo dejas.
39. .... no cambia el tiempo para el fin de semana, nos iremos a la playa para descansar un poco.
40. .... se escaqueen de nuevo, les vamos a cantar las cuarenta.
41. Revisa por última vez el local .... se ha quedado alguien dentro.
42. Haré esas horas extra .... me las añadan a los días de vacaciones.
43. Firmaremos el contrato .... estén todos los papeles en regla.
44. .... salgas con el pelo mojado y con el frío que hace, te vas a pillar una pulmonía.
45. .... seguir así la situación, tomaremos medidas severas.

GRAMÁTICA

8.2. TEMPORALES

Expresan el tiempo en que se produce lo significado por el verbo principal.

⇒ **INDICATIVO**

- ***Ahora que***: simultaneidad + causa.
- ***Mientras que***: simultaneidad, contraste (='en cambio').
- ***Entre tanto***: simultaneidad.

Ahora que ya estamos todos, podemos empezar.

No es justo. Yo he hecho lo más complicado, mientras que tú no has hecho casi nada.

Nosotros estábamos pescando; entre tanto, ella preparaba el fuego.

⇒ **INFINITIVO**

- ***Al***: simultaneidad.
- ***Nada más***: posterioridad inmediata.
- ***Hasta***: límite personal.

Al despertar respiró aliviada. Todo había sido una pesadilla.

Nada más sonar el despertador, me levanté.

No opinaré hasta saberlo todo.

⇒ **INDICATIVO** (pasado, presente, atemporal)/**SUBJUNTIVO** (futuro)

- ***Cuando***: general, valor neutro.
- ***Cada vez que, siempre que***: acción repetida.
- ***Hasta que***: límite temporal.
- ***Mientras***: duración.
- ***A medida que, conforme***: progresión simultánea.
- ***Una vez que***: posterioridad.

- ***En cuanto, tan pronto como, apenas, no bien*** (lit.): posterioridad inmediata.
- ***Desde que***: origen.

Cuando salgas, no olvides cerrar la llave del gas.
Cada vez que (siempre que) la veo está con un novio distinto.
Nos quedaremos hasta que acabemos.
Mientras se duchaba, oía la radio.
A medida que (conforme) llegaban, se iban sentando.
Una vez que se hubo bebido el café, encendió un cigarrillo.
En cuanto (tan pronto como, apenas, no bien) lo supo, se lo contó a todo el mundo.
Desde que descubrieron el fraude, no se habla de otra cosa.

⇒ SUBJUNTIVO/INFINITIVO

- ***Antes de (que)***: anterioridad.
- ***Después de (que)***: posterioridad.

Antes de entrar toca el timbre.
Después de oír la noticia se fue misteriosamente.
Huyó antes de que/después de que anocheciera.

EJERCICIOS

Completa adecuadamente las siguientes frases.

1. Nada más (nosotros, llegar) .... encendimos la calefacción, porque la casa estaba helada.
2. Ahora que ya (tú, terminar) .... de pagar el apartamento deberías concederte unas vacaciones.
3. En cuanto (vosotros, saber) .... algo sobre esto, llamadme. Estoy muy preocupado.
4. No se detendrá hasta (vengarse) .... por lo que le han hecho.
5. El gobierno afirma que se están produciendo cambios radicales, mientras que la oposición (acusarlo) .... de continuismo.
6. Conforme (ellos, ir entregando) .... las solicitudes, tú deberás sellarlas.
7. Desde que (ellos, verse) .... por primera vez, se enamoraron perdidamente el uno del otro.
8. En cuanto el barco (llegar) .... al muelle, será registrado por la policía.
9. No hagas nada hasta (tú, saber) .... que es cierto lo que te han dicho.
10. Estoy seguro de que tan pronto como (dejar) .... de discutir por necedades comenzarán a ser felices.
11. Protestaré hasta que (ellos, escucharme) ....
12. Nada más (yo, salir) .... del edificio, se fue la luz.
13. Siempre que (yo, viajar) .... en tren, me pasa algo extraño.
14. A medida que la cámara (llenarse) .... de agua, la esperanza de salir con vida del naufragio se alejaba.
15. Después de (nosotros, cenar) .... podríamos dar un paseo. Hace un tiempo maravilloso.

Completa libremente.

16. No darán su consentimiento mientras no ....
17. A medida que ...., la ciudad.. .
18. Los huelguistas anunciaron su intención de mantener su postura. Entre tanto ....
19. Después de .... todos se retiraron.. .
20. Siempre que... por la calle ....
21. No lo pudo creer hasta que ....
22. Aprovecharemos la ocasión antes de que ....
23. Una vez que te .... podrás... .
24. Nos encontramos frente a frente al ....
25. Nos recomendaron .... tan pronto como ....
26. Ahora que ya los conoces ....
27. Estuvo nadando hasta que .... y afortunadamente.. .
28. No dudes en llamarme cuando... .
29. Mañana, cuando ...., recuérdame ....
30. Mientras ...., seguiré actuando así.

Pon en futuro las siguientes frases.

31. Una vez que hubieron terminado, se despidieron con bastante frialdad.
....
32. Apenas llegó al hotel, le informaron del trágico suceso.
....
33. Cuando terminó sus estudios en el instituto, empezó a trabajar para pagarse la universidad.
....
34. Nada más verla, se echó a llorar de emoción. ....
35. No bien hubo anochecido, salió a la calle protegido por la oscuridad en busca de un refugio más seguro.
....
36. En cuanto me acosté, me quedé dormida como un tronco. Estaba cansadísima.
....
37. Cuando se dieron cuenta de lo tarde que era, se dispusieron a concluir el trabajo a marchas forzadas.
....
38. Siempre que los veía, los trataba con frialdad. Nunca les perdonó lo que le habían hecho.
....
39. Mientras resuelvo estos asuntos, tú puedes contestar las cartas pendientes.
....
40. Nos fuimos antes de que nos echaran...
41. Nada más descubrir el fraude, la policía tomó medidas urgentes.
....
42. Antes de irse firmó en el libro de honor. ....
43. Apenas regresaron, decidieron repetir la experiencia de hacer un crucero en un futuro próximo.
....
44. Él insistía en que era inocente, mientras que su secretrario demostraba su culpabilidad.
....
45. Me tomé unos días libres en cuanto me fue posible.
....

GRAMÁTICA

8.3. CONCESIVAS

Indican una objeción o dificultad para la realización de la acción indicada por el verbo principal.

⇒ INDICATIVO

- ***(Aun) a sabiendas de que***
- ***Y eso que***
- ***Si bien***

No quiso abrirnos la puerta, aun a sabiendas de que éramos nosotros.

Aguantamos despiertos hasta las tres de la mañana, y eso que el día anterior habíamos trasnochado.

Lo aceptaré, si bien no me parece la mejor solución.

⇒ SUBJUNTIVO

- ***Por mucho que, por poco que***
- ***Por*** + ADJETIVO + ***que***
- ***Por muy*** + ADJETIVO/ADVERBIO + ***que***

Por mucho que te quejes, no lo vas a solucionar.
Por poco que hagas, será suficiente.
Por absurdo que parezca, es la pura verdad.
Por muy bien que hable, no nos va convencer.

- ***Así***

De uso preferentemente culto: "*Los mozos fueron a la Casa de Baile, donde tan sabrosamente se contoneaban las mulatas de grandes ajorcas, sin perder nunca –así fuera de movida una guaracha– sus zapatillas de alto tacón*" (Alejo Carpentier, *Viaje a la semilla*).

⇒ INFINITIVO

- ***A pesar de***
- ***(Aun) a riesgo de***
- ***Pese a***

A pesar de ser tardísimo, nos animamos a salir.

Lo entregó todo, aun a riesgo de no volverlo a recuperar jamás.

Pese a tener un montón de problemas, siempre está sonriendo.

⇒ GERUNDIO

- ***Aun***

Aun pidiéndoselo de rodillas, no te lo daría.

⇒ INDICATIVO/SUBJUNTIVO

- ***Aunque***
- ***A pesar de que***
- ***Pese a que***
- ***Por más*** (SUSTANTIVO) ***que***
  - INDICATIVO: nos referimos a hechos experimentados o conocidos, a la existencia real de un obstáculo o dificultad.

    Aunque (a pesar de que, pese a que) es verdad, no lo admitirá.
    Por más ejercicios que hago, no consigo comprender este tema de gramática.

- SUBJUNTIVO: nos referimos a un hecho que no nos importa o no hemos comprobado.
  Aunque (a pesar de que, pese a que) te digan lo contrario, no lo creas.
  Por más que insistiera, no le hacían caso.

⇒ **SUBJUNTIVO/INFINITIVO**

- ***(Aun) a riesgo de (que)***
  Se enfrentó al ladrón, (aun) a riesgo de que le diera un navajazo/de recibir un navajazo.

NOTA

No deben olvidarse las estructuras concesivas, con futuro y condicional, estudiadas en la unidad 3.

EJERCICIOS

Completa adecuadamente las siguientes frases.

1. Aun (tú, decírmelo) ...., no puedo creerlo.
2. Por más que (tú, trabajar) ...., no te lo agradecerán.
3. No quiero volver a verte, así (suplicármelo) ....
4. Está encantada con la noticia, y eso que aún no (ella, saber) .... lo mejor.
5. No han conseguido el certificado de residencia, aunque (ellos, llevar) .... años haciendo gestiones.
6. Lo haré, aunque no (gustarme) .... Sé que es muy importante para él.
7. Asistió a la reunión, aun a sabiendas de que (él, ser) .... mal recibido.
8. Me lo comí todo, aunque no (yo, tener) .... hambre, pero es que estaba riquísimo.
9. Por difícil que (parecerte) ...., debes superarlo.
10. La ayudó, aun a riesgo de (él, perder) .... su puesto.
11. Por más cartas que (nosotros, escribir) ...., no conseguimos que nos dieran una respuesta.
12. Llegó a la cima de la fama, a pesar de que nadie (creer) .... en él cuando aún era un desconocido.
13. Por mucho que (tú, intentar) .... convencerme, no voy a seguir tus consejos.
14. El banco no se pudo librar de la quiebra, pese a que (ser) .... uno de los más poderosos del país.
15. Por muy bien que (él, hacerlo) ...., nunca quedará satisfecho. Es un perfeccionista.

Forma frases concesivas a partir de las siguientes ideas. Sigue el modelo.

16. tú tener mucho trabajo/tú deber atender más a tu familia.
    Aunque tengas mucho trabajo, deberías atender más a tu familia...

17. él no poder financiar de momento el proyecto/ser una pena abandonarlo.

....

18. hacer mal tiempo/yo siempre ir caminando al trabajo.

....

19. haber poca comida/nosotros arreglárnoslas.

....

20. no importa, tú no venir/nosotros ya casi haber terminado.

....

21. él no saber nadar/saber mantenerse a flote.

....

22. tú insistir mucho/ellos no hacerlo.

....

23. nosotros no haber regado las plantas en quince días/no haberse secado.

....

24. ella aprobar la oposición/no sentirse satisfecha con la nota obtenida.

....

25. ellos haber venido/ellos saber que nosotros no querer verlos.

....

26. los bandos beligerantes haberse comprometido a respetar la tregua/la guerra no haber terminado.

....

27. él haber dejado de fumar hace cinco años/él añorar aún el sabor de la nicotina.

....

28. él estar bastante enfermo/su familia tener la esperanza de que se recupere.

....

29. ellos inagurar mañana la exposición/dos de los cuadros más importantes haber sido robados.

....

30. ellos ya no estar juntos/él seguir enviándole flores cada doce de abril.

....

Revisa las estructuras concesivas estudiadas en la unidad 3 y transforma las siguientes frases según el modelo.

31. Habrá conseguido una medalla olímpica, pero casi nadie lo conoce.
Aunque ha conseguido una medalla olímpica, casi nadie lo conoce.

32. Habría financiado muchas obras de caridad, pero no era buena persona.

....

33. Sería muy importante lo que tenía que decir, pero nadie lo escuchó.

....

34. Estará muy cansado, pero no ha rechazado nuestra invitación para ir a bailar.

....

35. Tendría muchas cosas que hacer, pero se pasó la tarde jugando al dominó.

....

36. Será muy mayor, pero tiene el espíritu de un quinceañero.

....

37. Habrás dicho la verdad, pero yo no puedo creerte.

....

38. Habría estado en la guerra, pero nunca lo mencionó.

....

39. Será tímido, pero habla por los codos.

....

40. Habrá tenido problemas graves, pero es un prodigio de buen humor.

....

41. Será muy tarde, pero yo no me resisto a quedarme para ver el final del partido.

....

42. Tendrá mucho dinero, pero vive como un miserable.

....

43. Habría sido muy buen estudiante, pero como profesional era lamentable.

....

44. Habrá cometido errores, pero merece una oportunidad.

....

45. Estaría borracho, pero se controlaba muy bien.

....

● **Recapitulación. Halla los errores presentes en algunas de las frases que siguen.**

46. Que viene, le informamos de lo ocurrido; que no viniera, dejamos que se entere por sí solo.

....

47. Antes de tomar la decisión, consúltanos.

....

48. Los guerrilleros entregaron sus armas conforme fueran llegando a la frontera.

....

49. Ahora que tienes un empleo fijo no debes seguir atormentándote sobre el futuro.

....

50. Cada vez que se equivocara, me pedía ayuda.

....

51. A pesar de lo tarde que fuera, telefoneamos para confirmar la noticia.

....

52. Con que digas la verdad, me conformo.

....

53. Yo limpio el coche a cambio de que tú riegas el jardín.

....

54. Participaron en la huelga aun a riesgo de que les redujeran el sueldo.

....

55. Si hagas lo que te aconsejan, te iría mejor.

....

56. Como no me lo cuentes me ofenderé.

....

57. Conforme llegaran se fueron presentando.

....

58. Por muy bueno que sea, no debe admitir que sigan abusando de él.

....

59. Se está quejando constantemente, y eso que es quien menos problemas tiene.

....

60. Por poco que estudiaba siempre sacaba nuevas notas.

....

Completa las siguientes frases con la forma correspondiente del verbo entre paréntesis.

61. Es una cajita de música. Si se (abrir) ...., se escucha el vals de las olas.
62. Si uno (ser) .... fiel a sí mismo, no tiene que arrepentirse de nada.
63. Si (ellos, venir) .... a la verbena, se lo habrían pasado en grande.
64. Sería más feliz si no (él, atormentarse) .... por cosas que no merecen la pena.
65. No lo hagas si no (tú, creer) .... en ello.
66. Si (tú, decirme) .... antes que tenías un problema, habría intentado ayudarte.
67. Si eso no (ser) .... cierto, no estaríamos aquí ahora.
68. Si (ellos, darse prisa) ...., llegaremos al cine a tiempo.
69. Sal ya, si (tú, querer) .... estar en la estación de tren a las siete.
70. Si (vosotros, tener) .... un rato libre, podemos tomar un café y charlar un rato.

Algunas de las frases siguientes contienen errores en el uso del condicional. Corrígelos.

71. Si mañana lo ves en la oficina, dile que me llame, por favor. ....
72. Si tuviéramos tiempo, podríamos dar una mano de pintura a esta puerta; la necesita. ....
73. Si me tocaría la lotería, haría una película. ....
74. Hazlo si te apetece. ....
75. Cada mañana, si hacía buen tiempo, se iban a nadar a la playa antes de desayunar. ....
76. Si aquí haya más espacio, pondríamos el sofá. ....
77. Si no fuera tan indeciso, sería más feliz. ....
78. Si te lo pida, dáselo. ....
79. Si no hubiera sido tan tarde, nos habríamos quedado en la fiesta. ....
80. Si podríais echarnos una mano, os lo agradeciéramos. ....

PRENSA

Refranero

¿Por la boca muere el pez?

Sergi Pàmies

Hay gente que tiene refranes para todo. Hablen de lo que hablen, siempre recurren a un buen refrán para ilustrar sus opiniones. En eso se parecen a los pedantes, incapaces de conversar si no es soltando un latinazo aquí, una frase de Kundera allá o un versículo bíblico acullá. Puede que, en el fondo, los refranes sean las citas de los pobres, un supuesto patrimonio de sabiduría popular que, como las deudas de juego, se hereda de padres a hijos y de abuelos a nietos. Si uno llega al trabajo de mal humor porque la vida es un asco y el tráfico estaba imposible y, además, se da la circunstancia de que es lunes, siempre habrá un gracioso dispuesto a soltarnos: "Del lunes al martes, pocas artes" (¿y qué tendrá que ver que sea lunes con que mi mujer me engañe, mis hijos ya no me hablen y mi equipo esté a punto de bajar a Segunda División?). Si, con razón o sin ella, nos quejamos del aumento en el precio del alquiler, la portera nos dirá: "Quien alquila, daño espera" (¿Más daño aún? ¿No basta con el precio, con la falta de luz en la escalera y con un ascensor eternamente averiado?). Si un adolescente pretende entrar en una discoteca y es expulsado salvajemente por una pandilla de gorilas, puede que, al regresar a casa con el ojo morado y un esguince en el tobillo, su padre le consuele con esta perla de rancio abolengo popular: "Quien va al molino, enharinado saldrá" (¿y qué pinta el maldito molino y la harina, si de lo que se trata es de abuso de autoridad y de la falta de cerebro de algunos matones?). Eso si la madre no se le anticipa con un: "Tanto va el cántaro a la fuente que, al final, se rompe" (¿qué cántaro?, ¿qué fuente?). Por si esto fuera poco, la mayoría de los refranes tiene un tono sombrío, fatalista, y una moraleja de perdedor que lo justifica todo, o casi. Pero el refranero es sabio y compensa esta tendencia general a la resignación con una excepción muy celebrada: "Mal de muchos, consuelo de tontos" (¿o era "mal de tontos, consuelo de muchos"?).

Lo malo de los refranes es que se pronuncian sin pensar demasiado en su significado, de forma casi automática. Somos capaces de comprender lo que quiere decir: "A la vejez, viruelas" –algo así como un anuncio del Inserso– , aunque no sepamos a qué viene eso de hablar de viruelas. Me temo que, para los tiempos que corren, hay en el refranero demasiados molinos, pulgas, harinas, pajares, palacios, ascuas, zorros, mercaderes, cojos, taberneros, alcahuetas y herreros con cuchillo de palo. Quizá fuera necesaria una renovación y actualización del género. Si la Real Academia de la Lengua se pone al día (aunque sea tarde y mal), si incluso algunas estructuras religiosas amplían sus horizontes y toleran el sacerdocio de las mujeres, ¿por qué no renovar también el refranero? ¿O vamos a seguir repitiendo durante siglos "quien ha ventura, con rábanos desayuna", en un mundo en el que la privilegiada minoría que se desayuna lo hace con extraños preparados de cereales importados de Estados Unidos y en el que cada vez hay menos rábanos?

Para que no se diga que solo hago crítica destructiva, propongo algunas innovaciones adaptadas a la realidad actual que, asimismo, tengan en cuenta la evolución, a peor, del pesimismo. Por ejemplo, que el clásico: "A palabras necias, oídos sordos", sea reemplazado por un categórico y televisivo "A palabras necias, máximas audiencias". Que el ingenuo "Quien parte y reparte se queda con la mejor parte" sufra una reconversión y pase a ser "Quien parte, nunca reparte", más de acuerdo con la realidad. Y no nos engañemos más, lo de: "A la tercera va la vencida" ha resultado ser una mentira, piadosa, de acuerdo, pero mentira al fin y al cabo. A la tercera va la tercera. Y punto. Otra muestra de sumisa aceptación de la fatalidad: "A mal tiempo, buena cara". Hagamos caso al chiste: "A mal tiempo, paraguas". ¿"Contra el vicio de pedir, hay la virtud de no dar"? ¡Que se lo pregunten a los sindicatos! Contra el vicio de pedir, hay el vicio, peor aún, de no dar. Dice el refranero: "De lo que no sabes, no hables", pero tras escuchar numerosas emisoras de radio, me temo que sería más correcto decir: "De lo que no sabes, tertulia". Quizá, así, adaptándolos a la realidad, se podría lograr que el refrán según el cual "decir refranes es decir verdades" no provocara risa.

El País

ACTIVIDADES

1. **Busca el significado de las palabras sombreadas y úsalas en frases de tu invención.**

2. **Lee las siguientes frases e intenta comprender todo su vocabulario. Luego, lee atentamente el texto de Sergi Pàmies y contéstalas, eligiendo tan solo una de las tres opciones que se ofrecen.**

I. Se puede considerar a los refranes como

- ☐ **a.** las deudas del juego.
- ☐ **b.** las citas de los pobres.
- ☐ **c.** lo que se transmite de padres a hijos.

II. Los refranes suelen

- ☐ **a.** justificar todo.
- ☐ **b.** tender a la resignación.
- ☐ **c.** caracterizarse por su fatalismo.

III. El problema de los refranes es que

- ☐ **a.** no somos capaces de comprender lo que quieren decir.
- ☐ **b.** necesitan ser renovados.
- ☐ **c.** necesitan ser pronunciados de manera casi automática.

IV. Dice el refranero

- ☐ **a.** "Quien parte y reparte se queda con la mejor parte".
- ☐ **b.** "Quien parte, nunca reparte".
- ☐ **c.** "Quien parte, reparte".

3. **Comenta con tus compañeros los refranes que conozcas en tu lengua y compáralos con sus equivalentes en español. Luego da tu opinión sobre las afirmaciones que se hacen en el artículo.**

AL SON DE LOS POETAS

Barcarola

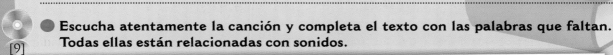

[9]

Escucha atentamente la canción y completa el texto con las palabras que faltan. Todas ellas están relacionadas con sonidos.

Si solamente me tocaras el corazón
si solamente pusieras tu boca en mi corazón,
tu fina boca, tus dientes.
Si pusieras tu lengua como una flecha roja
allí donde mi corazón polvoriento ....

Si soplaras en mi corazón, cerca del mar, ...,
.... con un .... oscuro, con .... de ruedas de tren con sueño,
como aguas vacilantes, como el otoño en hojas,
como sangre, con un .... de llamas húmedas quemando el cielo,
.... como sueños o ramas o lluvias, o .... de puerto triste.

Si soplaras en mi corazón, cerca del mar, como un fantasma blanco,
al borde de la espuma, en mitad del viento,
como un fantasma desencadenado a la orilla del mar, ...

Como ausencia extendida, como .... súbita,
el mar reparte el .... del corazón,
lloviendo, atardeciendo, en una costa sola:
la noche cae sin duda,
y .... el corazón como un caracol agrio,
...................., oh mar, oh ...., oh derretido espanto,
esparcido en desgracias y olas desvencijadas:
de lo .... el mar acusa
sus sombras recostadas, sus amapolas verdes.

Si soplaras en mi corazón de miedo y frío,
soplaras en la sangre sola de mi corazón,
soplaras en su movimiento de paloma con llamas,
.... sus negras .... de sangre,
crecerían sus incesantes aguas rojas,
y .... , ... a sombras,
.... como la muerte.

¿Quieres ser el fantasma que sople, solitario,
cerca del mar su estéril, triste ....?
Si solamente ....,
su prolongado ...., su maléfico ....,
su orden de olas heridas...
alguien vendría (acaso), alguien vendría,
desde las cimas de las islas, desde el fondo rojo del mar,
alguien vendría (acaso), alguien vendría.
Sopla con furia, que .... como sirena de barco roto,

alguien vendría (acaso), alguien vendría.
Como ...., como .... en medio de la espuma y la sangre
alguien vendría (acaso), alguien vendría.
En la estación marina
su caracol de sombra circula como un ....
los pájaros del mar lo desestiman y huyen,
sus listas de ...., sus lúgubres barrotes
se levantan a orillas del océano solo.

El poeta

Pablo Neruda nació en Chile en 1904, y en 1971 fue galardonado con el Premio Nobel de Literatura. Su amigo Federico García Lorca lo definió como "poeta más cerca de la muerte que de la filosofía, más cerca del dolor que de la inteligencia, más cerca de la sangre que de la tinta". La naturaleza, el amor y la política son los grandes temas de su poesía. En su primera etapa destaca *Veinte poemas de amor y una canción desesperada*, considerado el libro de poesía moderna más popular del mundo. El poemario *Residencia en la tierra*, al que pertenece "Barcarola", es fruto de la incomunicación y soledad que condicionan su segundo periodo, y ha sido calificado por Amado Alonso como "apocalipsis sin Dios". En 1935, Neruda es cónsul en Madrid, donde colabora con la generación del 27. Conmocionado por la Guerra Civil, escribe "España en el corazón", y su poesía se hace social, inaugurando una nueva etapa, donde destaca *Canto general* (1950), poema épico dedicado a América. Finalmente, el intimismo regresa en su última etapa. Neruda muere unos días después del golpe militar de septiembre de 1973.

El poema

Una *barcarola* es una canción de marineros; con su ritmo quiere imitar el movimiento de los remos. Sugiere dos palabras: *barca y caracola*. La desolación afectiva es el tema de este poema, de 1933, donde el protagonista llama a la amada para que calme su angustia. Quiere que sople en su corazón-caracol, para que su sonido lo haga despertar de su situación y volver a la vida; el silencio se relaciona con la muerte. El agua simboliza la destrucción y la podredumbre, y el fuego, la pasión. Es el momento del crepúsculo, y su color rojo se confunde con el de la sangre del corazón.

Vocabulario

Elige el significado correcto de cada una de las siguientes palabras.

1. **Bocina**
   - ☐ **a.** tipo de barca.
   - ☐ **b.** instrumento con forma de trompeta que se usa en los barcos para hablar de lejos.
2. **Derretir**
   - ☐ **a.** convertir lo sólido en líquido.
   - ☐ **b.** convertir lo líquido en sólido.
3. **Desestimar**
   - ☐ **a.** no amar.
   - ☐ **b.** no considerar.
4. **Desvencijar**
   - ☐ **a.** hacer que las partes de algo se separen o desajusten.
   - ☐ **b.** amplificar, aumentar de tamaño.

5. **Espuma**
- ☐ a. burbujas que se forman en la superficie de un líquido.
- ☐ b. costa, litoral.

6. **Flecha**
- ☐ a. animal marino.
- ☐ b. arma constituida por una vara con punta afilada que se dispara con un arco.

7. **Lúgubre**
- ☐ a. muy triste.
- ☐ b. metálico.

8. **Pito**
- ☐ a. pequeño instrumento de viento, de sonido agudo.
- ☐ b. fantasma, espíritu maligno.

9. **Recostar**
- ☐ a. acostar.
- ☐ b. inclinar.

10. **Vacilar**
- ☐ a. moverse de un lado a otro, sin equilibrio.
- ☐ b. fluir, derramarse un líquido.

Comprensión

Reflexiona sobre el significado de las siguientes expresiones.

a. *Tu lengua como una flecha roja en mi corazón.* (¿Qué relación hay entre la flecha y el corazón?, ¿podría relacionarse con el dios antiguo del amor?, ¿cómo se llama ese dios?)

b. *Sonido de ruedas de tren con sueño.* (¿Qué relación puede haber entre el ruido del tren y el del corazón?, ¿qué tiene que ver el movimiento del tren con el sueño?)

c. *Otoño en hojas.* (¿Qué sentimientos sugiere la caída de las hojas en otoño?)

d. *Llamas húmedas.* (¿Qué puede significar la combinación de agua y fuego?)

e. *Amapolas verdes.* (¿Con qué se relacionan las amapolas?, ¿qué sentido tiene su color original con el poema?, ¿por qué son aquí verdes?)

f. *Fondo rojo del mar.* (¿Cómo explicarías ese color del mar?)

Léxico

Caracoles, pitos y sirenas son instrumentos que aparecen en el poema. Aquí tienes otros, pero con sus letras en desorden. Te toca a ti ordenarlas.

1. **LOVIEHCONLO**

Instrumento de cuerda y arco, mayor que el violín, que equivale al barítono entre los de su clase.

2. **TRUCOA**

Guitarrilla venezolana de cuatro cuerdas.

3. **AITGA**

Del gótico *gaits* (´cabra´), instrumento popular, usado especialmente en Escocia y Galicia, formado por un cuero de cabrito donde se almacena aire, un tubo con agujeros que produce la melodía y otros que producen sonidos constantes.

4. **ARRTIUGA**

Del griego *cítara*, instrumento de cuerda compuesto por una caja de madera y un mástil con seis cuerdas. Fue introducido por los árabes en España.

5. **ENQUA**

Palabra quechua que nombra una flauta de algunas zonas de América, en cuya embocadura hay una hendidura donde el intérprete introduce el labio a modo de lengüeta.

6. **PARA**

Instrumento triangular, con cuerdas verticales de diferente longitud, que se tocan con las dos manos.

7. **NONEDANBO**

Variedad del acordeón, que debe su nombre a su inventor, H. Band, en el siglo XIX. Es muy popular en Argentina.

8. **RACAHOGN**

Instrumento musical de cinco cuerdas, construido con un caparazón de armadillo, originario de los indios de América del Sur.

9. **NOPAI**

Instrumento de teclado y percusión que se inventa en 1709; el de cola es el que tiene mejor sonido.

10. **FONAXSO**

De *Sax*, su inventor, y *foné*, en griego, ´sonido´: instrumento de viento, metálico, con boquilla de madera y varias llaves, muy utilizado en *jazz*.

11. **BOMRTA**

Instrumento de percusión, cilíndrico y hueco, cubierto en sus dos bases con piel estirada que se toca con dos palillos.

● **Busca el origen o nacionalidad de los siguientes bailes y músicas.**

merengue | guaracha | sevillanas | cueca
marinera | cumbia | milonga | yaraví | ranchera
samba | joropo | bolero | tango | pasodoble

Modismos

● **Halla en el poema los diferentes colores que en él se encuentran. Intenta explicar su posible simbolismo. Luego, completa las frases con la lista de colores que sigue; algunos aparecen varias veces. Intenta deducir el significado de las expresiones subrayadas.**

morado | azul | verde | negro | blanco
rosa | marrón | rojo | amarillo

1. Nuestro edificio no ha superado la inspección técnica de seguridad que ordenó el ayuntamiento. **Estamos en la lista** ....
2. Cuando ya se había quemado toda la casa, aparecieron los bomberos. **A buenas horas, mangas** ....
3. El director les **dio carta** .... para que tomaran la decisión por su cuenta.
4. Se le ha averiado el coche y le ha dejado su novia. La verdad, **tiene la** ....
5. Es bastante presuntuoso, anda diciendo que **tiene sangre** ....
6. Estos amigos son muy presumidos. Siempre que quedamos, aparecen **de punta en** ....
7. Los optimistas tienden a **verlo todo de color de** ....
8. Efectivamente, esa es la respuesta correcta. **Has dado en el** ....
9. Claro, tú haces la parte bonita, y a nosotros nos toca **comernos el** ....
10. Su salud me tiene preocupadísima, **he pasado la noche en** ....
11. Siempre cuenta los **chistes** .... con mucha gracia.
12. En todas las familias hay una **oveja** ....

13. En esa estafa están involucrados algunos diputados; la situación política **está al** .... **vivo**.

14. No sé cómo puede gustarte leer **prensa** ....

15. Nos han invitado a un cumpleaños y **nos hemos puesto** .... con los pasteles.

MANOS A LA OBRA

En grupo, imagina con tus compañeros que estáis todos en un barco a punto de naufragar por exceso de carga. A lo lejos se puede avistar una isla salvaje y desierta. Si se arroja a una persona al agua, el barco podrá llegar hasta la isla. Cada uno tiene que hacer su autodefensa. Luego, se votará a quién se va a tirar al agua. Usad las estructuras condicionales estudiadas en esta unidad.

MODELO

Yo soy el mago Panoramix. Si me dejarais vivir, podría preparar una pócima mágica que nos daría a todos una fuerza sobrehumana para vencer cualquier peligro.

El poeta peruano César Moro escribió el siguiente poema con otro autor, al modo vanguardista, y lo tituló "Juego surrealista del si"; en él, dos jugadores escriben separadamente una oración hipotética que comience por *si* y otra que no tiene que ver con la anterior; luego las intercambian, con efectos absurdos, cómicos o poéticos (M es el poeta, O es el otro jugador).

O. Si llegaran dos personas y ocuparan el diván sin decir palabra.
M. No volvería a comer pan los domingos.

M. Si dos soldados escupieran su bandera.
O. La calle se convertiría en un corredor de Hotel de estación de ferrocarril.

O. Si el agua se decidiera a salir del vaso que la contiene.
M. Qué delicia matar sin descanso todos los niños nacidos en el mes de noviembre.

M. Si la luz terminara para siempre.
O. El despertar enmudecería humillado.

O. Si me dijeran que estaba muerto hace ocho días.
M. Ya el amor sería cuestión reservada a los puercos.

M. Si la llama y el agua bebieran la una a la otra.
O. El gendarme llamaría a sus colegas y se echaría a llorar.

O. Si la luz hablara.
M. El sol fatigado iría a ver si llueve.

M. Si una moneda y otra moneda fueran exactamente iguales.
O. Las letras cambiarían de sitio y se formaría una nueva injuria.

O. Si resucitáramos.
M. Devoraría los pelos y las uñas de mi amor.

M. Si este mes fuera largo como un año y esta noche larga como un siglo.
O. No valdría la pena hablar más.

- **Realiza con tus compañeros la misma experiencia en clase. Los temas son libres, y la forma, el pretérito imperfecto de subjuntivo. Podría comenzar, por ejemplo, así:**

MODELO
A. *Si llovieran estrellas*
B. *la ciudad se llenaría de palomas...*

- **Vamos a jugar a las mentiras. A continuación, tienes algunas posibilidades, inventa otras. Luego, léeselas a tu compañero. Él te debe contestar con una oración hipotética de subjuntivo.**

Mentiras

- Soy inmortal.
- Esta frase se autodestruirá en cinco minutos.
- Vivo bajo el mar.
- Mañana lloverá hacia arriba.
- Puedo beberme dos litros de cerveza seguidos y sin respirar.
- ...

MODELO
Estudiante A. *Tengo una fórmula para aprender español en diez horas.*
Estudiante B. *Si tuvieras una fórmula para aprender español en diez horas, serías millonario, y además no estarías estudiando español.*

DEBATE

- **La musicalidad del poema "Barcarola" contrasta con los sonidos lúgubres que sugiere. Intenta explicar esto. Las caracolas son instrumentos musicales primitivos, y en su interior, si se acerca el oído, parece que se oye el mar. Conversa con tus compañeros sobre los grupos y estilos de música que prefieres.**

9 NOVENA UNIDAD
Oraciones adverbiales II: causales, consecutivas, finales modales y comparativas

SITUACIONES

Analiza las estructuras causales, consecutivas, finales y modales de los siguientes ejemplos.

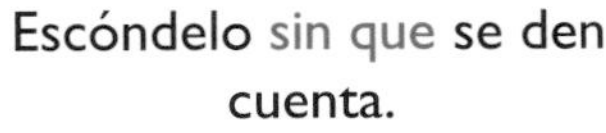

Escóndelo sin que se den cuenta.

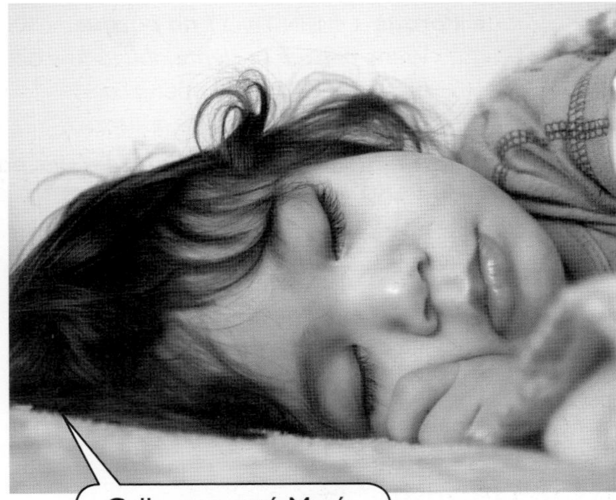

Calla, que está María durmiendo.

Hay huelga de transportes públicos, así que vengo en bicicleta.

La convocaron para comunicarle el ascenso.

GRAMÁTICA

9.1. CAUSALES

Indican la causa o razón de la acción expresada por el verbo principal.

⇒ INFINITIVO

- ***Por***: causa.
- ***De tanto, a fuerza de***: valor intensivo.

  Esas cosas te pasan por ser tan ingenuo.
  Se le hincharon los pies de tanto andar.
  A fuerza de insistir consiguió lo que se proponía.

⇒ INDICATIVO/SUBJUNTIVO

- ***Porque*** + INFINITIVO / ***no porque*** + SUBJUNTIVO

  Viene porque se siente obligado y no porque le apetezca.
  No viene porque le apetezca.
  Nadie viene porque le apetezca.

- ***Ya/bien/sea porque...ya/bien/sea porque...*** + INFINITIVO/SUBJUNTIVO ('no importa o no es probable').

  Los grandes empresarios empezaron a invertir en el sector, ya porque era/fuera productivo, ya porque les aportaba/aportara beneficios fiscales.

- ***Como***
  - INDICATIVO, normalmente:

    Como era tarde, nos fuimos.
  - SUBJUNTIVO, causal literario:

    Como viera que no llegaba, comenzó a impacientarse.

⇒ INDICATIVO

- ***Ya que***

  Ya que estás aquí, podrías ayudarnos.

- ***Dado que***

  Dado que nadie tiene interés en ese encuentro, lo suspenderemos.

- ***En vista de que***

  En vista de que no llegaban, decidimos irnos.

- ***Puesto que***

  Puesto que habéis terminado con esto, podéis pasar al siguiente tema.

- ***Gracias a que***

  Lo encontraron gracias a que un pastor dio las pistas definitivas.

- ***A causa de que***

  Lo liberaron a causa de que no había pruebas suf0icientes contra él.

- ***Pues***

  No lo culpes a él, pues no ha hecho nada.

- ***Que*** (coloq.):

  La llamaré más tarde, que ahora estará aún durmiendo.

  Es frecuente tras imperativo:

  Vámonos, que se nos ha hecho muy tarde.

9.2. CONSECUTIVAS

Expresan el resultado de la acción del verbo principal; se pueden formar invirtiendo una causal:

Se mareó porque no había comido (causal).

No había comido, así que se mareó (consecutiva).

⇒ TIPO I

Indican el resultado de la acción del verbo principal.

- INDICATIVO
  - ***Así que***

    No tiene remedio, así que no debes preocuparte más.
  - ***Por (lo) tanto***

    Esto no funciona como esperábamos; por (lo) tanto, habrá que buscar otra solución.
  - ***Por consiguiente***

    Han destruido los documentos; por consiguiente, no podremos saber toda la verdad.
  - ***Luego***

    Hay huelga de transportes públicos, luego el tráfico hoy será infernal.
  - ***Así pues***

    Han aceptado todas las condiciones que habíamos puesto; así pues podemos considerarlo una victoria absoluta.
  - ***Conque*** (coloq.)

    Llevas toda la tarde sin hacer nada, conque debes ponerte a trabajar un poco.
  - ***Cómo, si*** + EXPRESIÓN DE PROBABILIDAD + ***que*** + INDICATIVO

    Si vendría (cómo vendría de) borracho que no se enteró de nada.
    Si (cómo) habría bebido que se quedó dormido en una silla.
    Si será (cómo será de) tarde que ya no queda nadie en la oficina.
    Si (cómo) habrá comido en vacaciones que ha vuelto con tres kilos de más.
- SUBJUNTIVO
  - ***De ahí que***

    Todavía no están seguros; de ahí que no nos hayan dicho nada.

⇒ TIPO II

Indican el resultado de la *intensidad*.

- INDICATIVO/SUBJUNTIVO
  - ***Tanto que***
  - ***Tan*** + ADJETIVO/ADVERBIO + ***que***
  - ***De (tal) modo, forma, manera, suerte que***
    - **INDICATIVO** (normalmente):

      Comió tanto que se indigestó.
      Es tan atrevido que un día se va a llevar un disgusto.
      Habla tan bien que es un placer escucharlo.
      Lo escondió de tal manera que nadie pudo encontrarlo.
    - **SUBJUNTIVO** (si el verbo principal va en imperativo o forma negativa):

      Hazlo tan bien que nos sintamos orgullosos de ti.
      No lo hizo tan mal que nos avergonzáramos de él.

EJERCICIOS

Completa.

1. Como no (ellos, avisarme) ...., no me enteré de que había reunión.
2. Le reprendieron por (él, llegar) .... siempre tarde.
3. Se había reído tanto que (dolerle) .... la mandíbula.
4. A fuerza de (ellos, preguntar) .... lograron obtener la información que buscaban.
5. La radio no está tan alta que (poder) .... molestar a los vecinos.
6. De tanto (ellos, decirlo) .... acabaron creyéndolo.
7. Cómo sería de soberbio que no (él, ser) .... capaz de admitir ni siquiera lo que era evidente.
8. Si estaría cansada que (ella, quedarse) .... dormida de pie.
9. Si no piensas venir, sea porque no (tú, poder) ...., sea porque no (apetecerte) ...., avísanos con tiempo.
10. Su padre es diplomático. De ahí que (ellos, viajar) .... tanto y (ellos, conocer) .... tantos idiomas.
11. No te enfades, que (ser) .... solo una broma.
12. Compórtate de manera que nunca (tú, tener) .... que arrepentirte de nada.
13. Ya que (tú, estar) .... aquí, podrías echarnos una mano.
14. Puesto que ni siquiera (ellos, aparecer) ...., no tienen ningún derecho a opinar sobre el resultado de nuestro trabajo.
15. La publicidad del producto no ha dado buenos resultados; por lo tanto, (haber) .... que cambiar de estrategia.
16. No me convenció su programa, así que (yo, votar) .... en contra.
17. Consiguió recuperarse de su enfermedad gracias a que (ellos, llevarla) .... al mejor especialista.
18. Dado que no (vosotros, tener) .... ningún interés en este tema, no os contaré nada más.
19. Es muy tarde, así que (tú, darte) .... prisa.
20. Estaban muy ofendidos; por lo tanto, (ellos, decidir) .... elevar una protesta formal.
21. En vista de que todos los restaurantes (estar) .... hasta la bandera, nos volvimos a casa y abrimos unas latas.
22. Puesto que (ser) .... ya muy tarde, se suspendió la reunión.
23. No deberías enfadarte, pues lo que te han dicho (ser) .... cierto.
24. La inundación se produjo a causa de que alguien (dejarse) .... un grifo abierto.
25. No aprobaron la oposición; por consiguiente, (ellos, tener) .... que volver a empezar desde cero.
26. Hicimos el crucigrama en media hora, luego no (ser) .... tan difícil como tú decías.
27. A fuerza de (nosotros, insistir) .... conseguimos que nos dieran la prórroga.

28. No corras, que no (haber) .... prisa.
29. Si será tonto que (él, creerse) .... toda la historia que le han contado.
30. Esto es muy fácil, así que (nosotros, ir) .... a hacer otra cosa.

● **Construye una frase causal y otra consecutiva con cada una de las siguientes ideas, según el modelo.**

31. no dormir/dolerle la cabeza *Como no había dormido, le dolía la cabeza.*
No había dormido; de ahí que le doliera la cabeza.

32. ser muy simpático/tener un montón de amigos ....

33. comer demasiados pasteles/indigestarse ....

34. no estudiar suficiente/no aprobar el examen teórico ....

35. retrasarse cinco minutos/perder el tren ....

36. trabajar toda la noche/estar hecho polvo ....

37. hacer mal tiempo/no ir a pasear hoy ....

38. no haber quórum/no poder votar ....

39. acabarse el carrete/no poder hacer más fotos ....

40. no leer el periódico esta última semana/no enterarme de los últimos acontecimientos. ....

● **Responde usando la estructura *no porque...sino porque...* Sigue el modelo.**

41. ¿Nos ayudas a cargar estos muebles? *No, pero no porque no quiera, sino porque me están esperando.*
42. ¿Vas a ir a esa conferencia? ....
43. ¿Quieres que te acompañemos a tu casa? ....
44. ¿A dónde vais de vacaciones este verano? ....
45. Has adelgazado, ¿no? ....
46. ¿Te apetece un café? ....
47. ¿Te comprarías un elefante? ....
48. ¿Cuál es tu color favorito? ....
49. ¿Te quedarías a vivir en una isla desierta? ....
50. ¿Habéis invitado a la fiesta a vuestros compañeros de trabajo? ....

GRAMÁTICA

9.3. FINALES

Indican el destino o finalidad de la acción del verbo principal.

⇒ SUBJUNTIVO

- ***De modo, forma, manera que***

  Lo amarraron de modo/forma/manera que no se volviera a soltar.

- ***Que***: tras imperativo.

  Ven que te dé un abrazo.

- ***No sea/fuera que; no vaya/fuera a ser que*** (coloq): formas negativas con valor final.

  Quiero llegar con tiempo, no sea/vaya a ser que encuentre la función empezada.

  Quería llegar puntual, no fuera a ser/fuera que no le permitieran entrar.

⇒ INFINITIVO/SUBJUNTIVO

- ***Para***
- ***A fin de***
- ***Con vistas a***
- ***Con la intención de***
- ***Con el objeto de***
- ***Con el fin de***
- ***Con el propósito de***
- ***A*** (tras verbos de movimiento)

\+ INFINITIVO (mismo sujeto)

\+ *que* + SUBJUNTIVO (diferente sujeto)

La llamaron para (a fin de) invitarla/que viniera.

Compraron la casa con vistas a realizar una buena inversión/que les proporcionara ventajas fiscales.

Nos convocaron con la intención (el objeto, el fin, el propósito) de informarnos/de que recogiéramos la información.

Vinieron a pedirnos unos libros/a que les diéramos unos libros.

- ***Con tal de/con tal de que***

  Haría cualquier cosa con tal de conseguir entradas para ese concierto.

  Haría cualquier cosa con tal de que lo dejaran en paz.

NOTA

En ocasiones es posible el uso del INFINITIVO a pesar de que el sujeto sea diferente:

Lo citaron para declarar/que declarara.

9.4. MODALES Y COMPARATIVAS

Las oraciones modales expresan la manera como se realiza la acción del verbo principal, mientras las oraciones comparativas contrastan dos acciones. Hay formas que incluyen ambos valores.

⇒ SUBJUNTIVO

- ***Como si (igual que si)*** + imperfecto o pluscuamperfecto:

  Expresa el modo de una acción mediante su semejanza con otra imaginaria.

  Nos trataba como si fuéramos extraños.
  Nos trataba igual que si le hubiéramos hecho algo malo.

NOTAS

Como si puede presentar otros valores:

- concesivo + INDICATIVO (coloq.)
  -Nos ofrecen un millón a cambio de ese cuadro.
  -Como si nos ofrecen cien. No lo venderemos (=aunque nos ofrecieran cien, no lo venderíamos)
- comparativo (*tanto si…como si…*) + INDICATIVO (coloq.)
  Tendrás que conformarte, tanto si aceptan tu petición como si la rechazan.
- Estilo indirecto:
  En la entrevista de trabajo te preguntarán muchas cosas, como si has hecho la mili o si tienes años de experiencia.

⇒ INDICATIVO/SUBJUNTIVO

■ ***Como, según:*** modo + comparación.	+ INDICATIVO (conocido) + SUBJUNTIVO (desconocido o futuro)

Lo hizo como/según le indicaron.
Supongo que lo hizo como/según le indicaran.
Supongo que lo hará como/según le indiquen.

NOTA

Presentan el mismo comportamiento las estructuras comparativas de cantidad:

- **cuanto más/menos…**
- **mientras más/menos…**
  Cuanto más luches, más conseguirás.
  Mientras menos la veas, tanto mejor para ti.

⇒ SUBJUNTIVO/INFINITIVO

■ ***Sin***	+ INDICATIVO + *que* + SUBJUNTIVO

Expresa modo e idea de exclusión o negación:

Vinieron sin avisar/sin que nadie los avisara.

NOTA

También presentan idea de exclusión las conjunciones siguientes:

- ***en vez de, en lugar de*** + INFINITIVO (mismo sujeto)/+ *que* + SUBJUNTIVO (diferente sujeto)
  Le gusta confeccionar su propia ropa en lugar (vez) de comprarla.
  Le gusta comprar la ropa en lugar (vez) de que se la confeccionen.

EJERCICIOS

Completa.

1. Con tal de (él, sanar) .... haríamos cualquier cosa.
2. Nosotros haremos la excursión de todas formas, tanto si (tú, venir) .... como si (tú, quedarte) ....
3. Hazlo como (parecerte) .... más conveniente.
4. Están buscando un local con vistas a (ellos, montar) .... un restaurante.
5. En vez de (tú, ver) .... la televisión tendrías que estar preparando tus tareas para mañana.
6. Cuanto más (nosotros, decirle) ...., menos caso nos hará.
7. Los mineros hicieron una marcha hacia la capital con la intención de que la opinión pública (conocer) .... sus reivindicaciones.
8. Estudia idiomas con el objeto de (ellos, ascenderla) ....
9. Con tal de (ellos, dejarme) .... tranquila firmaré lo que sea.
10. Mientras menos datos (él, conocer) ...., será mucho mejor.
11. Compraré temprano las entradas, no vaya a ser que (terminarse) ....
12. En vez de (él, hablar) .... tanto, debería predicar con el ejemplo.
13. Lo hizo de modo que nadie (enterarse) ....
14. Pídele permiso al director, no sea que luego (tú, tener) .... problemas.
15. Cada cual cuenta la misa según (irle) ....

Completa libremente.

16. No es lógico que actúe como si ....
17. No le dijimos nada, no fuera ....
18. Pienso seguir protestando, tanto si .... como si ....
19. Iremos con el único propósito de ....
20. ...., sin que .... precedente.
21. En vez de .... deberías ....
22. Venimos a que nos ....
23. Acércate, que ....
24. Entraron a robar por la noche, de modo que ....
25. Le rogamos que se persone aquí mañana para que ....
26. Escribieron la carta con el objeto ....
27. Bajó a la tienda a ....
28. ...., no sea que después ....
29. Mientras más ...., menos ....
30. .... según .... las instrucciones.

Completa cada una de las siguientes oraciones con una expresión de finalidad y la forma adecuada del verbo, según el modelo.

31. Échame una mano, (yo, poder) ......*a fin de que pueda*......... terminar antes.
32. Escondieron los microfilmes .... la policía no (descubrir) .... lo que habían hecho.
33. Pon la noticia en el tablón de anuncios .... todos (saberlo) ....
34. Hemos conseguido un programa que sirve .... (traducir) .... textos.

35. Ven, ... (yo, darte) .... un abrazo.
36. Fueron a Angola y Mozambique .... (ellos, estudiar) .... los archivos sobre los movimientos de emancipación.
37. Voy a acercarme al estudio .... (ellos, hacerme) .... unas fotos para el pasaporte.
38. Lo hicimos con la mejor intención, no .... nadie (sentirse) .... ofendido.
39. Muéstrale a ella esos versos, ... (ver) .... qué le parecen.
40. Tomó una decisión salomónica .... (no quejarse) .... nadie.

Completa con una conjunción apropiada.

41. Me gusta mucho ese autor .... sabe manejar muy bien la intriga del relato.
42. Te estamos viendo, ... no hagas ninguna tontería.
43. Abre la ventana, ... entre un poco de aire fresco. El ambiente está muy cargado.
44. Es muy afectuoso. Me trata .... (yo) fuera su propia hija.
45. Prepararon la fiesta en secreto .... fuera una verdadera sorpresa.
46. .... quejarte, busca alguna solución.
47. Abrígate un poco, ... no te enfríes.
48. .... nadie le hacía caso, decidió callarse.
49. Bebió .... vino .... se mareó.
50. .... repetirlo acabarás aprendiéndotelo.
51. Guárdalo .... no le dé la luz.
52. Pienso, ... existo.
53. Telefonearon .... avisar de que ya salían hacia aquí.
54. .... andar protestando, debería tomar cartas en el asunto.
55. Vámonos ya, ... nos están esperando.

Completa las siguientes oraciones con una expresión de causalidad y la forma adecuada del verbo, según el ejemplo.

56. ....*Ya que me lo preguntas*..........., te pondré al corriente de lo ocurrido.
57. No me lo repitas más, ... no (yo, tener) .... problemas auditivos.
58. Nos pusimos a jugar al parchís .... (nosotros, estar) .... hartos de trabajar.
59. Eso te pasa .... (jugar) .... con fuego.
60. .... (tú, no decir) .... nada, pensamos que no te importaba que usáramos tu ordenador.
61. Le dieron un premio .... (aprobar, él) .... todos los exámenes con buenas notas.
62. No estoy aquí .... (apetecerme) ...., sino .... el director (pedírmelo) ....
63. .... (ser) .... ya muy tarde, me voy a dormir.
64. Los estudiantes no están en huelga .... (ser) .... unos vagos, como ha dicho la ministra, sino .... (tener) .... realmente buenas razones para estarlo.
65. .... la crisis económica (agudizarse) ...., han decidido devaluar la moneda.

PRENSA

Arte contemporáneo

Guía para comprar un cuadro y no hacer el ridículo

Francisco Nieva

◆ De veras le gusta a usted tanto la pintura, de veras quiere rodearse de cuadros valiosos?

¿Si tanto le gusta la pintura, supongo que habrá leído algo sobre ella y algo sabrá de los viejos maestros; habrá visitado museos, exposiciones... Tendrá amigos con los que hable de pintura, pues los que se parecen se juntan. Y tendrá libros de reproducciones, que aún son los mejores amigos. Es decir, si "sabe" algo de pintura, no podrá fallar ni hacer el ridículo si se compra un cuadro. Si, a pesar de todo, sus amigos –necesariamente más ignorantes que usted– se ríen de la compra, tendrá suficientes razones para argumentarles o perdonarles con algo de ironía.

Lo que no puede hacer de todos modos es dejarse aconsejar "no sabiendo" de arte, porque eso es tonta vanidad, ganas de tener lo que "no se merece". Uno tiene que comprar lo que le gusta y sabiendo por qué le gusta y, si pretende que "eso" sea bueno, tiene que valorarlo con medios propios y no prestados. Uno se hace una librería como se hace una colección de pintura, atendiendo a su propio placer. Nadie engaña a nadie con una biblioteca o una colección. Al poco rato de hablar con esa persona, ya se sabe si tiene méritos para merecérsela, colección o biblioteca.

La gente inteligente y culta que yo he conocido –cuanto más inteligente y culta, en general, menos rica– han tenido una colección imaginaria, con referentes en los libros ilustrados. O una biblioteca imaginaria, con referentes en las bibliotecas públicas. Han tenido pocos cuadros –a veces ninguno– y pocos libros –demasiado pocos–. Pero, en fin, algunos con buen gusto y con medios, al mostrarme sus cuadros, se han hecho a sí mismos un buen retrato.

Hoy se vende tan mala pintura porque hay poquísima gente culta de verdad. Hay cantidad de "snobs" y de nuevos ricos, que por sus adefesios colgados en la pared los conoceréis. Cuando yo vivía en Francia, allá por los años 50, se había puesto de moda un pintor malísimo llamado Bernard Buffet, que pintaba paisajes, bodegones, retratos con un estilo seco, a grandes trazos negros, todo del mismo modo, con la misma caligrafía, en serie, en grandes cantidades. Cuando llegaba a una casa rica y me encontraba un Buffet en el "buffet" –es decir, en el comedor–, ya sabía de qué pelaje eran sus dueños. Todos los que "no comprendían" la buena pintura abstracta comprendía a Buffet, que no era abstracto, pero "hacía moderno". Mientras tanto, el bueno de Francis Picabia vendía malamente sus dibujos o pequeñas pinturas a los verdaderos aficionados del barrio latino. A la gente rica y ordinaria no les importa mucho hacer el ridículo, por lo cual a mí no me importa nada ponerlos en él. Buffet no ha ganado nada con el tiempo. Su pintura sigue siendo horrible y su valor ha decaído muchísimo. Tenía razón entonces y la tengo ahora. Quien en arte se deja llevar por la moda hace casi siempre el ridículo. Y el que, por esnobismo, se deja embaucar por los marchantes demuestra no tener ni pizca de seso. Para ir a comprarse un cuadro a un marchante hay que saber más pintura que el marchante o más vale no ir. Las conversaciones con los comerciantes suelen ser un oprobio. "Cómprese esto, que se lleva mucho –dicen los más listos. Este pintor ha ganado tantos premios, publicado cantidad de monografías; mire usted, mire usted estas revistas. Todas hablan de él".

Pero ¿le gusta a usted? ¿Le gusta sin que sea un trabajo de sugestión por parte del vendedor? Pues si no le gusta, discuta, argumente, diga que le gusta más un cuadro de Aureliano de Beruete o de López Mezquita y déjelo pensando que es usted un paleto, pero con la pena de no tener uno de verdad para venderlo mejor. Uno no debe tener vergüenza de sus gustos. Pero tampoco vale alardear de ello. El hombre de sensibilidad y cultura no alardea de nada, se complace en silencio con lo que le gusta y así hasta puede procurar al visitante algunas sorpresas.

–¡Caramba! Tiene usted un retrato de Benedito.
–Sí; era el retrato de mi abuela. A mis hijos no les gusta y hasta dicen que lo retire.
–Eso comienza por demostrarme que sus hijos son unos asnos y que la raza degenera.
–¡Hombre! Tiene usted un grabado de Piranesi, una bella "Veduta de Roma".
–Pues sí; lo compramos en el viaje de bodas. Lo vi en una tienda y me enamoré de él; me dijeron que era de una tirada antigua.

Todo eso me hace más impresión que encontrarme con un salón lleno de pinturas todas modernas, espantosas la mayor parte de las veces. Allí se pregunta por Piranesi y nadie sabe quién era.

Una colección de arte moderno tiene que tener "sentido" y sus dueños tienen obligación de dar razón de él.

Hay menos buena pintura porque hay gente menos culta, pero hay mucha más gente rica y sin criterio. Para coleccionar pintura hay que tener criterio pictórico y merecerla. Lo demás por mucho que se disimule, es ponerse un inri sobre la frente.

A los que nos gusta y entendemos de pintura nos gusta toda ella, la moderna y la antigua, con tal que sea buena. ¡Lo que yo daría por tener un Kandinsky carnavalesco y místico, un Klee deliciosamente reflexivo, un Braque sereno y terroso, un Pollock vesánico! Pero también un Regoyos, un Solana, un Ramón Casas. Y toda esa buena pintura que se ignora. Preciosos cuadritos, magníficos grabados, sensibles dibujos de todos los tiempos sobre los que nadie enfatiza ni se dice que son geniales. Verdad es que, al no tener dinero ni espacio, prefiero tenerlos en la imaginación.

Pues eso: hay que tener mucha pintura en la imaginación para comprarse un cuadro "por necesidad" estética, por el gusto de contemplarlo y hacerse con un amigo de toda la vida. La pintura que se compra para especular me revela que su dueño es un especulador y eso me lo hace sospechoso en cierto terreno, no lo puedo remediar.

Hay quien tiene en su casa pintura mala sin ser tonto, por ternura, por entrañable condescendencia hacia lo que ha venido a las manos. Quien la tiene, sin embargo, porque la ha comprado cara no cuenta con muchos atributos para ser mi amigo de confianza.

"También los pintores modernos tienen derecho a vivir", se me dirá. Sí, pero no a vender tan caro, porque así ni siquiera hay medio de saber quiénes valen más o valen menos. El comercio de la pintura se ha desmadrado artificialmente y está claro que así no se puede seguir. Se aprovecha ese comercio de la barbarización de la sociedad. Las propias galerías, sin saberlo, despiden a la gente de cierta sensibilidad. Ya son como hangares inhóspitos –aunque recubiertos de moqueta– con cuadros inmensos que nadie podrá meter en su casa, de una solemne pedantería, borboteantes de materia o con rechupados de torpe mano. Son lo contrario de esos almacenes con objetos de regalo y pinturas para encima del sofá, pero igualmente repugnantes.

Muchas veces me acerco al cuadro más horrible y pregunto:

–¿Cuánto vale esto?
–Dos millones, con el descuento.
–Me parece poco.
–¿Lo compra usted?
–No tengo espacio.

Luego veo volverse al vendedor o la vendedora con altanería y meterse en el cuchitril de su desamparo económico, pensando, sin duda, que si no tengo espacio es porque no tengo dinero y el no tener de las dos cosas revela también que soy tonto.

ABC Cultural

- **alardear:** presumir.
- **condescendencia:** aceptación, por bondad, del deseo de otro.
- **cuchitril:** habitación estrecha y desaseada.
- **desmadrarse:** actuar fuera de los límites de los convencionalismos sociales.
- **embaucar:** engañar.
- **especular:** traficar.
- **hangar:** cobertizo para guarecer aparatos de aviación.
- **marchante:** traficante.
- **oprobio:** deshonra.
- **paleto:** persona rústica.
- **pelaje:** aspecto o calidad de una persona o cosa.
- **rechupar:** absorber el lienzo el color dejándolo sin brillo.
- **vesania:** locura.

ACTIVIDADES

1. **Halla y explica las oraciones adverbiales del texto.**

2. **Halla las palabras del texto que corresponden a las siguiente etimologías.**

 ____________: Del latín ad Ephesios, 'a los habitantes de Éfeso', a quienes San Pablo dirigió muchas epístolas. La expresión pasó después a significar 'hablar a los que no nos entienden, a aquellos con los que no tenemos nada que ver'. Posteriormente, se llamó así a todo lo raro, extravagante y ridículo.

 ____________: En otros tiempos, los estudiantes que iban a Oxford eran normalmente nobles. Si no tenían títulos nobiliarios se les inscribía con la apostilla *s.nob.* (*sine nobilitate*, 'sin nobleza') junto a su nombre. Posteriormente se llamará así a los que muestran una admiración afectada por las novedades de moda y quieren aparentar elegancia y buen gusto sin tenerlo.

 ____________: Las siglas INRI, 'Jesús Nazareno rey de los judíos', se inscribieron en la cruz de Cristo a modo de escarnio. Hoy la expresión completa indica 'para más vergüenza'.

3. **La expresión *no tener pizca de seso* es despectiva y se usa para referirnos a la poca inteligencia de una persona. Completa las frases con las expresiones negativas que te ofrecemos.**

No chuparse el dedo	No llegar la sangre al río	No pegar ojo
No comerse un rosco	No llegarle a alguien a la suela de los zapatos	No soltar prenda
No dar el brazo a torcer	No llegarle a alguien la camisa al cuerpo	No tener ni pies ni cabeza
No dar pie con bola	No pegar ni con cola	No tener pelos en la lengua
No dejar títere con cabeza		No ver con buenos ojos

- Los problemas no me dejan dormir. No .... en toda la noche.
- Ya me he dado cuenta de sus intrigas, no ....
- Siempre está presumiendo de sus conquistas amorosas, pero no ....
- Se nota que tiene resaca. No .... en toda la mañana.
- Deberías cambiarte de corbata. Esa no ....
- Los directivos están enfrentados desde hace tiempo, pero aún no ....
- Está tan asustado que no ....
- Sus razonamientos son absurdos, no ....
- Es muy comunicativo y habla con mucho desparpajo. No ....
- Sus padres no .... a su novia. Creen que es demasiado mayor para él.
- Hemos intentado tirarle de la lengua, pero no ....
- No deberías admirarlo tanto. Yo creo que no te ....
- Tras los rumores sobre los trapos sucios de algunos políticos ha habido una remodelación del gobierno y no ....
- Es muy terco. Nunca ....

AL SON DE LOS POETAS

No es nada, no temas, es solamente América

[10]

Escucha atentamente la canción del poema, y completa el texto con expresiones de causa y finalidad y con las formas verbales adecuadas.

Cuando supe
(........................ yo .... así, aquel que se levanta
a golpes, se desentierra, se pone el cuerpo
que dejó en la silla, la esperanza que ya no
le servía sino como una mala dentadura,
y sale, más bien se saca, ... cómo han ido
los días de allá afuera, cómo sigue la insolente
estatua de los dictadores, casco arriba y casco
abajo, animal de baraja, poniéndose mala
madre por su cuenta, mala hostia en el verano
enamorado, mala piedra en su rocío, su memoria,
solo .... que .... el desterrado, ...
apenas, a duras penas, ... que se equivoca,
que no tiene razón en su raíz)

me desperté asustado.
En dónde estoy, grité, después
de tanto esfuerzo, hasta cuándo
es antes todavía, cómo me llamo
entonces, ... qué me ....

(........................ todo
.... a siempre, a sufrimiento viejo, muerte
de ayer que no valió de nada, absurdo
en que han quedado restos de la telarañada cena,
y todavía, todavía hay que poner
la mesa, camareros, perezosos profetas
consuetudinarios, ponerle voluntad al pan,
servir el desayuno de los pobres, sin tanto
regresar a hoy, error de fecha, digo,
y tantos siglos sin lavar la servilleta.)

Y no pude seguir desaprendiendo a pura
historia, y no pude apretarle el cinturón
al corazón .... que .... Mejor nos fuimos,
prójimo y yo, ... lo roto, los vestidos,
.... las vísperas.

Aún no he vuelto
y no sé cuándo volveré a morir: no tengo tiempo...

El poeta

Jorge Enrique Adoum nació en Ecuador en 1926. Estudió Filosofía y Derecho, y fue profesor de literatura en la Universidad Central de Quito, diplomático y funcionario de Naciones Unidas y de la UNESCO. Su tarea como poeta le vale el Premio Nacional de Cultura Eugenio Espejo en 1989. Muere en 2009.

En su trayectoria poética pueden distinguirse dos etapas. A la primera corresponden un telurismo y una exuberancia de corte nerudiano, con títulos como *Ecuador amargo* (1949) y *Los cuadernos de la tierra* (1963); en este último hace memoria de la historia de su país desde los tiempos de la conquista, y ese reencuentro con el pasado lo lleva a las raíces que constituyen su identidad. Después reformula su estilo hacia la palabra coloquial y desarticulada, indagadora, que quiere liberar la poesía del adocenamiento, con un fuerte componente crítico y ético.

El poema

El poema pertenece al libro de Jorge Enrique Adoum titulado *Yo me fui con tu nombre por la tierra*, de 1964. A lo largo de sus versos, se representa el absurdo de despertar cada día, de volver a la vigilia, a la pesadilla real de la historia de América, ya con la fe y la esperanza perdidas. La vida cotidiana es dolorosa como una muerte. El absurdo de los versos quiere representar el absurdo de un mundo que se cuestiona. Las ideas están entrecortadas, y un lenguaje balbuceante nos presenta al hombre alienado, casi un muñeco o un autómata que no puede dominar los acontecimientos.

Vocabulario

Construye los significados de los siguientes vocablos a partir de las ideas que te ofrecemos, según el modelo.

1. BARAJA

conjunto / cartas / o naipes / servir / varios juegos / como póquer

Conjunto de cartas o naipes que sirven para varios juegos, como el póquer.

2. ....

uñas / caballos / donde / clavar / herraduras

3. ....

(idea de modo) / dificultad

4. ....

basado / en / rutina / costumbre

5. ....

sacar / de debajo / tierra

6. ....

intermitentemente / a porrazos

7. ....

pieza / pan / redonda, plana / consagrar / misa cristiana

8. ....

tratar / demás / sin respeto / sin cortesía

9. ....

vago / no gustar / trabajar

10. ....

hombre / inspiración divina / anunciar / hechos futuros

11. ______

tela / formar / araña / hilos / cazar / insectos

....

12. ______

(plural) hora canónica / rezar / anochecer

....

13. ______

pieza / papel, tela / usar para limpiarse boca y manos durante comidas

....

....

Comprensión

a. Señala la expresión que identifica el despertar como una resurrección, un volver de la muerte.

b. Indica las expresiones que representan al protagonista cosificado, como un objeto.

c. Explica la imagen de la estatua del dictador y su relación con los naipes.

d. ¿Qué significa la mala madre y mala piedra de la estatua? ¿Por qué tropieza en ella el desterrado?

e. El ser humano desorientado, como un barco a la deriva, es una imagen prototípica del existencialismo, que presenta al hombre privado de futuro, destinado a un inútil morir. Busca esta idea en el poema.

f. Al igual que en la poesía del peruano César Vallejo, se habla aquí simbólicamente de una comida para los pobres, que suponga el final de la miseria y el hambre. Intenta explicar quiénes serían esos camareros-profetas que van a dar el desayuno a los pobres.

g. "Y tantos siglos sin lavar la servilleta" es una expresión que se refiere al inmovilismo. Busca otras expresiones y juegos temporales que indiquen que el tiempo no avanza, que el pasado persiste, que no hay progreso.

h. Siempre se ha dicho que hay que aprender de la historia, pero aquí se habla de *desaprender*. ¿Por qué?

i. En español se habla de "apretarse el cinturón" cuando se pasa por una época de escasez económica. Pero el poema habla de la imposibilidad de "apretarle el cinturón al corazón". ¿Por qué? ¿Puede haber un hambre que no sea física?

j. Finalmente, el poeta propone volver al pasado, reconstruir lo roto y preparar los rezos. También habla de volver a morir. ¿A qué se refiere? ¿Crees que hay desesperanza o escepticismo en este final?

Expresión

- **Explica el poema con tus propias palabras y también la ironía del título.**
- **La resurrección y la cena universal pueden ser evocaciones bíblicas. Explica esta idea.**

Modismos

- ***A golpes* es una expresión que significa 'a porrazos' o 'de manera discontinua'. A continuación, tienes otras expresiones con la palabra *golpe*. Úsalas adecuadamente en las frases.**

- *De golpe:*
  violentamente, de repente.
- *Golpe de Estado:*
  conquista del poder político por medios no legales.
- *Golpe de mar:*
  ola que con fuerza rompe contra algo.
- *No dar golpe:*
  no trabajar.
- *Golpe de suerte:*
  cambio repentino en la fortuna de alguien, positivamente.

1. Los militares que preparaban el .... fueron descubiertos cuando se interceptó una de sus conversaciones telefónicas.
2. Me enteré de su accidente ...., nadie me había dicho nada, estoy muy impresionada.
3. Un .... volcó la barca, pero los marineros pudieron salvarse.
4. Estaba con la soga al cuello, pero ha tenido un .... y ha heredado seis millones de euros.
5. Es normal que lo hayan echado de la empresa, es que ....

MANOS A LA OBRA

- **Redacta tu *currículum vítae* y después representa con un compañero una entrevista de trabajo. Usa todas las expresiones de causalidad y finalidad que puedas.**

DEBATE

- **En su reflexión sobre la realidad americana, Adoum condena la presencia de los dictadores. ¿Cuál es la situación actual de tu país y el de tus compañeros? Conversa sobre este tema.**

10

DÉCIMA UNIDAD

El subjuntivo: recapitulación

SITUACIONES

● **Analiza los usos de subjuntivo contenidos en las siguientes frases.**

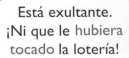

Como sigamos con este ritmo vamos a terminar rapidísimo.

Mientras no llueva lo suficiente, hay que ahorrar agua.

Aceptaré participar, pero no creas que me gusta.

Quienes hayan acabado pueden irse.

Está exultante. ¡Ni que le hubiera tocado la lotería!

GRAMÁTICA

Te ofrecemos en esta unidad una serie de cuadros sinópticos que resumen todo lo visto sobre el subjuntivo a lo largo de este libro, y que pueden ser de gran utilidad, siempre que se haya comprendido la explicación desarrollada en cada unidad.

10.1. ORACIONES INDEPENDIENTES

INDICATIVO

	a lo mejor

SUBJUNTIVO

DESEO	***ojalá (que)*** ***así*** ***que*** Otros usos de *que* + SUBJUNTIVO: –Órdenes y ruegos –Sorpresa –Fórmulas *(que yo sepa, recuerde, vea; que nosotros sepamos, recordemos, veamos; que digamos, que dijéramos)* ***si, quién*** (+ imperfecto o pluscuamperfecto)
POSIBILIDAD	***puede que*** ***ni que*** (coloq.) (+ imperfecto o pluscuamperfecto)

INDICATIVO/SUBJUNTIVO

PROBABILIDAD	***quizá(s), tal vez, probablemente, posiblemente, (acaso)*** Si la expresión va antes del verbo, este puede ir con INDICATIVO (mayor grado de probabilidad) y SUBJUNTIVO (grado menor); si va después del verbo, este se construye con INDICATIVO.
CONJETURAS, SUGERENCIAS	***¿y si...?*** (+ indicativo/imperfecto o pluscuamperfecto de subjuntivo)

10.2. RELATIVAS

INDICATIVO

	▪ Las oraciones **explicativas** van siempre en INDICATIVO. ▪ Usamos INDICATIVO para referirnos a verdades generales.

SUBJUNTIVO

	■ En las estructuras **reduplicativas** usamos SUBJUNTIVO para expresar que "no importa". ■ ***Cualquier(a)***, ***quienquiera***, ***comoquiera*** + ***que*** + SUBJUNTIVO. ■ Usamos subjuntivo cuando negamos el antecedente, y a menudo también cuando el antecedente es ***poco (-a, -os, -as)***.

INFINITIVO

	■ Cuando queremos expresar la finalidad o disponibilidad del antecedente usamos INFINITIVO.

INDICATIVO/SUBJUNTIVO

	■ Las oraciones **especificativas** van en INDICATIVO si su antecedente es conocido o determinado, y en SUBJUNTIVO si es desconocido o indeterminado.

10.3. SUSTANTIVAS

verbo 1 (o expresión) + ***que*** + **verbo 2** (INDICATIVO/SUBJUNTIVO)
verbo 1 (o expresión) + ***que*** + **verbo 2** (INFINITIVO)

REGLA I	
■ Verbos de: • voluntad • influencia (prohibición, obligación, mandato, consejo, ruego) • sentimiento, apreciación, juicio de valor, duda ■ Expresiones que indican juicios de valor	Si el sujeto del verbo 1 y el del verbo 2 es el mismo, el verbo 2 va en INFINITIVO. Si el sujeto del verbo 1 y el del verbo 2 no coinciden, el verbo 2 va en SUBJUNTIVO.

REGLA II	
■ Verbos de: • actividad mental • comunicación • percepción ■ Expresiones de certeza	Si el verbo 1 es afirmativo, el verbo 2 va en INDICATIVO. Si el verbo 1 es negativo, el verbo 2 va en SUBJUNTIVO (pero puede ir en INDICATIVO también). Si el verbo 1 es una orden negativa, el verbo 2 va en INDICATIVO. Si el verbo 1 es una pregunta negativa, el verbo 2 va en INDICATIVO, pero puede ir en SUBJUNTIVO si se cuestiona la información aportada.

OTRAS EXPRESIONES

	es que (no) + INDICATIVO / ***No es que (no)*** + SUBJUNTIVO ***eso de que, el hecho de que*** + SUBJUNTIVO/INDICATIVO

VERBOS DE DOBLE CONSTRUCCIÓN

acordar
comprender, entender
decidir
decir (recordar, insistir, indicar, señalar)
parecer
sentir

EL ESTILO INDIRECTO

Se siguen las reglas hasta aquí anotadas sobre el uso de los modos.

Interrogativas indirectas: el verbo 2 puede ir, esporádicamente, en SUBJUNTIVO, para expresar duda o incertidumbre.

10.4. ADVERBIALES

10.4.1. CONDICIONALES

INDICATIVO

que...que
si...que
que...si

INFINITIVO

de

SUBJUNTIVO

a menos que, excepto que, salvo que, a no ser que
mientras
como
siempre que, siempre y cuando, a condición de que, en caso de que

INDICATIVO/SUBJUNTIVO

si, salvo si, menos si, excepto si, por si

+ INDICATIVO (pasado, presente, atemporal): acción probable.
+ SUBJUNTIVO (imperfecto, pluscuamperfecto): acción improbable o ya imposible.

SUBJUNTIVO/INFINITIVO

con (que)
a cambio de (que)

10.4.2. TEMPORALES

INDICATIVO

	ahora que ***mientras que*** ***entre tanto*** ***mientras tanto***

SUBJUNTIVO

	antes de que

INFINITIVO

	al ***nada más*** ***hasta***

INDICATIVO (pasado, presente, atemporal) **/ SUBJUNTIVO** (futuro)

	cuando ***cada vez que, siempre que*** ***hasta que*** ***mientras*** ***a medida que, conforme*** ***una vez que*** ***en cuanto, tan pronto como, apenas, no bien*** ***desde que***

INFINITIVO/SUBJUNTIVO

	antes de (que) ***después de (que)***

10.4.3. CONCESIVAS

INDICATIVO

	(aun) a sabiendas de que ***si bien*** ***y eso que***

SUBJUNTIVO

	por mucho que, por poco que ***por*** + ADJETIVO + ***que*** ***por muy*** + ADJETIVO/ADVERBIO/SUSTANTIVO + ***que*** ***(aun) a riesgo de que*** ***así***

INFINITIVO

	a pesar de ***(aun) a riesgo de*** ***pese a***

GERUNDIO

	aun

INDICATIVO/SUBJUNTIVO

	aunque ***a pesar de que*** ***pese a que*** ***por más*** (SUSTANTIVO) ***que***	+ INDICATIVO: hecho experimentado o conocido, existencia real de un obstáculo o dificultad. + SUBJUNTIVO: hecho que no nos importa o no hemos comprobado.

10.4.4. CAUSALES

INDICATIVO

	ya que ***dado que*** ***en vista de que*** ***puesto que***	***a causa de que*** ***gracias a que*** ***pues*** ***que*** (coloq.)

INFINITIVO

	por ***de tanto*** ***a fuerza de***

INDICATIVO/SUBJUNTIVO

	porque + INDICATIVO / ***no porque*** + SUBJUNTIVO ***ya, bien, sea porque...ya, bien, sea porque...*** + INDICATIVO/SUBJUNTIVO ***como*** + INDICATIVO / SUBJUNTIVO *(causal literario)*

10.4.5. CONSECUTIVAS

INDICATIVO

	así que, así pues ***por lo tanto, por tanto*** ***por consiguiente*** ***luego*** ***conque*** ***cómo, si*** + EXPRESIÓN DE PROBABILIDAD + ***que*** + INDICATIVO (coloq.)

SUBJUNTIVO

	de ahí que

INDICATIVO/SUBJUNTIVO

	tanto que, tan + ADJETIVO/ADVERBIO + ***que*** ***de (tal) modo, forma, manera, suerte que***	+ INDICATIVO + SUBJUNTIVO (si el verbo principal va en imperativo o forma negativa)

10.4.6. FINALES

SUBJUNTIVO

	(IMPERATIVO) + ***que*** ***de modo, forma, manera que*** ***no sea que, no fuera que, no vaya a ser que , no fuera a ser que*** (coloq.)

SUBJUNTIVO/INFINITIVO

	para ***a fin de*** ***con vistas a*** ***con la intención de*** ***con el objeto de*** ***con el fin de*** ***con el propósito de*** ***a*** *(tras verbos de movimiento)*	+ ***que*** + SUBJUNTIVO (diferente sujeto) + INFINITIVO (mismo sujeto)
	con tal de + INFINITIVO / ***con tal de*** + ***que*** + SUBJUNTIVO	

10.4.7. MODALES Y COMPARATIVAS

SUBJUNTIVO

	como si, igual que si + imperfecto o pluscuamperfecto	
	Excepciones: • (coloq.) concesivo • (coloq.) comparativo ***(tanto si…como si…)*** • estilo indirecto	+ INDICATIVO

INDICATIVO/SUBJUNTIVO

	como, según ***cuanto más / menos*** ***mientras más / menos***	+ INDICATIVO (presente, pasado/conocido) + SUBJUNTIVO (futuro/desconocido)

SUBJUNTIVO/INFINITIVO

	sin ***en vez de, en lugar de***	+INFINITIVO + ***que*** + SUBJUNTIVO

EJERCICIOS

Las siguientes frases han sido extraídas de situaciones reales. Complétalas adecuadamente.

1. Si no (interesar) .... la sociología, no (venderse) .... tantos ejemplares de esta obra.
2. Los sindicatos desean (salir) .... de estas reuniones el compromiso del gobierno de negociar la reforma.
3. Nadie quiere (enfrentarse) .... a la posibilidad de que tras la muerte no (haber) .... nada.
4. Aunque la situación era muy delicada, optamos por intentarlo (salir) .... el sol por donde (salir) ....
5. Puede que algún día (nosotros, saber) .... toda la verdad.
6. Cualquiera que (leer) .... este artículo pensará que estamos al borde de la guerra.
7. La organización ha decidido no (cambiar) .... su actitud hasta (ellos, dejar) .... de destruir la selva amazónica.
8. Buscamos algo que (ser) .... distinto.
9. En el caso de que (confirmarse) .... tu sospecha, habla con ella, pero no juzgues su comportamiento.
10. Es muy prudente, así que no (yo, creer) .... que (ella, decir) .... nada.
11. No creo que (tú, deber) .... llevarlo a la fiesta, aunque (él, ser) .... tu hermano. Solo te han invitado a ti.
12. Es un invento revolucionario que (cubrir) .... todas sus necesidades, por muy grandes que (ser) ....
13. Cuanto más (tú, mirarlo) ...., más (gustarte) ....
14. Ciertas normas de la empresa me parecen injustas; por lo tanto, no creo que (ser) .... oportuno (mantenerlas) .... por más tiempo.
15. El secretario de la ONU afirmó que el despliegue de soldados (ser) .... necesario para (evitar) .... (malograrse) .... los éxitos conseguidos por la misión de paz.
16. Esa medida es completamente absurda. Es como si se (pedir) .... a los arquitectos y los poetas (ellos, ir) .... a operar de apendicitis a los hospitales.
17. Dondequiera que (tú, ir) .... te seguiré.
18. Sería muy triste (él, morir) .... antes de (él, ver) .... realizado su sueño.
19. Si (él, conseguir) .... ahora ese empleo (resolverse) .... todos sus problemas.
20. El hecho de que (surgir) .... un departamento que (ocupar) .... a doscientas personas da una idea clara del desarrollo y de las posibilidades de este sector.
21. Cuanto menos (tú, saber) ...., mejor será.
22. Habló con tal gravedad que (hacerse) .... un silencio sepulcral en la sala.
23. Quieren derribar las barreras comerciales donde (ser) .... posible.
24. Me siento bien con cualquier persona que (respetar) .... mi identidad.
25. Tal vez ese (ser) .... el precio de tu felicidad.

26. No es que (yo, tener) .... mucho a favor de los directivos, pero tampoco puedo olvidar que (haber) .... honrosas excepciones.
27. Están buscando fórmulas que (poder) .... ser provechosas para el desarrollo de la industria del cine en nuestro país.
28. Solo apoyarán la misión pacificadora en aquellos conflictos que (amenazar) .... la seguridad internacional, cuando (producirse) .... una catástrofe que (exigir) .... ayuda inmediata o cuando (observarse) .... una grave violación de los derechos humanos.
29. Deja de lamentarte. Ni que (morírsete) .... alguien.
30. Habrá negociaciones con los países que (figurar) .... en la lista, para que (ellos, eliminar) .... o (ellos, reducir) .... las barreras comerciales o (ellos, indemnizar) .... a los sectores perjudicados.
31. El dato de que ya (haber) .... tres países que (apresurarse) .... a apoyar al secretario general es muy relevante.
32. A pesar de la agresividad que (él, poder) .... aparentar, es una persona muy dulce.
33. Es posible que ya (ellos, oír) .... que habrá un cambio drástico en la estructura de esa cadena de hoteles.
34. Harán todo lo que (estar) .... de su mano para (ellos, fomentar) .... las inversiones.
35. Las cosas van bastante bien, pero no creo que (nosotros, poder) .... hablar aún de éxito.
36. Actuó como si (él, intuir) .... lo que (ir) .... a ocurrir.
37. No pienso añadir nada más. Quien (querer) .... entender, que (entender) ....
38. La capacidad de trenzar la trama, de suerte que el lector nunca (aburrirse) ...., es una de las grandes cualidades de este novelista.
39. Si (él, aprovechar) .... la ocasión, quizás las cosas (ser) .... diferentes, pero se obstinó de tal manera que no (darse) .... cuenta de la oportunidad que (él, perder) ....
40. No es justo que después de tantos años trabajando no (él, tener) .... derecho a pensión.
41. Instarán al Gobierno a (modificar) .... la actual legislación de tal manera que (ser) .... reconocidos los derechos de las parejas no casadas.
42. No parece que (él, estar) .... en condiciones de llevar a cabo esta tarea.
43. Insinuaron la posibilidad de que no (ser) .... ciertas sus declaraciones.
44. Me dijo que (yo, marcharme) .... antes de que él (volver) ....
45. Es una madre muy severa. Se opone a todo tipo de diversión a no ser que (tener) .... fines educativos.
46. Actúan como si el propósito de hacer borrón y cuenta nueva (poder) .... erradicar el recuerdo del mal que ya se ha hecho.
47. Estoy encantado de que todo (salir) .... bien y de no (yo, tener) .... que preocuparme más por este asunto.
48. Lo ideal sería (ellos, aceptar) .... mi dimisión.

49. No creo que (ellos, hacerme) .... ninguna jugarreta.

50. No (ser) .... lógico que (cumplirse) .... todos los pronósticos en la primera ronda de negociaciones.

51. Por si todo esto (ser) .... poco, aún queda una razón más para confiar en este equipo.

52. Los resultados dependen enteramente de lo que (nosotros, conseguir) .... esta tarde.

53. Podemos ayudarte en los momentos difíciles, pero no nos pidas (nosotros, asumir) .... tus responsabilidades.

54. Han decidido (ellos, no proyectar) .... más este tipo de películas porque temen que sus salas (quedarse) .... vacías.

55. No entiendo para qué (tú, hacer) .... eso.

56. Mientras el acuerdo (seguir) .... en pie, nosotros cumpliremos nuestros compromisos.

57. Si (yo, poder) .... , yo misma (resolvértelo) ...., pero es necesario (tú, cumplir) .... todos los trámites.

58. El congreso del partido concluyó ayer sin que (decidirse) .... modificar la política que (precipitar) .... su descenso en los índices de apoyo de la opinión pública.

59. Le administraron morfina para (él, no sufrir) ....

60. Desde que en abril (ser) .... adoptada esa resolución podía haberse producido en cualquier momento un incidente de este tipo.

61. Cada arma de fuego que (poderse) .... eliminar de las calles (ser) .... un paso adelante contra la violencia ciudadana.

62. No hay nada que (atraer) .... más que algo que (ser) .... difícil.

63. No pienso (ser) .... imprescindible mi colaboración, así que (yo, retirarme) ....

64. Es extraño (ellos, decir) .... que ya no (ser) .... necesario aportar más pruebas.

65. (Ganar) .... quien (ganar) .... en las elecciones, el partido vencedor tendrá que acometer una reforma radical de las viejas estructuras.

66. Se dirigió a ella para (él, rogarle) .... (ella, no escribir) .... sus memorias.

67. Ella negó (ella, tener) .... pensado escribir ningún tipo de memorias.

68. Haz algo antes de que (ser) .... demasiado tarde.

69. Condujo el asunto sin (nadie, enterarse) ....

70. Quienes (acertar) .... todas las respuestas recibirán un premio seguro.

71. ¡Que (irte) .... bien!

72. Hay órdenes de que (hacerse) .... inspecciones por las noches y especialmente los fines de semana.

73. Me gustaría (llegar) .... pronto mi oportunidad.

74. El fiscal pide (ser) .... expulsados del país tres mil extranjeros ilegales presos.

75. La cuestión es preguntarse ahora si, aunque la solución (ser) .... mala, (ser) .... posible emplear otra.

GRAMÁTICA

10.5. CONTRASTES

Observa que hay conjunciones que pueden utilizarse con distintos valores:

COMO

CAUSAL	***Como** nos encantó, no dudamos en comprarlo.*
CAUSAL LITERARIO	***Como** viera que no le hacían caso, decidió no volver.*
CONDICIONAL	***Como** vuelvas a quejarte, me enfadaré.*
MODAL	*Convéncela **como** sea.*

COMO SI

MODAL	*Me miró **como si** no me conociera.*
CONCESIVO	*¿Que van a denunciarnos? **Como si** llueve; a mí me da igual.*
COMPARATIVO	*Asistiremos, **tanto si** nos invitan **como si** no lo hacen.*
ESTILO INDIRECTO	*Antes de concedernos el crédito confirmaron algunos asuntos, **como si** teníamos una nómina fija.*

CON

CONSECUTIVO	*Ya van a cerrar, **conque** date prisa.*
CONDICIONAL	***Con que** firmes aquí será suficiente.*
MODAL	***Con** disculparte no resuelves nada.*

DE (TAL) MODO (FORMA, MANERA, SUERTE) QUE

CONSECUTIVO	*Hablaba **de tal modo que** todos reían.*
FINAL	*Hablaba **de modo que** todos rieran.*

MIENTRAS

TEMPORAL	***Mientras** riegas el jardín, yo ordenaré un poco el apartamento.*
CONDICIONAL	*Yo ordenaré el apartamento, **mientras** tú riegues el jardín.*
+ ***que***: CONTRASTE	*Yo he recogido toda la casa, **mientras que** tú solo has regado las plantas.*

POR

CAUSAL	*Te has quemado **por** jugar con fuego.*
CONCESIVO	***Por** mucho que te guste, no te lo puedes permitir.*
CONDICIONAL	*Lo he traído **por si** querías verlo.*

QUE

CAUSAL	*Cierra la puerta, **que** hay corriente.*
FINAL	*Sal ya, **que** no te encuentren aquí.*
DESEO	*¡**Que** seas muy feliz!*
SORPRESA	*¡**Que** tú me hayas hecho esto!*
NEXO DE SUSTANTIVAS	*Quiero **que** me respondas ahora.*
RELATIVO	*Di **lo que** sepas.*
CONDICIONAL	*No teníamos horario. **Que** nos apetecía, comíamos, **que** no, lo dejábamos para otro momento.*

SI

ESTILO INDIRECTO	*Dime **si** vendrás.*
CONDICIONAL	*Ven **si** quieres.*
DESEO	*¡**Si** lo hubiera sabido antes!*
SORPRESA O QUEJA (coloq.)	*¡**Si** es facilísimo!* *¡**Si** yo no he hecho nada!*

SIEMPRE QUE

TEMPORAL	***Siempre que** vengas serás bien recibido.*
CONDICIONAL	*Podríamos hacer este trabajo en equipo, **siempre que** tú estés de acuerdo.*

EJERCICIOS

Completa.

1. No me han indicado si (yo, deber) .... quedarme a hacer horas extraordinarias.
2. ¡Si (yo, quedarme) ...., (irme) .... mucho mejor!
3. Si (ellos, pedírmelo) ...., (yo, quedarme) ....
4. Dijeron que seguirían allí mientras (ellos, permitírselo) ....
5. Siempre nos toca lo peor, mientras que (ellos, hacer) .... lo más fácil.
6. Mientras (tú, echarse) .... la siesta, yo estuve leyendo.
7. Hazlo como (ellos, decirte) .... Tienen mucha experiencia.
8. Como (llover) ...., nos vamos a empapar. Se me ha olvidado el paraguas.
9. Como (ser) .... tarde, decidimos coger un taxi.
10. Trabaja como si (irle) .... la vida en ello.
11. Yo pienso asistir, tanto si me acompañas como si (quedarte) ....
12. Tienes que averiguar algunas cosas, como si (haber) .... alguna posibilidad de pedir una prórroga o si se (poder) .... ampliar el contrato.
13. ¿Que van a venir? Pues como si no (venir) ...., a mí me da igual.
14. Lleva la chaqueta por si (hacer) .... frío.
15. Le abrieron expediente por (faltar) .... tanto sin justificación.
16. Por mucho que (tú, insistir) ...., no me vas a convencer.
17. Con (tú, quejarte) .... no vas a resolver tu problema.
18. Con que (tú, esforzarte) .... un poco, llegarás a donde te propongas.
19. No has hecho nada en toda la mañana, conque (tú, empezar) .... a moverte.
20. Anda, ven a la fiesta. Que (gustarte) ...., te quedas; que (tú, aburrirte) ...., te vas.
21. Me despido ya, que (hacérseme) .... muy tarde y mañana tengo que madrugar.
22. Ven que (yo, verte) .... Te queda muy bien ese traje nuevo.
23. ¡Que no (ellos, avisarme) ....!
24. Dijo que (llover) .... a cántaros.
25. Me gustan los perfumes que (tener) .... un aroma suave.
26. ¡Ay, que (yo, quemarme) ....!
27. ¡Que (partirte) .... un rayo!
28. Siempre (a él, olvidársele) .... las llaves en su casa.
29. Siempre que (él, retrasarse) .... llama para avisarnos.
30. Aceptaré el contrato, siempre que (cumplirse) .... todas las condiciones.

Completa las siguientes oraciones con indicativo, subjuntivo o infinitivo.

31. Ojalá (terminarse) .... algún día todas las guerras.

32. Puede que este año (ellos, irse) .... de vacaciones a Australia.

33. Que yo (saber) ...., no hay ninguna reunión esta semana.

34. Quienquiera que (hacerlo) .... lo pagará caro.

35. Espero que esto no (volver) .... a ocurrir.

36. Si quieres que te lo (firmar) .... el director, tienes que esperar un poco.

37. Es lógico que (tú, estar) .... cansada, es que no paras.

38. Tal vez (vosotros, preferir) .... que (nosotros, salir) .... a la terraza, hace un día estupendo.

39. Cada vez que (ellos, encontrarse) .... terminan discutiendo.

40. Le pidió que (él, no contar) .... lo ocurrido.

41. Sería fantástico que (ellos, financiarle) .... el proyecto.

42. Por más que (él, intentarlo) ...., no logra concentrarse.

43. A fuerza de (ella, insistir) ...., logró que la escucharan.

44. Últimamente hay muchos accidentes en esa carretera, así que las autoridades (estar tomando) .... medidas al respecto.

45. Le hemos llevado unos discos para que (él, animarse) .... un poco. Lleva con fiebre toda la semana.

46. No creo que (ser) .... un buen momento para tratar ese tema.

47. Los problemas que (derivar) .... de esa medida serán responsabilidad del Ministerio.

48. Han acordonado el edificio para que los asaltantes no (poder) .... escapar.

49. Los consumidores que (estar) .... inscritos pueden hacer uso gratuito de la asesoría jurídica.

50. La organización cree que el número de afectados (poder) .... ascender a varios miles.

Fotocopia y recorta las fichas de las páginas 175 y 176, repártelas y construye frases con tus compañeros.

....

....

....

....

....

....

....

PRENSA

Fronteras

Del otro lado

Maruja Torres

Soñé que (yo, llegar) .... al aeropuerto de Eceiza, en Buenos Aires; que un policía mal encarado examinaba mis papeles por el derecho y por el revés, y miraba con atención la foto de mi pasaporte y luego me miraba a mí, y contaba con desprecio mi dinero, y al final hacía un gesto con la cabeza y se me acercaban dos guardias, que me empujaban hasta una puerta y, después de (abrirla) ...., me arrojaban al interior de una habitación en donde otros españoles de aspecto deplorable llevaban muchas horas esperando que las autoridades (decidir) .... si (ellos, dejarles) .... entrar o no en Argentina. "Lo más seguro es que (ellos, echarnos) ....", me explicó un hombre de ojos opacos. "Están muy bordes últimamente".

Esto soñé, pero que (tratarse) .... de una pesadilla no me tranquilizó al (despertar) .... Prendí un cigarrillo y lo consumí saboreándolo –cada pitillo puede ser el último, en cualquier momento sonará la orden fatal–, y solo al cabo de un rato apagué la luz y me dormí, deslizándome de nuevo hacia mis temores.

Ahora recorría una calle del centro de Asunción, una de esas calles algo empinadas, estrechas, de edificios bajos pintados en colores claros, con carteles escritos a mano anunciando las mercancías. Al final de la pendiente estaba el río Paraguay, hinchado de barcazas, pero antes se encontraba el hotel en donde yo (deber) .... entrar. "Alto, española", me atajó el portero con librea. "En este local nos reservamos el derecho de admisión". "No puede ser", me quejé. "Ustedes, los paraguayos, siempre (acoger) .... con benevolencia al extranjero. Incluso se portaron bien con los conquistadores". "Pues ya ve, las cosas cambian. Márchese y dé gracias a que (yo, no denunciarla) ....". Seguí caminando en dirección al río, pero cerca del palacio de Gobierno, los dos soldados que (montar) .... guardia en la esquina se fijaron en mí, y di la vuelta con rapidez. Desperté buscando un lugar donde esconderme.

Encendí otro cigarrillo, pero ya no me sabía bien, y lo aplasté casi entero mientras (yo, arrebujarme) .... en la cama. Debí dormirme de nuevo porque ahora estaba sentada en un merendero, en un promontorio de Puerto Limón, y me moría por una cerveza helada mientras (yo, contemplar) .... el batir de las olas del Atlántico contra la playa. Una cimbreante camarera se me acercó y señaló la puerta con su airoso pulgar: "Fuera. No servimos a españoles". Este sueño lo empalmé con otro en el que me veía a oscuras en un cine de una galería del centro de Santiago de Chile. Veía la película por tercera vez y sabía que aún (quedarme) .... otro pase antes de (yo, atreverme) .... a salir a la calle, aprovechando la noche para (meterme) .... en algún agujero en donde los agentes de Inmigración no (poder) .... encontrarme. "Alguna vez tuve amigos en esta ciudad", me repetía, pero ya me habían cerrado sus puertas. "No queremos tener nada que ver con cerdos racistas como ustedes".

Seguí soñando el resto de la noche, en busca de refugio y acumulando rechazos. En Santa Rosa, un jesuita guaraní de enorme corpachón me examinó con sonrisa enigmática. "Vaya a buscar un trabajo de criada. Vaya a limpiar la porquería de los otros, cómase los restos de los otros, reciba la menguada paga de los otros, y luego rece para que (ellos, tratarla) .... como a una persona". Corrí bajo los chivatos florecidos de rojo y así llegué a Ciudad de México, y en el Zócalo casi me lincharon unos nativos que gritaban: "¡Mírenla, qué poca cosa es cuando no (ellos, protegerla) ....!", y yo no encontraba la salida de la inmensa plaza, y la catedral se inclinaba hacia delante para (aplastarme) .... Bajé a San Juan del Sur, pero unos nicas me golpearon y pintaron una cruz gamada en mi frente, y cuando (yo, recobrar) .... el conocimiento estaba cubierta de hormigas. Sin saber cómo, me encontré en una aldea de la Dominicana, en el campo, en un camino enfangado con niños que (jugar) .... descalzos y vacas famélicas que (llevar) .... una grulla parada en el anca. "Váyase de aquí", graznó la grulla. "Somos pobres, pero al menos nos morimos poco a poco".

Entonces desperté del todo y abrí bien las ventanas para que (entrar) .... la luz del día y (llevarse) .... los miedos de la noche. Hice café, me duché, leí los periódicos, escuché la radio, pero como aún era temprano para (telefonear) .... a Buenos Aires, me puse a limpiar el piso como una maniaca. Fregué los suelos, saqué brillo a la batería de cocina, lavé las fundas de los cojines y, cuando (yo, terminar) ...., marqué el número de mi mejor amiga de allá y le conté todo: "Che, loca, cómo te vamos a echar. Venite acá y quedate conmigo". Colgué, después de (dar) .... las gracias, y desde entonces me lo estoy pensando.

El País Semanal

- **arrebujarse:** cubrirse y envolverse con la ropa de la cama.
- **atajar:** contar, interrumpir.
- **borde:** (coloq.) antipático.
- **chivato:** árbol de copa plana que se da en lugares húmedos y cálidos.
- **guaraní:** perteneciente a los pueblos que se extienden desde el Amazonas hasta el Río de la Plata.
- **librea:** uniforme, traje con distintivos.

ACTIVIDADES

1. **Completa los espacios en blanco con una forma correcta del verbo entre paréntesis.**
2. **¿Qué intenta denunciar la autora del artículo? Resume su contenido.**
3. **Halla las formas de imperativo del texto y analízalas.**
4. **Opina sobre el rechazo del que se hace víctimas a las personas por su raza o nacionalidad. Razona sobre las causas y posibles soluciones de este problema social.**

AL SON DE LOS POETAS

A veces

[11]

A veces
alguien te .... tímidamente en un supermercado
alguien te da un pañuelo
alguien te .... con pasión qué día es hoy en la sala de espera del dentista
alguien .... a tu amante o a tu hombre con envidia
alguien oye tu nombre y se .... a llorar.

A veces
encuentras en las páginas de un libro una vieja fotografía
de la persona que .... y eso te da un tremendo escalofrío
.... sobre el Atlántico a más de mil kilómetros por hora y ....
en sus ojos y en su pelo
estás en una celda mal iluminada y te .... de un día luminoso
tocas un pie y te enervas como una quinceañera
regalas un sombrero y .... a dar gritos.

A veces
una muchacha .... y estás triste y la quieres
un ingeniero agrónomo te saca de quicio
una sirena te .... pensar en un bombero o en un equilibrista
una muñeca rusa te incita a levantarle las faldas a tu prima
un viejo pantalón te hace desear con furia y con dulzura a tu propio marido.

A veces
.... por la radio una historia ridícula y .... a un hombre
que en vida fue tu amigo
disparan contra ti sin acertar y .... pensando en tu mujer y en tu hija
ordenan que .... esto o aquello y en seguida te enamoras de quien
no .... ni caso
hablan del tiempo y sueñas con una chica egipcia
apagan las luces de la sala y ya .... la mano de tu amigo.

A veces
esperando en un bar a que ella .... escribes un poema en una servilleta de
papel muy fino
subes una escalera y piensas que sería bonito
que el chico que te .... y no te hace ni caso te .... antes
del cuarto piso
repican las campanas y amas al campanero o al cura o a Dios si es que ....
miras a quien te mira y .... tener todo el poder preciso para ordenar que
en ese mismo instante se .... todos los relojes del mundo.
A veces
solo a veces gran amor.

El poeta

José Agustín Goytisolo nace en Barcelona en 1928, y es el mayor de tres hermanos, todos escritores. Durante la Guerra Civil, la muerte de su madre, Julia, a causa de un bombardeo franquista en 1938, lo conmociona para siempre y marca toda su obra. Empieza la carrera de Derecho en Barcelona y la termina en Madrid, donde conoce a escritores como José Ángel Valente y Ernesto Cardenal. Es premiado en 1954 con un áccesit al premio Adonais, y en 1956 gana el Premio Boscán con *Salmos al viento*, su obra más reeditada. Pertenece a la Generación del 50, que recoge la herencia de la poesía social de posguerra, pero le da un tono más individual, y propone "no confundir los buenos sentimientos con la buena poesía". Se sitúa en el terreno de la cotidianidad y de la urbe, sin épica ni grandilocuencia. El canto a la libertad será una de sus constantes temáticas, y también el amor. El 19 de marzo de 1999 muere en Barcelona al caer desde una ventana de su casa.

El poema

"**A veces gran amor**" se publica en 1981, y después, revisado, en 1997; esta última versión, más universal, es la que aquí recogemos. En conjunto, el poema, con un lenguaje directo y sin retóricas, ofrece un catálogo de circunstancias y momentos que pueden suponer una epifanía amorosa, lejos del tópico de la sacralidad y eternidad del sentimiento. Los instantes efímeros pueden impulsar la revelación del "gran amor".

Vocabulario

Elige el significado correcto de cada de las siguientes palabras.

1. **Acertar**
   - ☐ **a.** estar en lo cierto.
   - ☐ **b.** dar en el blanco, en la diana.
2. **Agronomía**
   - ☐ **a.** ciencia que estudia el cultivo de la tierra.
   - ☐ **b.** autonomía.
3. **Bombero**
   - ☐ **a.** persona cuyo oficio es colocar bombas.
   - ☐ **b.** persona cuyo oficio es apagar fuegos y ayudar en situaciones peligrosas.
4. **Celda**
   - ☐ **a.** cada pequeña habitación de una cárcel.
   - ☐ **b.** cada habitación de un hotel.
5. **Enervar**
   - ☐ **a.** poner nervioso.
   - ☐ **b.** enloquecer.
6. **Envidia**
   - ☐ **a.** sentimiento de malestar por el bien ajeno.
   - ☐ **b.** verdura que se consume habitualmente en ensalada.
7. **Escalofrío**
   - ☐ **a.** lo contrario de frío.
   - ☐ **b.** sensación de frío que producen las impresiones fuertes.
8. **Equilibrista**
   - ☐ **a.** persona que hace en el circo ejercicios de equilibrio.
   - ☐ **b.** aparato que sirve para pesar objetos, balanza.
9. **Quicio**
   - ☐ **a.** humor.
   - ☐ **b.** parte del marco de las puertas donde giran las bisagras.
10. **Repicar**
    - ☐ **a.** picar dos veces.
    - ☐ **b.** hacer sonar las campanas repetidamente.
11. **Sacar de quicio**
    - ☐ **a.** sacar algo por la puerta.
    - ☐ **b.** alterar, irritar, hacer perder la paciencia.

Comprensión

Contesta las siguientes preguntas.

a. En el poema se valoran los momentos fugaces. Busca expresiones que lo confirmen.

b. Se suceden los contrastes entre situaciones de tedio o malestar y momentos de emoción, de intensidad del sentimiento. Localízalos.

c. ¿A qué se puede referir "una celda mal iluminada"?

d. ¿Por qué puede enervar el hecho de tocar un pie?

e. Busca los momentos en que lo absurdo e irracional puede ser una reivindicación de la libertad, por oposición a la ortodoxia y el pensamiento monolítico.

f. Explica el verso 17, donde se habla de una muñeca rusa.

g. El poeta solía escribir notas o versos en servilletas de papel, como el hablante del verso 26. Relaciona esto con la valoración de lo efímero en el poema, y con la negación del tiempo en el verso 30.

h. El último verso carece de verbo. Busca uno que pueda funcionar bien ahí.

Expresión

Resume con tus palabras el poema. Después, enumera momentos en que tú has sentido emociones intensas a partir de pequeñas experiencias, y construye tu propio poema.

Léxico

En el poema de Goytisolo aparecen diferentes oficios: ingeniero agrónomo, bombero, equilibrista, campanero y cura. A continuación, tienes dieciocho profesiones que tienes que relacionar con un objeto vinculado a sus tareas y con sus actividades. Construye frases.

abogado	plano	explorar, navegar
músico	bandeja	servir, atender
arquitecto	moto	arrestar, esposar
camarero	receta	dibujar, construir
profesor	porra	enyesar, alicatar
médico	laca	enseñar, motivar
labrador	ladrillo	informar, investigar
peluquero	soplete	tocar, solfear
electricista	grabadora	cosechar, arar
fontanero	escoba	curar, diagnosticar
barrendero	azadón	cultivar, plantar
periodista	escafandra	peinar, cortar
policía	tijeras de podar	demandar, solicitar
astronauta	partitura	barrer, limpiar
jardinero	serrucho	desatascar, soldar
carpintero	cable	atornillar, serrar
albañil	tiza	enchufar, conectar
mensajero	toga	entregar, transportar

Modismos

En el texto aparece dos veces una expresión negativa de uso frecuente, "no hacer ni caso". Usa estas otras expresiones adecuadamente en las frases.

a. **No caérsele a uno los anillos:** no avergonzarse ni sentirse rebajado por hacer un trabajo que parece poco adecuado a su condición social.
b. **No comerse una rosca:** no ligar, no conseguir pareja.
c. **No estar el horno para bollos:** no ser el momento oportuno para hacer determinados comentarios o bromas.
d. **No haber moros en la costa:** no haber peligro y poder actuar tranquilamente.
e. **No ser trigo limpio:** no ser honrado, ocultar algún defecto o vicio.
f. **No dar ni un palo al agua:** vivir cómodamente y sin trabajar.
g. **No estar por la labor:** no tener ganas de hacer algo.
h. **Ni tanto ni tan calvo:** haber exageración por exceso o por defecto.
i. **No saber de la misa la media:** no saber nada de un asunto.

1. No sé por qué habla tanto. No ....
2. Ese puesto es mucho más modesto que su categoría profesional, pero .... por trabajar ahí.
3. .... No me quites ahora todo el vino, solo quiero un poco.
4. Siempre está presumiendo de su donjuanismo, pero ....
5. Acaba de perder a su madre, así que no se lo cuentes ahora..............................
6. No me interesa para nada esa oferta de trabajo, ...
7. Cuéntamelo ahora que...
8. Es normal que lo hayan echado, es que ....
9. No me extraña que lo hayan acusado del robo, ya me parecía que ....

MANOS A LA OBRA

Reúnete con tus compañeros, busca periódicos, tijeras, pegamento y cartulina, y prepara con ellos una selección de frases de subjuntivo. La publicidad y las entrevistas son buenas fuentes. Luego, explícalas. Finalmente, prepara una entrevista a un personaje famoso, con todas las estructuras de subjuntivo que puedas.

DEBATE

La primera versión del poema de Goytisolo contenía un verso suprimido después: "hablas en catalán y quisieras de gozo o lo que sea morder a tu vecina". Habla con tus compañeros sobre la importancia de las lenguas y dialectos y su relación con la identidad de los pueblos. Después, conversad sobre el purismo idiomático y el mestizaje lingüístico.

UNDÉCIMA UNIDAD

Perífrasis verbales

11

SITUACIONES

Halla y explica las construcciones formadas por VERBO CONJUGADO + INFINITIVO/GERUNDIO/PARTICIPIO **que hay en los siguientes ejemplos.**

Doy por perdido este partido.

¿Qué te tiene dicho el médico?

Hace tiempo que está acabado como actor.

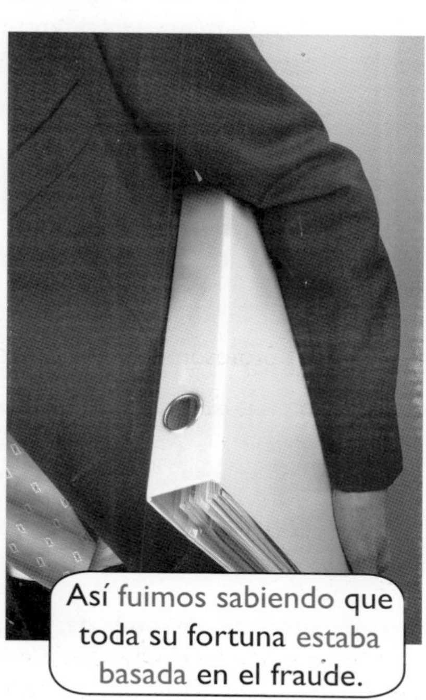

Si sigues insistiendo acabaré por enfadarme.

Así fuimos sabiendo que toda su fortuna estaba basada en el fraude.

GRAMÁTICA

11.1. PERÍFRASIS VERBALES

⇒ **ESTRUCTURA:**

VERBO 1 + (preposición/conjunción) + **VERBO 2** (INFINITIVO, GERUNDIO, PARTICIPIO)

Pensamos denunciarlo (VERBO 1 + INFINITIVO).
Se quedó descansando (VERBO 1 + GERUNDIO).
Sigue enfadada (verbo 1 + PARTICIPIO).
Viene a decir lo contrario (VERBO 1 + preposición + INFINITIVO).
Tienes que comprenderlo (VERBO 1 + conjunción + INFINITIVO).

⇒ El **VERBO 2** aporta el núcleo de significado y el **VERBO 1**, que pierde total o parcialmente su significado habitual, aporta el tiempo, el modo, el número y la persona. El significado de la perífrasis no es igual a la suma de sus partes; *voy a quedarme* no equivale a **voy y me quedo*. Equivale a *tengo la intención de quedarme, me quedaré*.

⇒ **PRONOMBRES**
Pueden ir antes o después de los dos verbos de la perífrasis, nunca en medio o separados:

Vengo a contártelo.
Te lo vengo a contar.
**Vengo a te lo contar.*
**Te vengo a contarlo.*

El comportamiento es diferente si el verbo 2 es una forma compuesta:

Tendría que habérselo dicho.
Se lo tendría que haber dicho.

11.2. INFINITIVO (hablar, haber hablado)

⇒ Puede funcionar como **sustantivo** verbal masculino.

Fumar (sujeto) *no es bueno para la salud.*

⇒ Su uso está admitido en instrucciones y avisos (*No entrar después de la señal*), pero se considera vulgar en la lengua informal como imperativo (**¡Mirar, ya llega el tren!*).

11.2.1. CONSTRUCCIONES CON INFINITIVO

Se forman con preposiciones y si su sujeto es diferente del de la oración principal, va pospuesto:

Nos fuimos a dormir después de irse todos los invitados.

⇒ ***Al, antes de, después de, hasta*** + INFINITIVO

- Tiempo:

Al salir me di cuenta de que había olvidado apagar la luz.
Antes de llegar me encontré con un viejo amigo y conversamos un rato.
Después de comer podríamos tomar café en la terraza.
No opinaré hasta saber toda la verdad.

⇒ ***Con*** + INFINITIVO

- Condición:

  Con aprobar, me conformo (=si apruebo me conformo).

- Concesión:

  Con protestar, no vas a solucionar nada (=aunque protestes...).

⇒ ***De*** + INFINITIVO

- Condición:

  De saber algo, te lo diría (=si supiera algo...).

⇒ ***Para*** + INFINITIVO

- Finalidad:

  Hemos venido para ayudarte.

⇒ ***Por*** + INFINITIVO

- Modo; indica que la acción aún no se ha realizado:

  Tengo un montón de asuntos por resolver (no resueltos).

- Causa:

  Por no querer cargar con el paraguas he vuelto empapado.

EJERCICIOS

Completa los espacios con las preposiciones adecuadas y expresa su valor.

1. .... terminar la carrera decidió pasar un año viajando .... aprender idiomas.
2. .... haber insistido, los habrías convencido.
3. .... abrir la puerta nos encontramos la casa inundada.
4. No te detengas .... conseguir tu objetivo.
5. .... acabar esta parte, me considero satisfecho.
6. .... ponerte nervioso no vas a arreglar nada.
7. .... haberme enterado de que estabas enfermo, te habría ido a ver.
8. No paré .... lograr que me escucharan.
9. Eso me ha ocurrido .... ser tan despistada.
10. .... hacerlo, deberíamos pensarlo dos veces.
11. Me quedan cuatro frases .... hacer.
12. Llamaba .... informarme sobre los cursos de idiomas.
13. Hemos perdido el avión .... haber salido tan tarde.
14. Ahora no tengo tiempo .... explicártelo. Te lo contaré .... volver.
15. Bebieron y rieron .... caer rendidos.

11.2.2. PERÍFRASIS DE INFINITIVO

⇒ FUTURO PRÓXIMO E INTENCIONALIDAD

- ***Ir a*** + INFINITIVO
  - Con el verbo principal en presente o pretérito imperfecto, indica la posterioridad inmediata, con matiz de intención:
    Voy a inscribirme en un curso de piano.
  - Uso coloquial:
    - frases hechas:
      ¡Qué te voy a decir!
      ¡Qué le vamos a hacer!
    - ruego, orden:
      No vayas a venir sin avisarme antes (=no vengas sin...).
- ***Pensar*** + INFINITIVO
  Intencionalidad futura:
  Pienso negarme a aceptar esa norma (=voy a negarme...).
- ***Tratar de*** + INFINITIVO
  Intención:
  Estamos tratando de convencerla para que cambie de coche.
- ***Venir a*** + INFINITIVO
  Intención:
  Vengo a informarme.

⇒ COMIENZO DE ACCIÓN

- ***Darle a uno por*** + INFINITIVO
  Comenzar una acción que sorprende o extraña:
  Le ha dado por escribir un libro.
- ***Echar(se) a*** + INFINITIVO (*andar, correr, llorar, nadar, reír, temblar, volar*)
  Comienzo brusco de acción:
  Cuando se lo dijeron, se echó a temblar.
- ***Empezar*** (***comenzar,*** más formal) ***a*** + INFINITIVO
  Empezará a trabajar en la nueva empresa el lunes.
  En cuanto entramos comenzó a llover.
- ***Estar a punto de*** + INFINITIVO
  Inminencia de la acción:
  Estuvo a punto de perder los estribos.
- ***Meterse a*** + INFINITIVO
  Empezar una acción para la que no se tienen aptitudes:
  Se metió a arreglar el motor y claro, terminó de romperlo.
- ***Ponerse a*** + INFINITIVO
  Comienzo de acción:
  Cuando el perro lo vio, se puso a ladrar.
- ***Romper a*** + INFINITIVO (*llorar, reír*)
  Más culto que *echarse a*; indica comienzo brusco de acción:
  Rompió a reír al verlo disfrazado.

⇒ Terminación

- ***Acabar de*** + INFINITIVO
  Acción inmediatamente anterior:
  Acabamos de enterarnos de que hoy es tu cumpleaños. ¡Felicidades!
- ***Acabar por*** + INFINITIVO
  Equivale a *acabar* + GERUNDIO:
  Acabó por hartarse de tanto esperar (=acabó hartándose, al final se hartó).
- ***Dejar de*** + INFINITIVO
  Terminación de una acción que se produce de modo habitual:
  Deja de molestarme, que tengo un montón de trabajo.
  No dejar de + INFINITIVO (coloq.) en forma imperativa indica consejo, ruego, petición:
  No dejes de avisarme (=avísame) *si tienes algún problema.*
- ***Llegar a*** + INFINITIVO
  Terminación de una acción como algo extremo (positivo o negativo, con valor intensificador y como final de un proceso):
  Llegaron a insultarla.
  Llegó a dar la vida por sus ideales.

⇒ Obligación

- ***Deber*** + INFINITIVO
  Deberíamos empezar cuanto antes los preparativos de la fiesta.
- ***Haber*** (3.ª persona) + ***que*** + INFINITIVO
  - Obligación, pero con matiz de impersonalidad:
    Hay que olvidarse de los malos momentos.
  - Coloquial:
    - orden indirecta:
      Hay que ser más puntual, ¿eh?
    - expresiones:
      ¡Hay que ver cómo eres! (=¡Vaya, cómo eres!).
- ***Haber de*** + INFINITIVO
  - obligación; es una forma más propia de la lengua escrita:
    Hemos de encontrar una solución.
  - probabilidad:
    Dice que peligra su empleo, y ha de ser verdad, pues he oído en la radio que su empresa está en quiebra (=probablemente es verdad).
- ***Tener que*** + INFINITIVO
  Tienes que ser realista y asumir lo que ha ocurrido.

⇒ Suposición o aproximación

- ***Venir a*** + INFINITIVO
  - Aproximación:
    Viene a decir lo mismo que el otro libro (=dice aproximadamente lo mismo que el otro libro).
- ***Deber de*** + INFINITIVO
  - Probabilidad, suposición:
    Deben de tener 15 años en esa fotografía.

⇒ REPETICIÓN

- ***Volver a*** + INFINITIVO
  Ayer volví a soñar lo mismo, ¿significará algo?

⇒ OTROS VALORES

- ***Estar para*** + INFINITIVO: 'estar a punto de'.
  Estar para nevar.
- ***Estar por*** + INFINITIVO
  - Con sujeto de cosa, carencia, acción que no se ha realizado aún:
    La sala está por barrer.
  - Con sujeto animado, intención:
    Estoy por irme.
- ***Pasar a***+ INFINITIVO
  - Transición de una acción a otra:
    En cuanto acabe la explicación, pasaré a contestar tu pregunta.
  - *Pasar de* + INFINITIVO (coloq.): 'no importar algo, desinteresarse por algo'.
    Paso de ir; estoy harto de reuniones.
- ***Quedar en*** + INFINITIVO
  Acordar:
  Hemos quedado en llamarlos a las ocho.

EJERCICIOS

Completa cada espacio en blanco con una perífrasis de infinitivo y explica su valor; intenta que todos sean diferentes.

1. En septiembre (nosotros) .... recorrer en coche toda la costa occidental del país.
2. No (yo) .... permitir que se aprovechen de ti.
3. (Nosotros) .... encontrarnos en la cafetería a las seis.
4. Un virus ha corrompido completamente el documento. (Yo) .... rehacerlo cuanto antes.
5. (Ella) .... dejar aquel empleo. Trabajaba una barbaridad y le pagaban poquísimo.
6. .... granizar precisamente cuando estábamos saliendo.
7. (Ellas) .... reír al enterarse de que todo había sido una broma.
8. Ya (nosotros) .... lijar la mesa, así que ahora (nosotros) .... pintarla.
9. Hace algún tiempo (a él) .... hacerse vegetariano, pero lo dejó por puro aburrimiento.
10. No deberías .... opinar sobre cosas que no conoces.
11. .... haber habido algún accidente. Este atasco no es normal.
12. El periódico .... decir lo mismo que ya sabíamos.
13. Si (vosotros) .... andar ahora, llegaréis antes de que anochezca.
14. (Nosotros) .... dudar de su integridad.
15. Si pasas por aquí, no (tú) .... visitarme.

GRAMÁTICA

11.3. GERUNDIO (hablando, habiendo hablado)

11.3.1. CONSTRUCCIONES CON GERUNDIO

⇒ Puede equivaler a un **adverbio**, y suele expresar:

- **modo:**
  Siempre habla gritando.
- **tiempo:**
  - Simultaneidad:
    Viendo (al ver) lo mal que estaba el camino, cambió de ruta.
  - Posterioridad:
    - gerundio compuesto:
      El comité, habiendo estudiado (después de estudiar) todas las peticiones, eligió a los tres representantes más idóneos.
    - gerundio simple:
      Debido a su enfermedad tuvo que abandonar el deporte, volviendo (y volvió) a él meses después.

⇒ El gerundio puede complementar al OD de algunos verbos de sentido (*oír, ver...*), entendimiento (*recordar, distinguir...*) o representación gráfica (*pintar, fotografiar...*):

Vieron a los ladrones huyendo (que huían) en una camioneta.

Sin embargo, esto puede dar lugar a ambigüedades:

Oí a Lourdes hablando (ella/yo) por teléfono.

⇒ **Usos coloquiales**

- puede expresar una orden indirecta:
  ¡Ya te estás callando! ¡Andando!
- puede suprimirse *estar* en perífrasis de gerundio:
  ¡Siempre (estás) divirtiéndote! La verdad es que no pierdes el tiempo.

⇒ El uso excesivo del gerundio se considera un error de estilo en español.

EJERCICIOS

● **Algunas de las siguientes frases presentan usos incorrectos del gerundio. ¿Cuáles? ¿Por qué?**

1. Encontramos a Luisa paseando en bicicleta.
2. La chica paseando en bicicleta era mi prima.
3. Tiramos las naranjas estando podridas.
4. Hablando se entiende la gente.
5. Hablando es la mejor manera de desahogarse.
6. Vino corriendo y toda sofocada.
7. Creo que olvidando no es fácil.
8. Creo que olvidándolo serías más feliz.
9. Viajando es como mejor nos lo pasamos.
10. Viajando es todo un placer.
11. Se quemó con aceite hirviendo.
12. Hemos escuchado una noticia comentando el atentado de esta mañana.
13. Anoche vimos la cabaña ardiendo.
14. Jugando al mus es su pasatiempo favorito.

GRAMÁTICA

11.3.2. PERÍFRASIS DE GERUNDIO

⇒ DURACIÓN

- ***Andar*** + GERUNDIO

  Sustituye a *estar* + GERUNDIO cuando existe cierto matiz de:
  - contrariedad, reproche:

    Siempre andas quejándote de tu mala suerte.
  - despreocupación, casualidad:

    –¿Qué haces últimamente? –Pues ando buscando trabajo.
- ***Estar*** + GERUNDIO

  Es la más frecuente de las perífrasis de gerundio:

  Hemos estado conversando toda la mañana.
- ***Ir*** + GERUNDIO
  - Sustituye a *estar* + GERUNDIO con matiz de lentitud:

    Vamos aceptando la situación.
  - En imperativo, inicio de acción (coloq.):

    Vete poniendo el coche en marcha, que yo voy en seguida.
- ***Llevar*** + EXPRESIÓN DE TIEMPO + GERUNDIO
  - Expresa una acción que comienza en el pasado y continúa en el presente:

    Llevo veinte minutos esperando el autobús (=he estado esperando...).
  - *tirarse* + EXPRESIÓN DE TIEMPO + GERUNDIO (coloq.)

    Es muy informal y no se usa en América por el significado tabú de este verbo:

    Nos tiramos toda la clase hablando.
- ***Quedarse*** + GERUNDIO
  - Indica permanencia, continuidad:

    Se quedó durmiendo toda la tarde porque había trasnochado.
- ***Seguir/Continuar*** + GERUNDIO
  - Idea de continuación de una acción comenzada anteriormente:

    Sigo (continúo) creyendo que habéis hecho lo más adecuado.
- ***Venir*** + GERUNDIO
  - Equivale a *llevar* + GERUNDIO, con matiz de repetición o progresión y origen en el pasado:

    Vienen anunciando el concierto desde el mes pasado.
  - Aproximación; equivale a *venir a* + INFINITIVO:

    Viene costando unos veinte euros.

⇒ COMIENZO O TERMINACIÓN

- ***Salir*** + GERUNDIO
  - Con *perder* y *ganar* expresa resultado final:

    Salió ganando con el cambio.
  - Con *decir* (*contar, quejarse...*) expresa sorpresa, acción inesperada:

    Salió diciendo que la habíamos engañado.
- ***Acabar*** + GERUNDIO

  Expresa el final de un proceso:

  Acabé aceptando la oferta (=finalmente, acepté...).

EJERCICIOS

Completa las siguientes frases con perífrasis de gerundio.

1. (Él, trabajar) .... toda su vida y ahora que se ha jubilado no sabe qué hacer.
2. Nosotros nos fuimos porque teníamos prisa, pero los demás (charlar) .... toda la velada.
3. Al final (ellos, admitir) .... que se habían equivocado.
4. Como no tiene mucho tiempo, (decorar) .... el apartamento en los ratos libres.
5. (Nosotros, cenar) .... en casa porque estaban todos los restaurantes llenos.
6. (Yo, jugar) .... a la quiniela hasta que me toque.
7. (Yo, intentar) .... comunicar contigo varias horas.
8. Como aún no tienen bastante para comprar el piso, (ellos, ahorrar) ....
9. Cambió su coche por otro nuevo, pero (él, perder) .... porque ya se le ha averiado dos veces en lo que va de mes.
10. La dirección (avisar) .... de las restricciones salariales desde finales del año pasado.
11. (Ellos, discutir) .... toda la mañana. No sé qué les pasa.
12. Después de las siete nos vinimos de la playa, excepto Javier y Paco, que (jugar) .... al fútbol con unos amigos que encontraron.
13. (Ella, estudiar) .... francés muchos años, pero no lo habla.
14. (Él, decir) .... que va a vender todo para irse a vivir al extranjero.
15. (Nosotros, escribir) .... las direcciones en los sobres. Tú podrías (poner) .... las tarjetas dentro.
16. (Tú, hablar) .... por teléfono 45 minutos. Cuelga ya, que espero una llamada.
17. (Ella, dormir) .... toda la tarde. Esta noche tendrá insomnio.
18. Siempre (ellos, quejarse) .... de su mala suerte.
19. (Ella, contar) .... una historia increíble para justificarse.
20. Al final (nosotros, bailar) .... en una discoteca.
21. (Vosotros, preparar) .... los documentos, que en unos minutos bajaré a firmarlos.
22. A pesar de todo (nosotros, pensar) .... que no hay otra salida.
23. Hoy (tú, perder) .... el tiempo todo el día. Después no digas que estás agobiada.
24. (Ellos, ir) .... a la cita, aunque no tenían muchas ganas.
25. Siempre (ella, compadecerse) .... a sí misma.
26. Poco a poco (nosotros, acostumbrarnos) .... a este barrio, pero nos gustaba más el otro.
27. No me apetece ir con vosotros. Prefiero (yo, leer) .... toda la tarde.
28. Le he comentado que no me parece honesto (calumniar) .... a la gente.
29. Mientras termino en la cocina, (tú, poner) .... la mesa, por favor.
30. La policía (investigar) .... su posible vinculación con el robo de ayer.

GRAMÁTICA

11.4. PARTICIPIO (hablado)

Puede funcionar como un **adjetivo**:

Está muy contenta (adjetivo)/*satisfecha* (participio) *con los resultados.*

11.4.1. CONSTRUCCIONES CON PARTICIPIO

PARTICIPIO ABSOLUTO

Se usa en el lenguaje formal o escrito para indicar un tiempo anterior al del verbo principal:

Una vez detenidos los sospechosos, la población se serenó.

11.4.2. PERÍFRASIS DE PARTICIPIO

Su valor general es el de acción terminada, y el participio mantiene la concordancia en género y número con el sustantivo al que se refiere (excepto en las formas compuestas de la conjugación, con *haber*).

⇒ ***Andar*** + PARTICIPIO

- Sustituye a *estar* + PARTICIPIO y también expresa estados físicos, psíquicos y emocionales.
- Se construye con sujeto animado:

Le gusta andar descamisado.
Esa profesora siempre anda dormida.
Miguel y María andan enamorados.

⇒ ***Dar por*** + PARTICIPIO

Indica que el sujeto considera la acción terminada:

Esta lección la doy por explicada.

⇒ ***Dejar*** + PARTICIPIO

Expresa la consecuencia de una acción anterior:

La gripe me ha dejado debilitado/cansado/agotado...

⇒ ***Estar*** + PARTICIPIO

Resultado:

Están preparados desde las siete.

⇒ ***Ir*** + PARTICIPIO

Sustituye a *estar* + PARTICIPIO y expresa estados físicos, psíquicos y emocionales:

La carta va (viene) escrita con tinta roja.
Suele ir distraído pensando en sus cosas.

⇒ ***Llevar*** + PARTICIPIO

Equivale a *haber* + PARTICIPIO pero con sentido acumulativo:

Llevamos explicadas 10 lecciones.

⇒ ***Quedar*** + PARTICIPIO

- Resultado:

Este asunto quedará decidido mañana.

- Uso pronominal *quedarse* (coloq.):

Se quedó encantada.

⇒ ***Seguir*** + PARTICIPIO

Sustituye a *estar* + PARTICIPIO con idea de continuidad de algo que tuvo su origen en el pasado:

Sigue preocupada por lo que le dijimos.

⇒ ***Tener*** + PARTICIPIO (de verbo transitivo)

- Terminación (*tener=haber*):

  Tenía pensado (=había pensado) *quedarme toda la semana.*

- Acumulación:

  Tienen publicadas tres ediciones.

- Advertencia (coloq.):

  Te tengo dicho (avisado, advertido...) que me llames con tiempo antes de contar conmigo para una cita.

⇒ ***Verse*** + PARTICIPIO

Llegar involuntariamente a una situación límite o extrema:

Nos vimos arrastrados por la multitud.

Se vio obligado a tomar una decisión drástica.

11.5. RESUMEN DE LAS PERÍFRASIS

	intencionalidad	comienzo	terminación	obligación	repetición	aproximación	duración	resultado
infinitivo	ir a pensar tratar de venir a darle a uno por	echarse a empezar a estar a punto de meterse a ponerse a romper a acabar de acabar por	dejar de llegar a deber haber de	haber que tener que volver a deber de venir a	acabar	salir		
gerundio			andar estar				ir llevar quedarse seguir continuar venir verse llevar seguir	
participio			andar				dar por dejar	estar ir venir llevar quedar

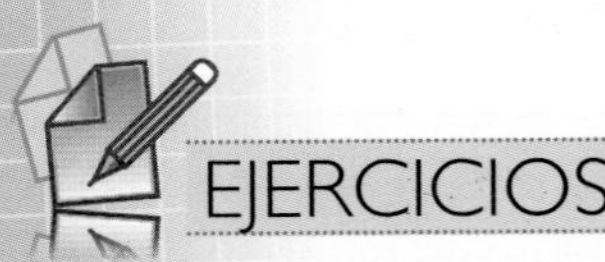

EJERCICIOS

Usa una perífrasis de participio adecuada para cada frase.

1. Las imágenes del terremoto nos .... muy impresionados.
2. (Ella) .... concluida su intervención con un brindis.
3. (Nosotros) .... resignados a que no nos renueven el permiso de estancia en el país.
4. Él ya .... avisados a todos sus amigos para su fiesta de cumpleaños.
5. (Yo) .... leídas 57 páginas de esta novela, y aún no sé de qué trata. Es un rollo.
6. El motor .... estropeado. Tendremos que volver a ir al taller de reparaciones.
7. (Ella) .... emocionada cuando le entregaron el ramo de flores.
8. Suele .... vestida de verde. Es su color favorito.
9. (Nosotros) .... gastados tres botes de pintura y todavía no hemos acabado.
10. (Él) .... enloquecido con las obras que están realizando en su edificio.
11. Dijo que nos regalaría el cuadro que estaba pintanto cuando lo .... terminado.
12. La cita .... fijada para el jueves de la próxima semana.
13. La cerradura de mi despacho .... estropeada. No funciona desde hace días.
14. El bosque .... calcinado a causa del incendio de la semana pasada.
15. Todos .... enfurecidos con la nueva medida de la administración.
16. Este reloj .... atrasado.
17. Tras la confesión del último testigo, todo .... aclarado.
18. (Él) .... obligado a tomar una decisión drástica.
19. Estas reuniones tan largas me .... agotado.
20. Las ventanas .... pintadas de blanco.
21. (Yo) .... pensado ir a la feria de antigüedades el próximo martes.
22. (Vosotros) .... recorridos ya muchos kilómetros.
23. La batalla .... perdida.
24. (Nosotros) .... aprobadas tres asignaturas.
25. (Yo) .... muy cansado últimamente, quizá necesite vitaminas.

Recapitulación. Completa adecuadamente las siguientes oraciones, con formas personales de verbos elegidos libremente.

26. Se echaron a .... cuando oyeron la sirena de la policía.
27. Cuando vimos lo tarde que era, dimos por .... la reunión.
28. Sigue .... las mismas ideas que sus abuelos.
29. Llegaron a .... que les habían robado.
30. Tenemos que .... este trabajo para septiembre.
31. Por favor, vuelve a .... esa melodía. Es muy especial.
32. Están .... que esta vez la crisis es muy seria.
33. Se quedaron .... cuando vieron el cuadro.

34. Antes de irme de vacaciones quiero dejar .... esta tarea.
35. Puedes ir .... en marcha el coche; nosotros bajaremos en seguida.

Sustituye lo subrayado por una perífrasis de infinitivo.

36. Se ha encaprichado en guardar todas las cajas de cerillas que encuentra y ya no tiene dónde meterlas.
....
37. Es increíble, ha pintado el coche de morado. ....
38. Deberías comprender nuestras razones. ....
39. Al final se resignó a vivir en una casa que no le gustaba. ....
....
40. Incluso suplicó que le dieran otra oportunidad. ....
41. No digas más incongruencias. ....
42. Toca otra vez esa balada. Es mi canción favorita. ....
43. Teníamos ganas de llamarte, pero al final no nos decidimos. ....
....
44. No nos interrumpáis más. Vamos muy mal de tiempo. ....
45. El viaje nos costó aproximadamente lo mismo que a ti. ....
46. Al ver la muñeca rota empezó a llorar desconsolada. ....
47. No arregles el enchufe, no tienes ni idea de electricidad. ....
48. Hemos intentado convencerla de que vaya al médico, pero se niega en redondo. ....
....
49. Es necesario informar a todo el mundo de lo que ha pasado. ....
....
50. Me he despertado hace un momento y aún no estoy muy lúcido. Cuéntamelo más tarde. ....
....

Algunas de las frases siguientes contienen errores en el uso de las formas no personales del verbo. Búscalos.

51. Dibujando es la actividad que más le gusta.
52. Comer y rascar, todo es empezar.
53. Querían a visitar el Museo del Prado.
54. Había un cartel que decía: "No fumando".
55. Ahora le ha dado por estudiar chino.
56. El arquitecto fue dicho que tenía que acudir inmediatamente.
57. Hace falta mucha energía para volver a empezar.
58. Se quedó como embrujado la primera vez que contempló la aurora boreal.
59. Tienes que intentarlo al menos una vez.
60. Dicen que tomando un poco de buen vino con las comidas es bueno para la salud.

PRENSA

Lengua y género

[12]

La RAE, las palabras y las personas

Ignacio Bosque

En su artículo del martes 28 de noviembre en EL PAÍS, titulado *La RAE y el lenguaje*, doña Amparo Rubiales acusa a la RAE de defender el lenguaje sexista y de denominar ciertas realidades de forma diferente a como lo hacen las leyes y la sociedad. Los datos que aduce sobre la discriminación de la mujer son inobjetables, pero las conclusiones que obtiene no son correctas.

Muchas personas parecen entender que, al igual que en el Congreso se hacen las leyes que regulan la convivencia entre los ciudadanos, en la Real Academia se crean las leyes del idioma. No es así. Las palabras no significan lo que significan porque lo diga el diccionario o porque así lo hayan decidido los académicos en conciliábulo. Los principios que articulan la estructura de la gramática tampoco son como son porque los hayan acordado los académicos, sea con la participación de las mujeres o sin ella. Las lenguas no son, en suma, el resultado de un conjunto de actos conscientes de los individuos.

Critica la señora Rubiales a la RAE por defender el llamado *empleo genérico del masculino*, en lugar de aceptar que "el masculino no nos engloba a las mujeres". Varias personas han propuesto que la RAE debería adoptar como norma el desdoblamiento generalizado (*niños y niñas, españoles y españolas, diputados y diputadas,* etc.). En la próxima Gramática que prepara la RAE, junto con las demás Academias de los países hispanohablantes, se va a proponer que el desdoblamiento se limite a las situaciones en las que su ausencia podría ser malinterpretada, como en la expresión *Los españoles y las españolas pueden servir en el ejército.* Entendemos que recomendar el desdoblamiento generalizado sería un error, y no solo por razones de economía lingüística, sino sobre todo porque los hechos demuestran que las mujeres no se sienten discriminadas por el uso del masculino en la mayor parte de los casos. Si la señora Rubiales le pregunta a una amiga suya a la que no ve desde hace tiempo cómo están sus hijos, esta no va a pensar que está discriminando a sus hijas. Ninguna de las dos entenderá, además, que la pregunta apropiada tendría que haber sido *¿Cómo están tus hijos y tus hijas?*, y mucho menos (para evitar el desdoblamiento) *¿Cómo está tu descendencia?*

Estoy seguro de que la señora Rubiales no propone que la Organización de Consumidores y Usuarios pase a llamarse Organización de Consumidores, Consumidoras, Usuarios y Usuarias, o que el miércoles deje de ser *el día del espectador* para ser *el día del espectador y la espectadora*. Aunque diga en su artículo que "todos son solo ellos, y no lo somos nosotras", estoy igualmente seguro de que no rechaza el uso del pronombre *todos* que hace el artículo 15 de la Constitución Española (*Todos tienen derecho a la vida*). Tan difícil de aceptar es el desdoblamiento generalizado, que la señora Rubiales no lo practica en su artículo. Usa la expresión "los propios académicos" sabiendo que entre nosotros hay tres prestigiosísimas mujeres (muy pocas, desde luego, pero este es asunto para otra ocasión). Lo hace sin la más leve sensación de que con esas palabras esté ofendiendo a las mujeres porque, en efecto, en su expresión no hay ofensa alguna.

Existe el lenguaje sexista, pero no son discriminatorias expresiones como *el nivel de vida de los peruanos* o *el horario de atención a los alumnos*. En ellas no se menciona expresamente a las mujeres, pero están –obviamente– comprendidas. La señora Rubiales se sorprenderá al saber que un buen número de catedráticas y profesoras titulares de Lingüística y de Lengua de nuestras universidades entienden que en esas expresiones no hay discriminación, y este juicio no afecta en lo más mínimo a su compromiso con la defensa de los derechos de la mujer. Como es obvio, también se usa *el hombre* para designar al ser humano, o *el oso* para designar cierto plantígrado, sea cual sea su sexo. Podrían añadirse infinidad de ejemplos similares.

En estos y en otros muchos casos las palabras no discriminan a las mujeres. Lo hacen, en cambio, las prácticas sociales y (todavía) algunas leyes. El uso del masculino como término no marcado puede ser insuficiente en ciertos contextos, pero de ahí no puede concluirse que "el masculino no engloba a las mujeres". El problema ni siquiera tiene que ver con el género. No hay error en la expresión *Pasé allí cinco días* por el hecho de que no se diga ... *con sus correspondientes noches*, ya que el término *día* tiene dos sentidos: abarca la noche en uno de ellos, y solo el tiempo en que el sol está sobre el horizonte en el otro (en cierta forma, como ocurre con *los alumnos* o *los peruanos*).

La Academia describe los usos lingüísticos que surgen y se extienden, y recomienda los que entiende que se van asentando en la lengua culta. En ningún caso construye o crea el código lingüístico al que esos usos corresponden. Sobre la palabra *jueza*, que menciona en su artículo la señora Rubiales, dirá la próxima Gramática que es de uso común en la Argentina, Venezuela o Costa Rica, entre otros países, si bien no se ha extendido en México ni en España. ¿Debería decir otra cosa? Pregunta la señora Rubiales: "¿Cómo llamamos a la unión entre españoles y españolas del mismo sexo?". Pues podemos llamarla *matrimonio*. Si este sentido cuaja y se empieza a generalizar, la RAE contará con suficiente documentación para añadir la acepción correspondiente a la próxima edición del Diccionario. Tampoco crea la RAE las reglas de la gramática. Es un error pensar que la expresión *unos a otros* es discriminatoria si se aplica a un grupo formado por hombres y mujeres, y no sería sensato pedir a la Academia que cambie las reglas de la concordancia de género y número del español, similares a las de las demás lenguas románicas.

Carece de fundamento la visión de la RAE como una institución insensible a los cambios que marcan el progreso de la sociedad, y es profundamente injusto decir que "sigue defendiendo el lenguaje sexista". La RAE no incorpora las palabras a su diccionario hasta que adquieren vida propia en la comunidad, pero no puede deducirse de ello que la Academia no sigue el compás de la sociedad. Dice la señora Rubiales que el poder ha sido siempre masculino y que las mujeres solo han alcanzado su condición de ciudadanas hace tres cuartos de siglo. Son verdades como puños, pero verdades ajenas al papel que corresponde a esta institución. Nadie negaría que una parte importante de la estructura de la sociedad se refleja en el lenguaje, pero las convenciones del código lingüístico con el que nos comunicamos no son reflejo directo de la sociedad. Para dirigirse a una directora general en Francia alternan *Madame le directeur général* y *Madame la directrice générale*. Muchas francesas prefieren la primera opción y no consideran discriminatorio ese tratamiento. Lo que sí consideran injusto es que no sea mayor el número de las mujeres a las que corresponde alguno de los dos.

El País

ACTIVIDADES

1. **Explica el significado de las palabras sombreadas en el texto.**

2. **Lee las siguientes frases e intenta comprender todo su vocabulario. Luego, escucha o lee atentamente el texto y elige una de las tres opciones que se ofrecen.**

I. Los principios que articulan la gramática
- ☐ **a.** no son acordados por los académicos.
- ☐ **b.** son regulados por el diccionario.
- ☐ **c.** no son el resultado de actos conscientes.

II. La Real Academia Española
- ☐ **a.** crea códigos lingüísticos correspondientes a la lengua culta.
- ☐ **b.** recomienda los usos que se asientan en la lengua culta.
- ☐ **c.** crea las reglas de concordancia.

III. El desdoblamiento generalizado
- ☐ **a.** es fácil de aceptar.
- ☐ **b.** atenta contra el principio de economía lingüística.
- ☐ **c.** responde a un lenguaje sexista.

IV. La Academia
- ☐ **a.** sigue defendiendo el lenguaje sexista.
- ☐ **b.** defiende las palabras que tienen vida propia en la comunidad.
- ☐ **c.** sigue el compás de la sociedad.

3. **¿Crees que el lenguaje es sexista? Discute con tus compañeros.**

AL SON DE LOS POETAS

Versículos

[13]

Escucha atentamente la canción y completa los espacios adecuadamente.

A esto vino al mundo el hombre,
a .... la serpiente que avanza
en el silbido de las cosas,
entre el fulgor y el frenesí,
como un polvo ....,
a .... por dentro el hueso de la locura,
a .... amor y más amor en la sábana del huracán,
a .... en la cópula el relámpago de ....,
a .... este juego de .... en el peligro.
A esto vino al mundo el hombre,
a esto la mujer de su costilla:
a .... este traje con usura,
esta piel de lujuria,
a .... este fulgor de fragancia
cortos días que caben adentro de unas décadas
en la nebulosa de los milenios,
a .... a cada instante la máscara,
a .... en el número de los justos
de acuerdo con las leyes de la historia
o del arca de la salvación:
a esto vino el hombre.
Hasta que es .... y .... a esto vino,
hasta que lo desovan como a un pescado con el cuchillo,
hasta que el .... sin ....
regresa a su átomo con la humildad de la piedra,
cae entonces,
.... nueve meses,
sube ahora de golpe
pasa desde la oruga de la vejez,
a otra mariposa distinta.

El poeta

Gonzalo Rojas nace en 1917 en Chile; su padre, minero del carbón, muere cuando él es muy niño, lo cual condiciona su infancia. En 1946 ve la luz su primer libro, *La miseria del hombre*. A partir del golpe de estado de 1973 ha de exiliarse; trabaja en la Universidad de Rostock (Alemania), y después en la Universidad Simón Bolívar (Caracas). En 1979 se publica *Transtierro*: el título alude al destierro, y lo toma de José Gaos –español exiliado en México en la Guerra Civil–, quien considera el idioma como patria. En 1992 recibe el Premio Reina Sofía y en 1998 gana el Premio Cervantes.

En su poesía destacan el vitalismo y el compromiso; como en uno de sus títulos, escribe "contra la muerte". El humor y la ironía son también frecuentes, y destaca asimismo su telurismo, es decir, la pasión por lo terrestre, lo relativo a la naturaleza, a lo material. Están muy presentes los cuatro elementos, pero en especial el aire y su transparencia, que se opone al mundo artificial de las ciudades y sus máscaras.

El poema

"Versículos" son las distintas partes de los capítulos de la Biblia. El poeta hace aquí una interpretación muy libre de esa obra: presenta la existencia de un modo hedonista, donde el erotismo es central y está libre de la idea de pecado. La vida es una lucha constante contra la fugacidad del tiempo, y también contra las leyes de la historia. La muerte supone una expulsión del paraíso, pero no un final. El mito del eterno retorno abunda en los escritores latinoamericanos y se vincula con las religiones precolombinas. Morir es renacer.

Vocabulario

A continuación, tienes los significados de algunas palabras del poema. Completa los espacios.

1. C_NT_LL_ _R
   Despedir rayos de luz de distinta intensidad.
2. FR_G_NC_ _
   Olor suave y agradable.
3. FR_N_S_
   Locura, delirio.
4. R_L_MP_G_
   Luz intensa e instantánea que se produce en las nubes por descarga eléctrica.
5. F_LG_R
   Brillo y resplandor muy intenso.
6. N_B_L_S_
   Masa de materia celeste brillante parecida a una nube.
7. _R_G_
   Gusano que se alimenta de hojas; suele ser de colores variados y se convierte en mariposa.
8. _S_R_
   Acción de prestar dinero a cambio de un interés excesivo.

Comprensión

Reflexiona sobre las siguientes expresiones:

a. *La serpiente que avanza, el arca de la salvación, la mujer de su costilla.* (¿Qué relación tienen con la Biblia?)

b. *El desnacido sin estallar/regresa a su átomo... pasa de la oruga de la vejez/a otra mariposa distinta.* (¿Por qué el anciano vuelve al útero?, ¿qué palabra inventada ves aquí?)

Expresión

- **El poema podría dividirse en tres partes, que hablan de los tres temas universales de la literatura: el amor, el tiempo y la muerte. Señala qué versos corresponden a cada una.**
- **Resume el poema con tus propias palabras.**

Léxico

- **En el poema de Gonzalo Rojas el verbo *pasar* significa "transformarse". Hay otros verbos de cambio en español, y su uso a veces no es fácil. Observa las siguientes frases y después señala el significado de cada verbo en el cuadro, según el modelo.**

1. El aire de esta ciudad se **ha hecho** irrespirable.
2. El sapo del cuento **se convirtió** en príncipe, pero el sapo tenía más gracia.
3. Con disciplina y mucho esfuerzo, **llegó a** ser concertista de violín.
4. Después del divorcio **se volvió** solitario y huraño.
5. Cuando supo la noticia **se quedó** muy impresionado.
6. **Se puso** colorado cuando descubrieron su mentira.

	hacerse	convertirse en	llegar a	volverse	quedarse	ponerse
acción pasajera						
lentitud						
rapidez						
evolución						
acción inesperada						
atención al resultado						

- **Además, el verbo *pasar* puede tener otros significados, como 'ir más allá de un lugar', pero nunca significa 'aprobar un examen'; es un caso de "falso amigo" de la lengua inglesa. Tienes a continuación una lista de palabras que suelen producir confusiones y errores por la misma razón. Subraya su significado correcto:**

Actual (real ☐ / presente ☐)
Constipado (estreñido ☐ / resfriado ☐)
Decepción (engaño ☐ / desilusión ☐)
Dormitorio (alcoba, dormitorio individual ☐ / dormitorio colectivo ☐)
Embarazada (en estado, esperando un hijo ☐ / avergonzada ☐)
Éxito (buena fortuna ☐ / salida ☐)
Honesto (sincero ☐ / honrado ☐)
Idioma (modismo ☐ / lengua ☐)
Parientes (padres ☐ / familiares ☐)
Realizar (hacer ☐ / darse cuenta ☐)
Sensible (capaz de sentir ☐ / sensato ☐)
Suceso (éxito ☐ / acontecimiento ☐)
Simpatizar (mostrar compasión ☐ / mostrar simpatía, gustar ☐)
Tópico (lugar común, algo muy conocido y repetido ☐ / tema ☐)
Carácter (personalidad ☐ / personaje ☐)
Figura (número, cifra ☐ / forma ☐)

En el poema aparecen numerosos elementos de la naturaleza. También en las siguientes adivinanzas. Te damos pistas.

1. ____________

Alto, alto, como un pino
y no pesa ni un comino.

2. ____________

Casa con dos cuartos,
nueva cada mes,
llena está de gente,
adivina qué es.

3. ____________

De la tierra voy al cielo
y del cielo he de volver;
soy el alma de los campos,
que los hace florecer.

4. ____________

Desde el día en que nací,
corro y corro sin cesar:
corro de noche y de día,
hasta llegar a la mar.

5. ____________

Vuela sin alas,
silba sin boca,
pega sin manos,
y no se toca.

6. ____________

En el cielo soy de agua,
en la tierra soy de polvo,
en las iglesias de humo,
y mancha blanca en los ojos.

7. ____________

Grande, muy grande,
arde y no se quema,
quema y no es candela.

(PISTAS: el humo, el sol, la nube, la luna, la lluvia, el viento, el río).

MANOS A LA OBRA

En el poema/canción vemos cómo un anciano se convierte en niño para luego renacer en otro cuerpo. Ese viaje hacia el pasado tiene que ver, como se ha dicho, con el eterno retorno, y el ejemplo más célebre es, probablemente, el cuento *Viaje a la semilla*, del cubano Alejo Carpentier. En él se nos cuenta la historia de un misterioso personaje, víctima de una maldición, que revive su biografía pero al revés, desde su lecho de muerte hasta el útero materno. Escribe tú un cuento con ese tema.

Imagina que eres un vendedor ambulante, por ejemplo Blacamán, el personaje de Gabriel García Márquez, que recorre los pueblos vendiendo pócimas para resucitar a los muertos y cosas por el estilo. Prepara tu intervención –con todas las perífrasis verbales que se te ocurran– e intenta convencer a tus compañeros.

MODELO: *Señoras y señores, presten atención,* ***van a descubrir*** *algo nunca visto…*

DEBATE

En el anterior ejemplo aparece la expresión "señoras y señores". Hay cierta tendencia en la actualidad a extremar esas especificaciones, en nombre de la igualdad: "vosotros y vosotras", etc. Esto ha generado una polémica sobre el sexismo del lenguaje, patente en los siguientes fragmentos de prensa que te ofrecemos para la discusión.

... Según ellos, hay que decir siempre "el profesorado", "el personal funcionario", " el vecindario" (...) Se acusa a los diccionarios de machistas o sexistas, cuando *no pueden* ser lo uno ni lo otro. Son neutros, se limitan a consignar los significados y usos de la lengua, y no pueden abolirlos arbitraria y dictatorialmente, por decreto, como pretenden el Instituto de la Mujer y demás organismos aquejados del mismo espíritu policial (...) Por otra parte, la lucha contra esos plurales en *os* es tan ignorante y sandia como lo sería la de los varones por conseguir la terminación en *o* para las incontables palabras en *a* que se nos aplican, sea porque son masculinas pese a esa *a* final, sea porque, aunque gramaticalmente femeninas, se adecúan por igual a todo el mundo. Exigir que no se diga «los funcionarios» es tan ridículo y necio como si los varones quisiéramos que se nos considerara *personos* o *víctimos*, *caraduros* u *horteros* o *mierdos*. Es como si yo exigiera ser llamado *novelisto* o *articulisto*, o algunos conocidos míos *psiquiatro, pediatro, terapeuto o dentisto*. Es también como si protestáramos porque algunos vocablos masculinos (la mayoría procedentes del griego) acaben en *a* y pidiéramos su cambio a *programo*, *magmo*, *sintagmo*, *teoremo*, *fonemo* y *temo*. Una estupidez mayúscula, como solicitar que se diga *el mano* o *la mana*, y no «la mano».

Javier Marías, "Paridas o paridos"

... la lengua reproduce fielmente al cuerpo que hay debajo. Y las sociedades no son neutras, el mundo no es neutro, el pensamiento no es neutro, las palabras no son neutras. Una sociedad machista y patriarcal, como todas lo han sido durante milenios, construye un lenguaje patriarcal y machista. Que la palabra *hombre* sea genérica no es solo una convención útil: es además una convención útil específicamente emanada de una sociedad en la que el varón era la medida de todas la cosas (...) De modo que la lengua es sexista, puesto que la sociedad que la creó lo fue en grado superlativo y aún lo es. Pero además es que la lengua cambia constantemente. Como todo sistema vivo, está en perpetua evolución, el cuerpo crece, se arruga, se hiere, se tuesta, engorda y adelgaza, y la piel va detrás, adaptándose a todas las mudanzas. Por eso, porque me fascina esa cualidad viva y móvil del lenguaje, es por lo que detesto ese afán seudoacadémico que algunos muestran en fijar y atrapar la lengua como quien atrapa una mariposa: y ahora no hablo de Marías, sino de todos esos que se ofenden ante los neologismos, por ejemplo, como si les hubieras mentado a su santa madre. Sin neologismos no existiría hoy el español: seguiríamos hablando todos en latín. Una lengua quieta es una lengua muerta.

Rosa Montero, "El lenguaje sexista"

Conversa con tus compañeros sobre el contenido de estos textos. Usa a tu gusto los siguientes argumentos, ya para apoyarlos, ya para criticarlos.

1. El lenguaje es sexista: no es lo mismo *golfo* que *golfa*, *guarro* que *guarra*.
2. Los insultos son sexistas, pues se refieren a determinados valores supuestamente femeninos, como la belleza y la fidelidad (*cardo*, *zorra*) y supuestamente masculinos, como la valentía y la autoridad (*gallina*, *calzonazos*).
3. Al lenguaje de los hombres corresponde el contar chistes verdes, decir piropos y tacos, no expresar los sentimientos. Al lenguaje de las mujeres corresponde contar cuentos e historias, leer novelas rosas y prensa del corazón, hacer invocaciones religiosas, usar apelativos cariñosos, usar un lenguaje más metafórico.

DUODÉCIMA UNIDAD 12

Preposiciones

SITUACIONES

Muchos verbos exigen ser usados con una preposición determinada. Extrae los verbos de uso preposicional de las siguientes fotografías y añade los que tú conozcas.

Utiliza en frases correctas las expresiones preposicionales que aquí te ofrecemos.

De	A
de buenas a primeras	a ciegas
de cabo a rabo	a duras penas
de capa caída	a hurtadillas
de gorra	a las mil maravillas
de mal en peor	a quemarropa
de pacotilla	a rajatabla
de punta en blanco	a trancas y barrancas

GRAMÁTICA

12.1. PREPOSICIONES: TIEMPO Y ESPACIO

12.1.1. TIEMPO

⇒ TIEMPO EXACTO

- ***A***: hora, edad, *estar a* + fecha, día de la semana.
  Se ofrecerá un cóctel a las nueve.
  A los quince años se escapó de su casa.
  Estamos a siete de marzo/a martes.
- ***En***: mes, estación, año, época determinada.
  En octubre comenzará el nuevo curso.
  En verano solemos ir al norte.
  En 1992 hubo una exposición universal en Sevilla.
  En Semana Santa nos mudaremos.

⇒ TIEMPO APROXIMADO

- ***Por***: época.
  Te lo entregaré por Navidad.
- ***Hacia***: fecha, hora.
  Te lo entregaré hacia el 20 de diciembre/hacia las siete.
- ***Sobre***: hora.
  Te lo entregaré sobre las siete.

⇒ PERIODICIDAD

- ***Por*** + UNIDAD DE TIEMPO
- ***A*** + ARTÍCULO + UNIDAD DE TIEMPO
  Nos vemos dos veces a la /por semana.

⇒ EXPRESIONES

- ***De día/noche/madrugada***
  Estoy tan cansada que ya no sé si es de día o de noche.
- ***Por la mañana/la tarde/la noche***
  Por la noche acabé el trabajo y lo entregué por la mañana al profesor.
- ***A mediodía/medianoche***
  A mediodía hace demasiado calor para pasear.

⇒ PERÍODOS DE TIEMPO

- ***Durante***: duración.
  Nos veremos muchas veces durante el congreso.
- ***A*** + ARTÍCULO + MEDIDA DE TIEMPO: posterioridad.
  A las dos horas salió de allí.
- ***En*** + MEDIDA DE TIEMPO: tiempo invertido en una acción.
  En unos minutos preparó el equipaje.
- ***Para***: plazo.
  Necesitamos que nos entregues los planos ya terminados para el lunes.

- ***Hasta***: límite temporal.
  No te llamaremos de nuevo hasta el mes próximo.
- ***Desde***: inicio.
  Estaremos en el cóctel desde las nueve y media.
- ***De, desde...a, hasta***: perídodo comprendido entre el inicio y la terminación.
  Estaremos allí de (las) nueve a (las) diez/desde las nueve hasta las diez.

12.1.2. ESPACIO

⇒ LOCALIZACIÓN EXACTA

- ***En***: localización general.
  Ha trabajado en esa empresa toda su vida.
- ***Sobre***: superficie.
  Hemos dejado los libros en/sobre la mesa.

⇒ LOCALIZACIÓN APROXIMADA

- ***Por***
  No encuentro el bolígrafo, pero debe de estar por aquí.
- ***Hacia*** (menos usado)
  Ten cuidado al bajar. Hay un agujero hacia el tercer escalón.

⇒ EXPRESIONES

- ***A la derecha, a la izquierda, al fondo***
  El servicio está al fondo, a la derecha.

⇒ DIRECCIÓN DEL MOVIMIENTO

- ***A***: general.
  Vendremos a la cena puntualmente.
- ***Hacia***: importancia del recorrido.
  Condujeron hacia la estación de tren.
- ***Hasta***: importancia del límite.
  Como se les pinchó una rueda solo llegaron hasta el cruce.
- ***Para***: como *hasta*, pero más coloquial.
  Han salido para la clínica.
- ***Por***: añade el sentido de atravesar un lugar.
  Me encanta andar por las calles sin rumbo fijo.

⇒ DISTANCIA

- ***De, desde...a, hasta***: origen o partida y límite.
  De aquí a la gasolinera más cercana hay diez kilómetros.
  Le gusta mucho caminar. Cada día va desde su casa hasta la oficina andando.
- ***Desde***: énfasis en el origen.
  Te vi ayer desde la terraza de mi casa.
- ***Hasta***: énfasis en el límite.
  Solo caminaremos hasta la esquina. Allí tomaremos un taxi.
- ***A*** + MEDIDA DE ESPACIO: distancia.
  No te puedes perder; el restaurante está a cien metros de aquí.

12.2. *PARA / POR*

PARA

- **(1)** Finalidad

  Te lo digo para que lo tengas en cuenta.

  Vengo para informarte de lo ocurrido.

- **(2)** Destinatario

  Todo esto es para ti.

  Han traído este ramo de flores para ella.

- **(3)** Opinión

  Para nosotros, esa es la mejor solución.

  Para Cortázar, el compromiso con la estética no supone una traición a la ética.

- **(4)** Límite espacial, destino

  Saldremos para Roma el martes.

  Iremos para tu casa en cuanto terminemos.

- **(5)** Plazo, fecha límite (valor futuro)

  El sastre nos dijo que el traje estaría listo para la semana que viene.

  Acabaremos de seleccionar al nuevo personal para el viernes.

- **(6)** *No estar para:* ausencia de disposición anímica.

  No está para juergas hoy. Tiene un poco de fiebre.

  Si llaman por teléfono, no estoy para nadie.

- **(7)** *Estar para:* inminencia.

  Estaba para salir cuando sonó la sirena de alarma.

  Han dicho en el telediario que hoy hará sol, pero yo creo que está para llover.

- **(8)** Valor concesivo

  Para ser tan joven ha llegado ya muy lejos (=aunque es muy joven...)

  Para haber estado dos semanas en la playa lo encuentro poco bronceado.

- **(9)** *Para* + SUSTANTIVO: comparación y valoración (positiva o negativa).

  Para buen periodismo, el de esa cadena de radio.

  Para playas sucias, las de esta zona.

- **(10)** *Para* + ORACIÓN: comparación y valoración (negativa o irónica).

  Para lo que has dicho, mejor habría sido que te callaras.

  Para lo que han traído, hubiera sido preferible que no trajeran nada.

Por

- **(1)** Causa

  Todo lo ha hecho por ti.
  Le han dado una medalla por su heroísmo.

- **(2)** Complemento agente de la voz pasiva

  El alijo de cocaína fue encontrado por perros adiestrados del comando antidroga.
  El curso fue clausurado por el director.

- **(3)** Localización aproximada

  Es muy desordenado; siempre deja las cosas por cualquier sitio y después no recuerda dónde están.
  Por esta zona hay buenos bares.

- **(4)** Movimiento a través de un lugar

  Cada mañana corre por el parque durante media hora para mantenerse en forma.
  Vete por esta ruta. Es más corta.

- **(5)** Periodicidad

  Va al psicoanalista una vez por semana.
  Esta máquina imprime diez folios por minuto.

- **(6)** Época aproximada (pasada o futura)

  Por los años sesenta comenzó el crecimiento económico.
  Por esa época yo ya no vivía allí.

- **(7)** Sustitución

  El secretario general dará la conferencia por el presidente, que está de viaje.
  No te preocupes, nosotros la avisaremos por ti.

- **(8)** Medio

  Te acaba de llegar una carta por correo certificado.
  No me gusta enviar paquetes por barco porque tardan mucho en llegar a su destino.

- **(9)** Precio

  Lo compré en una subasta por un precio irrisorio.
  Adquirieron el cuadro por una suma muy elevada.

- **(10)** *Estar por:* con sujeto de cosa, carencia; con sujeto de persona, voluntad.

  La casa está por limpiar desde hace una semana, así que manos a la obra.
  Estoy por renunciar a esa oferta de trabajo. Me supondría un esfuerzo excesivo.

EJERCICIOS

Completa con las preposiciones correspondientes.

1. La próxima vez que vengas .... esta zona no dejes de visitarme.
2. .... esa época se dedicaba a los negocios, pero .... el año pasado no trabaja y se dedica exclusivamente a su familia.
3. .... unos minutos estaré contigo.
4. Pasaremos el verano .... la costa, pero .... octubre haremos un viaje .... el interior.
5. Saldremos ya. No queremos llegar .... noche a casa.
6. .... la mañana hubo tres manifestaciones .... mi barrio.
7. Aún no te puedo concretar la hora exacta, pero nos veremos .... las siete.
8. Lo detuvieron ayer, pero lo liberaron .... las dos horas por falta de pruebas.
9. Te estoy esperando .... que salí del trabajo. Eres de lo más impuntual.
10. Aunque aún no estamos .... primavera, ya han subido bastante las temperaturas.
11. He buscado .... toda la casa, pero no he podido encontrar tu pendiente. Debes de haberlo perdido .... otro lugar.
12. Solíamos ir al cine un vez .... semana, pero .... mayo no hemos visto ni una sola película.
13. Salieron .... tu casa .... mediodía. Es extraño que aún no hayan llegado.
14. La secretaría solo está abierta .... las dos, pero .... la tarde atienden al público .... teléfono.
15. El concierto comenzará .... las once, pero antes actuarán los teloneros.

Corrige los usos incorrectos de las preposiciones.

16. Está trabajando desde los dieciséis años.
17. Cruza la calle cuando llegues a la segunda esquina. Encontrarás la boca de metro en la derecha.
18. En los primeros minutos que siguieron al accidente no podía recordar nada.
19. Los libros de jardinería están hacia la cuarta estantería.
20. Estamos en domingo así que no podremos comprar esos encargos hasta mañana.
21. Iremos para la playa en la mañana.
22. Estuvo arreglando el motor por dos horas.
23. Hallaron un barco hundido en el fondo del mar, en diez kilómetros de la costa.
24. De la terraza no se puede ver el parque.
25. Para esta zona no suele haber tráfico.
26. Durante la velada charlamos sobre infinidad de cosas.
27. He estado de vacaciones por tres semanas.
28. Conduciremos hasta que se ponga el sol.
29. Vino a las diez y en los cinco minutos se marchó.
30. La vimos hacia las doce, pero no sabemos a dónde ha ido después.

Completa con *por* y *para*.

31. No he encendido la luz .... no despertarte.
32. .... mí puedes irte ya.
33. Eso aún está .... demostrar.
34. En ningún otro sitio podrás comprar una bicicleta .... tan poco dinero.
35. Tardaremos mucho más si vamos .... el centro.

36. Aún no me he acostumbrado a enviar documentos .... fax.

37. .... casa bonita, la de Miguel.

38. Hemos traído champán .... brindar .... vuestra vistoria.

39. .... la mayoría de la gente lo más importante es ser feliz.

40. .... lo que nos ayudas mejor habría sido que te quedaras en tu casa.

41. Podríamos pasear un ratito .... la orilla. Así nos refrescamos.

42. .... mala persona, su suegra.

43. Todo lo hace .... ti, y nunca se lo agradeces.

44. Quedan aún muchas cartas .... entregar.

45. Cada vez es más frecuente la compra de artículos .... teléfono.

46. No estaré en la ciudad .... esas fechas.

47. No estamos .... celebraciones. Hoy ha sido un día pésimo.

48. Tenemos clase de pintura dos veces .... semana.

49. Acabo de ver a tu hermano .... allí.

50. La han ascendido .... su eficiencia.

51. .... ser político tiene poco don de palabra.

52. Estaba .... llamarte, pero te me has adelantado.

53. No está .... risas. Acaba de saber que ha suspendido.

54. .... mí, esta es la mejor exposición que se ha hecho en esta galería.

GRAMÁTICA

12.3. VERBOS CON PREPOSICIÓN

- En esta sección intentaremos ofrecer solo los usos más frecuentes de verbo con preposición. No debe considerarse en ningún caso que la lista es exhaustiva o excluyente; hay muchas posibilidades más.

A		
acercarse a	*condenar*	*negarse a*
acostumbrarse a	*decidirse a*	*obligar a*
aficionarse a	*detenerse a*	*oler a*
alcanzar a	*dirigirse a*	*parecerse a*
aprender a	*disponerse a*	*resolverse a*
arriesgarse a	*enseñar a*	*saber a (tener sabor a)*
asistir a	*invitar a*	*subir a*
asomarse a	*ir a*	
comenzar a	*jugar a*	

CON		
casarse con	*cumplir con*	*soñar con*
conformarse con	*encontrarse con*	*tropezar con*
contar con	*entenderse con*	
contentarse con	*meterse con*	

DE			
abusar de	*cansarse de*	*despedirse de*	*olvidarse de*
acordarse de	*carecer de*	*disfrutar de*	*preocuparse de*
alejarse de	*cesar de*	*enamorarse de*	*quejarse de*
apartarse de	*compadecerse de*	*enterarse de*	*reírse de*
aprovecharse de	*constar de*	*fiarse de*	*servir de*
asombrarse de	*darse cuenta de*	*gozar de*	*tratar de*
burlarse de	*depender de*	*ocuparse de*	*valerse de*

EN			
complacerse en	*consistir en*	*fijarse en*	*pensar en*
confiar en	*convenir en*	*insistir en*	*tardar en*
consentir en	*empeñarse en*		

VARIOS

acabar con/de/por

Ya hemos acabado de cenar.
Acabaron con los caramelos en un momento.
Acabó por hartarse de su malhumor.

alegrarse con/de/por

Nos hemos alegrado mucho de/con/por tu venida.

asustarse con/de/por

Se asustó con/de/por la explosión.

atreverse a/con

No se atrevió a decir ni una palabra.
Nos atreveremos con cualquier reto.

cambiar de/por

Hemos cambiado el altavoz por otro de más potencia.
Es muy caprichoso; ha cambiado de coche dos veces en los últimos tres años.

colgar de/en

Es un cuadro muy bonito. Lo colgaremos de un clavo en esta pared.

comprometerse a/con

Me he comprometido a terminar antes del lunes.
No podemos vendérselo. Nos hemos comprometido con otro cliente.

contribuir con/para/a

Suele contribuir con elevadas sumas para las campañas benéficas.
No quiso contribuir a la reelección.

convencer de/para

Lo convenceremos de que eso es lo mejor.
Lo convenceremos para que no falte a la reunión.

esforzarse en/por

Deberían esforzarse en/por mejorar el local.

interesarse por/en

Siempre se interesa por los temas más extraños.
No estoy muy interesada en asistir.

sorprenderse con/de

Nos sorprendimos de/con su respuesta.

***tratar de/sobre** un asunto, **con** alguien*

Debería tratar de ser más cortés.
Debería tratar sobre este asunto directamente con el interesado.

votar en/por

En las próximas elecciones votarán por la oposición.

EJERCICIOS

Completa.

1. Se acercaron .... saludarnos en cuanto nos vieron.
2. Se casó .... su novia de toda la vida.
3. Tardamos .... llegar .... una solución.
4. Es una mala persona. Se complace .... hacer daño a los demás.
5. Con esa actitud solo conseguirás que se burlen .... ti.
6. Me acostumbré .... sus silencios.
7. Subieron .... el mirador .... contemplar la puesta de sol.
8. Piensa .... lo que te he dicho.
9. Aislarte no te servirá .... ayuda.
10. Por fin se resolvió .... sumarse .... la huelga.
11. Insisto .... ir solo.
12. Te pareces mucho .... tu hermana mayor.
13. Este café sabe .... quemado.
14. Me conformo .... que me escuchen.
15. Nos acostumbramos .... cenar temprano.
16. Hay que reírse .... los malos momentos y ser optimista.
17. Me niego .... aceptar esas condiciones.
18. La obligaron .... firmar la declaración de culpabilidad.
19. Nos disponíamos .... salir cuando nos dimos cuenta .... que teníamos el reloj parado.
20. Cuento .... ellos .... que me lleven al aeropuerto esta tarde.
21. No alcanzaron .... comprender .... qué se trataba.
22. Hemos aprendido .... preparar el tiramisú.
23. Me aproveché .... que mis padres estaban .... viaje para hacer una fiesta en casa.
24. No te apartes .... tu carril.
25. Podríamos jugar .... el ajedrez.
26. Se han arriesgado .... que los expulsen.
27. Estamos cansados .... que nos hagan esperar.
28. Su postura carece .... sentido.
29. Confía .... nosotros. No te fallaremos.
30. La sirena ha cesado .... sonar.
31. No le gusta que los demás se compadezcan .... él.
32. El curso consta .... tres trimestres.
33. Asistían .... las reuniones regularmente.
34. Nos invitó .... su casa de campo.
35. Hoy nos han enseñado .... conjugar los verbos irregulares.
36. No deberías asomarte .... el balcón si tienes vértigo.
37. Comenzaremos .... ir .... clase la próxima semana.
38. Los condenaron .... cadena perpetua por su crimen.
39. Se han detenido .... descansar unos minutos.
40. Diríjase .... el director .... reclamar.

41. Finalmente nos hemos decidido .... venir.
42. No te olvides .... llamarme en cuanto sepas algo.
43. Ocúpate .... tus asuntos.
44. Es muy mayor, pero goza .... óptima salud.
45. No te fíes .... lo que te dicen.
46. No nos hemos enterado .... lo que ha ocurrido.
47. Se ha enamorado .... un sueño imposible.
48. Hemos difrutado .... un tiempo espléndido estas vacaciones.
49. Nos hemos despedido ya .... todos nuestros amigos.
50. El resultado final depende .... el esfuerzo que hagas.
51. El examen consiste .... redactar una composición .... un tema propuesto.
52. Convinimos .... ir juntos .... la estación.
53. No te empeñes .... hacerlo solo. Es demasiado trabajo .... una sola persona.
54. Nos contentaremos .... que nos permitan asistir.
55. Nos entendemos muy bien .... nuestro jefe.
56. Siempre abusan .... su paciencia.
57. Me he encontrado .... Juan en la gasolinera.
58. No te metas .... mi pasado.
59. Soñamos .... una casa frente al mar.
60. No suelo acordarme .... apagar las luces cuando salgo.

● Completa correctamente las siguientes frases con una de las preposiciones que se ofrecen.

61. El mendigo DE/CON el abrigo negro siempre está en ese lugar.
62. Es la persona más buena DE/EN el mundo.
63. DE/AL haberlo sabido antes, habría intentado resolverlo.
64. Es hora DE/PARA tomar decisiones radicales.
65. Se ha enamorado perdidamente DE/CON la vendedora de prensa.
66. Te estuvimos esperando POR/DURANTE dos horas en la puerta de tu casa.
67. Tenía un puesto muy importante en una gran compañía, pero lo ha dejado todo POR/PARA su hijo.
68. Me quedan dos cartas POR/PARA contestar.
69. Estamos buscando POR/A alguien que hable chino.
70. Lo ha conseguido POR/PARA diez euros.

● Algunas de las frases siguientes contienen errores en el uso de la preposición. Corrígelos.

71. El coche está aparcado cerca la valla publicitaria.
72. Todos los caminos conducen a Roma.
73. Nos podemos encontrar debajo el árbol de la plaza.
74. La chica en el vestido rojo es actriz.
75. De tal palo, tal astilla.
76. Tengo a dos hermanos que viven en el extranjero.
77. Entre bromas y veras, le dijo lo que pensaba.
78. No había asientos libres, así que estuvimos de pie durante toda la conferencia.
79. Ya está estudiando a la universidad.
80. Llegas en tiempo para cenar con nosotros.

PRENSA

Naturaleza y cultura

[14]

El olivo y la cultura mediterránea

Manuel Piedrahita

Hoy se está descubriendo y aplaudiendo, incluso en la otra parte del Océano, la llamada cocina mediterránea como una nueva cultura de la calidad de la vida. Y de dicha cocina el rey absoluto es el aceite de oliva. Pero lo que no todos saben o recuerdan es que el árbol que produce dicho aceite ha sido a lo largo de los siglos objeto de mitos, leyendas, costumbres variadas y hasta objeto de culto religioso. Y que han sido pocos los poetas que no hayan dedicado sus versos al olivo. Miguel Hernández, por ejemplo, nos legó un poema sobre los aceituneros, fiel reflejo de la dicotomía belleza-infelicidad: "Andaluces de Jaén/Aceituneros altivos/decidme en el alma: ¿quién/quién levantó los olivos?". Y Gabriela Mistral define el aceite: "más lento que la lágrima y más pausado que la sangre", mientras que García Lorca describió el árbol sagrado con este poema: "¡Conozco tu encanto sin fin, padre olivo/al darnos la sangre que extraes de la Tierra/como tú yo extraigo mi sentimiento/el óleo bendito que tiene la idea!". En el Museo Arqueológico Nacional se puede contemplar un vaso griego, de aproximadamente el año 340 a. de C., que muestra la disputa entre Palas Atenea y Poseidón para dar nombre a lo que luego se llamaría Atenas. Un olivo completa la escena, después de que la diosa lo hiciera brotar de la tierra y ganase a Poseidón el derecho a darle nombre a la recién fundada ciudad Ática. Un olivo con sus ramas verdes que a lo largo de la historia pueblos muy diversos han utilizado para honrar a sus héroes, exaltar las virtudes de sus grandes hombres, premiar el cultivo de las bellas artes y erigirlo en símbolo de paz.

La realidad, que no se aleja mucho del mito, la podemos ver también en un ánfora que se conserva en el Museo Británico. Muestra escenas de la recolección de la cosecha de aceitunas para posteriormente ser molidas y que, según la leyenda, fue idea de Ariastes, hijo de Apolo y de la ninfa Cirene. Frutos que al molturarlos rezuman aceite de oliva, alimento secular de los pueblos mediterráneos, medicina que cura toda clase de maleficios, ungüento que lubrifica el cuerpo de los atletas, líquido energético que da luz en luminarias y sirve de unción a los enfermos.

Mitos y realidades paganas o religiosas, siempre uncidas al tronco de este árbol que produce aceite. Alimento que, según Ovidio, se balancea entre la realidad y el mito, pues también es alimento de dioses. Beocis prepara a Júpiter y Mercurio una comida a base del fruto del olivo. Pan y aceite, dos sustancias indispensables donde lo mítico o lo religioso se une a lo culinario. Pan y aceite, dos alimentos seculares de las sociedades agrarias cuya escasez y acaparamiento produjeron –y siguen produciéndolo en tantas partes del mundo, empezando por la ex Unión Soviética–, hambre, sangre y muerte. "La sangre, el trigo y el aceite, que corran en las calles", se decía en una hoja subversiva repartida en Baena (Córdoba) a raíz de la revolución bolchevique de 1917.

Aceite con propiedades curativas que ya reconocía el Viejo Testamento. Lo leemos en el Levítico cuando alude a la purificación de los leprosos con aceite de oliva. Lo recomendaba Hipócrates para curar la úlcera y también Plinio, que narra cómo un longevo llegó a los cien años gracias al uso del zumo natural de oliva. Los ingleses, tan pragmáticos, han vendido siempre el aceite de oliva en las farmacias. Pero ahora, bajo la influencia de los científicos norteamericanos, se comprende mejor que nunca. Han redescubierto el Mediterráneo que ya descubrió en su día Hipócrates.

Se ha dicho que los árabes solo eran felices allí donde florecía el olivo. Aceite –del árabe *azzait* o jugo de aceitunas–, al igual que *alcuza, almazara, alpechín* y tantas otras palabras de origen árabe, relacionadas con el olivo y el aceite. Me imaginaba hace unos días, en un recorrido por la Mezquita de Córdoba, las mil arrobas de aceite que se quemaban anualmente en iluminarla.

El País

ACTIVIDADES

1. **Explica el significado de las palabras sombreadas en el texto.**

2. **Lee las siguientes frases e intenta comprender todo su vocabulario. Luego, escucha el texto y elige tan solo una de las tres opciones que se ofrecen.**

I. Quien llamó al olivo "sangre de la tierra" fue

- ☐ **a.** Miguel Hernández.
- ☐ **b.** Gabriela Mistral.
- ☐ **c.** Federico García Lorca.

II. Las ramas verdes del olivo simbolizan

- ☐ **a.** la virtud de los grandes hombres.
- ☐ **b.** la paz.
- ☐ **c.** las bellas artes.

III. El origen mítico del aceite de oliva se remonta a

- ☐ **a.** Beocis.
- ☐ **b.** Ariastes.
- ☐ **c.** Atenea y Poseidón.

IV. Las propiedades curativas y purificadoras del aceite son reconocidas por

- ☐ **a.** el Viejo Testamento.
- ☐ **b.** Hipócrates y Plinio.
- ☐ **c.** Hipócrates, Plinio y la Biblia.

3. **Escribe sobre los hábitos gastronómicos de tu país y compáralos con los de otras culturas.**

AL SON DE LOS POETAS

Elegía

[15]

Lee atentamente el texto, y completa los espacios con preposiciones que tengan sentido en las frases. Después, escucha la canción y corrige las que no coincidan.

Tengo ya el alma ronca y tengo ronco
el gemido .... música traidora...
Arrímate .... llorar conmigo .... un tronco:

retírate conmigo al campo y llora
a la sangrienta sombra .... un granado
desgarrado .... amor como tú ahora.

Caen .... un cielo gris desconsolado,
caen ángeles cernidos .... el trigo
.... el invierno gris desocupado.

Arrímate, retírate conmigo:
vamos .... celebrar nuestros dolores
junto .... árbol .... campo que te digo.

Panadera .... espigas y .... flores
panadera lilial .... piel .... era,
panadera .... panes y .... amores.

No tienes ya .... el mundo quien te quiera,
y ya tus desventuras y las mías
no tienen compañero, compañera.

Buscando abejas va .... los panales
el silencio que ha muerto .... repente
.... su lengua .... abejas torrenciales.

No esperes ver tu párpado caliente
ni tu cara dulcísima y morena
bajo los dos solsticios .... su frente.

El moribundo rostro .... tu pena
se hiela y desendulza grado .... grado
sin su labor .... sol y .... colmena.

Panadera .... espigas y .... flores...

Miguel Hernández

Como una buena fiebre iba .... tu lado,
como un rayo dispuesto .... ser herida,
como un lirio .... olor precipitado.

Y sólo queda ya .... tanta vida
un cadáver .... cera desmayada
y un silencio .... abeja detenida.

¿Dónde tienes .... esto la mirada
si no es descarriada .... el suelo,
si no es .... la mejilla trastornada?

Novia .... novio, novia .... consuelo,
te advierto .... barrancos y huracanes
tan extensa y tan sola como el cielo.

Panadera .... espigas y .... flores...

Corazón .... relámpagos y afanes,
paginaba los libros .... tus rosas,
apacentaba el hato .... tus panes.

Ibas .... ser la flor .... las esposas,
y .... pasos .... relámpago tu esposo
se te va .... las manos harinosas.

.... echar copos .... harina yo te ayudo
y .... sufrir .... lo bajo, compañera,
viuda .... cuerpo y .... alma yo viudo.

¡Cuántos amargos tragos es la vida!
Bebió él la muerte y tú la saboreas
y yo no saboreo otra bebida.

Panadera .... espigas y .... flores ...

Retírate conmigo .... que veas
.... nuestro llanto dar las piedras grama,
abandonando el pan que pastoreas.

Levántate: te esperan tus zapatos
junto .... los suyos muertos .... tu cama,
y la lluviosa pena .... tus retratos
.... cuyos presidios te reclama.

Panadera .... espigas y .... flores...

El poeta

Miguel Hernández nace en Alicante en 1910. Pronto ha de abandonar la escuela para cuidar el rebaño de su padre; las horas de paz en el campo serán decisivas para el poeta, que lee con fervor. Toda su vida estará signada por la miseria y también la fatalidad ("como el toro he nacido para el luto"). Madrid supone la huida de ese espacio provinciano, si bien la gran ciudad también le provoca conflictos por su deshumanización. Entre sus poemarios destacan *El rayo que no cesa* – compuesto por sonetos de tema amoroso y existencial–, *Viento del pueblo* –ya en plena guerra, de tono social– y *Cancionero y romancero de ausencias*, donde guerra, muertes, prisión, soledad y angustia se proyectan en versos íntimos y desnudos. Tras la derrota de los republicanos, Hernández es detenido y sufre prisión en sucesivas cárceles, hasta morir de tuberculosis el 28 de marzo de 1942, con 31 años de edad.

El poema

El 24 de diciembre de 1935 muere repentinamente Ramón Sijé, gran amigo de Miguel Hernández. El poeta le dedica entonces una célebre "Elegía", que publica en *El rayo que no cesa*, y que ha sido musicalizada por Joan Manuel Serrat. También le dedicó una "**Elegía**" a la novia de Sijé –la panadera Josefina Fenoll, fechada en marzo de 1936. Ese es el texto de nuestra canción. Originalmente está encabezada por el siguiente epígrafe: "En Orihuela, su pueblo y el mío, se ha quedado novia por casar la panadera de pan más trabajado y fino, que le han muerto la pareja del ya imposible esposo".

Vocabulario

A continuación, tienes los significados de algunas palabras del poema. Completa los espacios en blanco con las vocales adecuadas.

1. _DV_RT_R
Observar, prestar atención.

2. _F_N_S
Trabajos, preocupaciones.

3. _P_C_NT_R
Dar de comer al ganado.

4. _RR_M_RS_
Apoyarse en algo.

5. C_R_
Sustancia blanca que se usa para hacer velas.

6. C_RN_R
Separar la harina del salvado.

7. C_P_
Trozo de materia que parece una porción de nieve.

8. C_NS__L_
Ayuda para poder soportar la tristeza.

9. D_SC_RR__R
Apartar del camino.

10. D_SM_Y_RS_
Perder el sentido.

11. D_SV_NT_R_
Desgracia.

12. _SP_G_
Conjunto de granos de los cereales, dispuesto a lo largo de un tallo.

13. G_M_D_
Expresión de dolor con un sonido lastimero.

14. GR_M_
Planta medicinal muy común.

15. GR_N_D_

Árbol mediterráneo de flores y frutas rojas.

16. H_R_N_

Polvo que resulta de moler granos, como el trigo.

17. H_T_

Pequeña bolsa para llevar comida y objetos personales.

18. L_L__L

Blanco como el lirio.

19. P_N_L_S

Conjunto de celdas donde las abejas depositan la miel.

20. S_LST_C__

Época del año en que el sol tiene mayor alejamiento del Ecuador.

21. PR_C_P_T_R

Lanzar, arrojar.

22. PR_S_D__

Prisión, cárcel.

23. R_CL_M_R

Pedir.

24. R_NC_

De voz áspera.

25. T_RR_NC__L

Que cae en abundancia.

26. TR__D_R

Que no es leal.

27. TR_ST_RN_R

Alterar.

Comprensión

- **Reflexiona sobre el significado de las siguientes expresiones.**

a. ¿Por qué está ronco el poeta? ¿Y por qué piensa que su música –es decir, su poesía– es traidora?

b. El poeta convoca insistentemente a la novia panadera junto a un árbol, un granado. Medita sobre la relación entre el granado y la sangre.

c. El cielo y el invierno están *grises*. El invierno está, además, *desocupado*, es decir, vacío, por la ausencia de Ramón Sijé. ¿Qué podría significar la lluvia de *ángeles cernidos* para el *trigo*?

d. El zumbido de las abejas simboliza la alegría, el vitalismo y también el erotismo. ¿Con qué se contrasta en el poema? ¿Qué relación tiene con el poeta Garcilaso de la Vega?

e. ¿Por qué se identifican los ojos de Ramón Sijé con dos solsticios?

f. *Paginaba los libros de tus rosas:* explica esta imagen.

g. Los zapatos, con su oquedad, son a menudo relacionados simbólicamente con la muerte y el nicho. Así ocurre, por ejemplo, en la poesía del peruano César Vallejo. Busca esa imagen en este poema.

h. ¿Por qué los retratos son presidios?

Expresión

- **Resume el poema.**

- **Identifica todas las imágenes campesinas del texto, y relaciónalas con el trabajo de pastor y de panadera, respectivamente, de Miguel Hernández y Josefina Fenoll.**

Léxico

Hay muchas expresiones preposicionales en español. Las que siguen son muy frecuentes; crea frases con ellas:

A	DE	EN	POR
a bordo	de buena gana	en broma	por consiguiente
a pie	de mal humor	en casa	por desgracia
a eso de...	de memoria	en lugar de	por escrito
a la larga	de moda	en marcha	por fin
a menudo	de pronto	en punto	por lo menos
a pierna suelta	de prisa	en seguida	por lo visto
a solas	de todos modos	en suma	por mi parte
a tiempo	de vez en cuando	en vilo	por regla general

Modismos

El verbo *echar*, presente en la canción, se utiliza para expresiones muy diversas. Aquí tienes algunas de las más frecuentes. Complétalas con las palabras que les faltan, y después úsalas en las frases que siguen.

1. **ÉCHALE GUINDAS AL ....**

Expresión de asombro ante algo insólito. Tiene su origen en una película de 1934, *Morena Clara*, protagonizada por Imperio Argentina, donde se cantaba ese estribillo, que, a su vez, proviene de la expresión "échale guindas a la Tarasca y verás cómo las masca": la Tarasca era una figura de pájaro o dragón que en las procesiones del Corpus se sacaba a la calle y picaba a la gente; los niños le echaban guindas y golosinas en la boca.

2. **ECHAR MARGARITAS A LOS ....**

Dar algo especial a quien no es capaz de disfrutarlo. Aquí la palabra *margarita* no se refiere a una flor, sino a un tipo de perla; la frase tiene origen bíblico (San Mateo, VII, 6), proviene de un parlamento de Jesús : "No deis las cosas santas a los perros ni echéis vuestras margaritas a los puercos".

3. **ECHAR ....**

Maldecir. Proviene de la frase antigua *decir*, *echar pésetes*, es decir, echar maldiciones. *Pésete* significaba 'que te pese'. No tiene, por tanto, relación con la enfermedad de la peste.

4. **ECHAR .... Y CULEBRAS**

Blasfemar, decir insultos y palabras malsonantes. El origen de la expresión está en la iconografía antigua que representa a los endemoniados con estos animales, considerados malignos.

5. **ECHAR UN ....**

Ayudar a alguien. La expresión proviene del cable marinero, que se arroja para rescatar a quienes caen al mar.

6. **ECHAR UNA .... AL AIRE**

Hacer algo inapropiado para su edad una persona mayor, habitualmente en el sentido de divertirse, en especial en una aventura amorosa. Se refiere a la idea de quitarse las canas, esto es, la vejez.

Completa.

1. ¿Te ha pedido otra vez el coche después de lo mal que se ha portado? Échale ....
2. Ya tiene sus setenta años, pero todavía tiene, de vez en cuando, ganas de echar ....
3. Cuando el director le llamó la atención, se quedó callado, pero en cuanto salió de su despacho, empezó a echar ....
4. Vino echando .... porque le habían robado la cartera en el autobús.
5. Gracias por echarme .... cuando más lo necesitaba.
6. Tratar bien a esos brutos es echar ....

MANOS A LA OBRA

Imagínate que vas a pasar varios días de excursión en los Pirineos, con tus compañeros. Hay que preparar bien la ruta, y también el equipaje. Discute con ellos la lista de objetos necesarios. Te ayudamos con una lista provisional.

tirachinas	mochilas	cuadernos	bota de vino
caña de pescar	botas de montaña	tienda de campaña	fuegos artificiales
hilo y aguja	ropa interior	sacos de dormir	bolsas de plástico
perro	frutos secos	cantimploras	prismáticos
navaja	leche condensada	cámara de fotos	teléfono móvil
escopeta	papel higiénico	hornillo de butano	pelota
crucigramas	brújula	latas de conserva	gafas de sol

DEBATE

Conversa con tus compañeros sobre las ventajas y desventajas de vivir en el campo y en la ciudad. Comenta la validez del ecologismo y los efectos de los avances de la llamada civilización.